Parlons

grammaire

Cinquième édition

Parlons grammaire

Cinquième édition

Barbara E. Sheppard

Hélène Poulin-Mignault

Cécile Fay-Baulu

NELSON EDUCATION

NELSON / EDUCATION

Parlons grammaire, cinquième édition
by Barbara E. Sheppard, Hélène Poulin-Mignault, and Cécile Fay-Baulu

Associate Vice President, Editorial Director:
Evelyn Veitch

Editor-in-Chief, Higher Education:
Anne Williams

Publisher:
Cara Yarzab

Senior Marketing Manager:
David Tonen

Developmental Editor:
My Editor, Inc.

Senior Content Production Manager:
Imoinda Romain

Production Service:
Pre-PressPMG

Copy Editor:
Cy Strom

Proofreader:
Cammy Richelli

Senior Manufacturing Coordinator:
Joanne McNeil

Design Director:
Ken Phipps

Managing Designer:
Franca Amore

Interior Design:
Art Plus

Cover Design:
Peter Papayanakis

Compositor:
Pre-PressPMG

Printer:
Webcom

Library and Archives Canada Cataloguing in Publication

Sheppard, Barbara E.

Parlons grammaire / Barbara E. Sheppard, Hélène Poulin-Mignault, Cécile Fay-Baulu. —5e éd.

ISBN 978-0-17-622490-5

1. French language—Textbooks for second language learners— English speakers. 2. French language—Grammar. 3. French language—Grammar—Problems, exercises, etc. I. Fay-Baulu, Cécile II. Mignault, Hélène III. Title.

PC2129.E5S54 2008
448.2'421   C2008-903473-2

ISBN-10: 0-17-622490-4
ISBN-13: 978-0-17-622490-5

Table des matières

NEL

Avant-propos

En 1998 Barbara Sheppard a publié la quatrième édition de son manuel *Parlons grammaire*. Il a fallu attendre dix ans pour que paraisse cette cinquième édition à cause de son décès survenu en 2003. La maison Nelson Education Ltd. nous a demandé de reprendre le flambeau pour que son œuvre ne disparaisse pas. Nous avons accepté de le faire non seulement parce que Barbara était notre collègue et notre amie, mais aussi parce que les nombreux utilisateurs de son manuel attendaient cette nouvelle édition.

Notre intention n'était pas de refaire un autre livre, mais de renouveler un certain nombre d'exercices et de préciser certaines explications. Nous avons voulu respecter l'esprit de Barbara en conservant l'organisation générale des chapitres. Il y en a toujours dix-sept, mais nous avons regroupé le passé composé et le plus-que-parfait dans le chapitre 3, ce qui nous a permis de consacrer le chapitre 2 aux verbes pronominaux qui étaient traités avec le présent de l'indicatif dans le chapitre 1. Dans cette édition, nous avons créé de nouveaux dialogues et de petits textes. Les illustrations au début de chaque chapitre n'ont pas été changées car elles sont l'œuvre de Julia, la fille aînée de Barbara.

Cécile Fay-Baulu et Hélène Poulin-Mignault

Préface de la dernière (4ᵉ) édition

Ceci ne se veut pas une grammaire française complète; c'est plutôt un rappel des points principaux avec un certain nombre d'exemples à l'appui. Il est vivement conseillé aux étudiants de se référer à une grammaire française chaque fois que cela s'avérera nécessaire. *L'Art de conjuguer*, de Bescherelle, est indispensable pour la conjugaison des verbes.

Le corrigé de certains exercices est disponible chez les éditeurs en fascicule séparé. Le professeur pourra, s'il le désire, en distribuer des copies à ses étudiants.

Ce cahier de niveau élémentaire–intermédiaire est destiné d'abord aux étudiants de troisième année en français langue seconde. Il peut néanmoins servir une clientèle variée: ceux qui ont pris un cours intensif pour débutants; ceux qui ont suivi plusieurs cours, soit de conversation élémentaire, soit de français oral et écrit où ils ont manqué de pratique; ou encore ceux qui se remettent à l'étude du français après un intervalle de plusieurs années.

Selon son niveau d'apprentissage et son but, l'étudiant pourra travailler seul ou aura besoin d'une participation plus ou moins active de la part d'un professeur pour recevoir des explications plus détaillées et pour travailler certains exercices plus complexes.

Nous voulons présenter ici la grammaire telle qu'elle se parle dans le français courant. Contrairement à ce que l'on a tendance à croire parfois, la grammaire, loin d'être un domaine mystérieux réservé aux spécialistes, est un outil de communication précieux. Les structures de base devraient vite devenir des réflexes. Le non-francophone, même s'il fait plusieurs erreurs en s'efforçant d'employer un minimum de structures correctes, aura tout de suite plus confiance en lui-même et se rendra compte que les autres sont plus enclins à l'écouter. Si l'on sent une énorme satisfaction à s'exprimer par une belle phrase de condition, il faut admettre aussi qu'il est encore plus nécessaire de savoir utiliser les pronoms personnels qu'on retrouve mille fois par jour dans nos conversations.

Je tiens à remercier mes collègues du Centre d'anglais et de français, **J. Fletcher**, **L. Hyrat** et **J.-Y. Richard**, de leurs encouragements et suggestions. Merci surtout à Jean, à Julia et à Lisa pour leur patience, leur appui et leurs bons conseils.

Barbara E. Sheppard

Introduction

Ce manuel est rédigé presque entièrement en français, sauf quelques équivalents donnés en anglais là où cela semble utile, car les étudiants ne sont pas tous de langue maternelle anglaise et ceux qui le sont manquent souvent de connaissances en grammaire anglaise. Un minimum de termes grammaticaux a été employé, l'accent ayant été mis sur la composition de nombreux exemples et exercices qui demeurent des moyens éprouvés de faire assimiler les éléments de base d'une langue. Des éléments de phonétique sont traités seulement dans quelques cas, là où c'est essentiel, notamment dans les chapitres du présent de l'indicatif et des adjectifs qualificatifs. Une liste des symboles de l'Alphabet phonétique international (API) est fournie dans l'Appendice à la fin du livre.

Dans chaque chapitre, les exercices suivent une progression. Certains serviront à créer des réflexes rapides: ils sont simples et assez mécaniques. D'autres demanderont plus de réflexion quant à la suite logique des idées dans la phrase, le choix du vocabulaire et la mise en situation. Le professeur peut les faire faire oralement ou comme devoirs écrits. Un corrigé est fourni pour la plupart des exercices. Les *Activités* à la fin de chaque chapitre sont conçues surtout pour l'exploitation orale en classe. Leur but est de faire utiliser les structures étudiées en situation avec un vocabulaire approprié.

Les points de grammaire traités dans ce manuel de niveau intermédiaire ciblent les éléments de base et les exceptions les plus courantes de la langue française. Le niveau de langue présenté dans les exemples de grammaire est celui de la communication quotidienne; il évite donc les structures littéraires, ce qui justifie le choix de ne pas inclure le passé simple. Le vocabulaire est également celui de tous les jours, assez varié et pratique — d'après notre expérience — pour piquer la curiosité des étudiants et laisser la porte ouverte à de petites discussions en classe, à la présentation d'anecdotes, etc. Les références culturelles sont le plus souvent nord-américaines. Ce manuel n'est donc pas axé sur la France, comme le sont encore bon nombre de manuels de français langue seconde ou étrangère.

Un livre de lecture ou une sélection de textes, d'articles de journaux ou de bandes dessinées, ainsi que des exercices de prononciation et de compréhension, sous forme d'audiocassettes ou de cédéroms, seraient de bons compléments à *Parlons grammaire*, sans oublier les chansons, les courts et longs métrages — de l'Office national du film du Canada (ONF) entre autres — ou encore des clips disponibles dans le site de la Société Radio-Canada: http://archives. radio-canada

Les livres de référence (dictionnaires unilingue et bilingue, répertoires de verbes) sont évidemment indispensables.

Les chapitres ne sont pas classés par ordre de difficulté: paraissent d'abord les verbes, temps et modes, ensuite l'interrogation et la négation, puis les pronoms personnels et relatifs, et finalement les articles, les adjectifs et les adverbes. Libre à chacun de choisir la progression qu'il désire, car on peut, dans la plupart des cas, étudier une seule partie d'un chapitre et faire les exercices qui s'y rapportent, ceux-ci étant gradués. Il est possible, par exemple, d'étudier les pronoms personnels en plusieurs étapes: d'abord avec les verbes au présent et au futur proche, avec les verbes pronominaux, ensuite au passé composé et à l'impératif, et à un autre moment, à la forme interrogative ou négative.

NEL

Voici une suggestion de progression:

- les verbes au présent de l'indicatif, le futur proche;

- l'impératif (sans pronom);

- les verbes pronominaux (sans la partie 2 sur les temps composés);

- les adjectifs possessifs;

- les articles, le partitif;

- l'interrogation au présent et au futur proche;

- les adjectifs démonstratifs;

- le passé composé;

- les noms géographiques;

- la négation (ne…pas), au présent et au futur proche;

- les pronoms personnels;

- l'impératif avec pronoms;

- le passé composé avec pronoms, formes négative et interrogative;

- les verbes pronominaux (la partie 2 sur les temps composés);

- l'imparfait;

- l'imparfait vs le passé composé;

- les adjectifs qualificatifs, les adverbes;

- le comparatif et le superlatif;

- la négation (suite) au présent, au passé composé, à l'imparfait;

- le futur;

- le conditionnel présent, les phrases de condition;

- l'infinitif;

- le subjonctif;

- les pronoms démonstratifs;

- le plus-que-parfait; la concordance des temps au passé;

- le conditionnel passé, les phrases de condition;

NEL

- les pronoms relatifs;

- les exercices de révision (en appendice): la concordance des temps, l'indicatif vs le subjonctif, les pronoms personnels.

On ne saurait trop insister sur l'importance de la pratique, surtout orale, pour bien faire assimiler et réutiliser ce qui a été étudié. Nous souhaitons que *Parlons grammaire* encourage les étudiants à vouloir parler correctement le français en leur montrant que la grammaire n'est pas une somme de connaissances figées, mais qu'elle est un outil indispensable pour structurer la communication.

Conseils aux étudiants

Voici quelques suggestions pour un apprentissage organisé.

1. Quand vous commencez l'étude d'un chapitre, lisez rapidement le texte et regardez les exercices pour avoir une idée générale de la matière à assimiler. Ensuite, soulignez les parties difficiles, les explications que vous ne comprenez pas bien, etc. Vous pourrez poser des questions là-dessus à votre professeur. Puis, étudiez le texte à fond.

2. Quand une structure semble complexe, il peut être efficace d'apprendre quelques exemples par cœur.

3. Notez la progression dans les exercices de chaque chapitre: du simple au plus complexe, avec des exercices de synthèse vers la fin.

4. Faites toujours les exercices oralement avant d'écrire des réponses.

5. Si vous avez accès au corrigé, vérifiez vos réponses aux exercices simples avant de commencer les exercices plus complexes.

6. Même si ce manuel traite surtout de grammaire, le vocabulaire est très important. Essayez de retenir les mots nouveaux pendant que vous étudiez; vous ferez des progrès bien plus rapides et votre français deviendra non seulement plus correct, mais aussi plus riche. Repérez les expressions idiomatiques dans les exercices et dans les *Activités*.

7. On doit toujours apprendre une langue en situation. Observez le sens de toute la phrase, aussi bien dans les exercices simples que dans les exercices plus complexes qui fournissent des textes suivis, des dialogues, des expressions idiomatiques et des situations à développer.

8. Dans la mesure du possible, évitez de traduire! Quand vous cherchez une phrase à dire ou à écrire, posez-vous plutôt la question: «Est-ce que je connais une expression, une structure que je pourrais utiliser dans ce contexte?»

Bon courage!

Présentation des termes grammaticaux

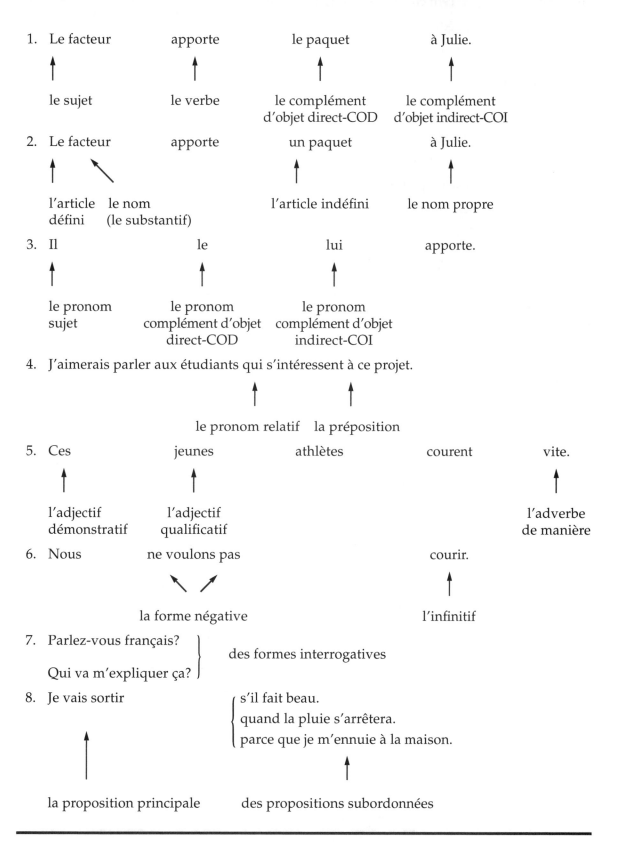

1. Le facteur   apporte   le paquet   à Julie.

   ↑   ↑   ↑   ↑

le sujet   le verbe   le complément d'objet direct-COD   le complément d'objet indirect-COI

2. Le facteur   apporte   un paquet   à Julie.

l'article défini   le nom (le substantif)   l'article indéfini   le nom propre

3. Il   le   lui   apporte.

le pronom sujet   le pronom complément d'objet direct-COD   le pronom complément d'objet indirect-COI

4. J'aimerais parler aux étudiants qui s'intéressent à ce projet.

le pronom relatif   la préposition

5. Ces   jeunes   athlètes   courent   vite.

l'adjectif démonstratif   l'adjectif qualificatif   l'adverbe de manière

6. Nous   ne voulons pas   courir.

la forme négative   l'infinitif

7. Parlez-vous français?   ⎫
                          ⎬ des formes interrogatives
Qui va m'expliquer ça?   ⎭

8. Je vais sortir   ⎰ s'il fait beau.
                       quand la pluie s'arrêtera.
                       parce que je m'ennuie à la maison.

la proposition principale   des propositions subordonnées

Les accents

à, è, ù	l'accent grave
é	l'accent aigu
â, ê, î, ô, û	l'accent circonflexe
ç	la cédille
ë, ï, ü	le tréma

La ponctuation

.	le point
,	la virgule
;	le point virgule
:	le deux-points
« »	les guillemets
?	le point d'interrogation
!	le point d'exclamation
' (l'éducation)	l'apostrophe
- (parlez-moi)	le trait d'union
…	les points de suspension

Le présent de l'indicatif

Généralités

Pour la conjugaison, les verbes se divisent en deux catégories : les verbes **réguliers** et **irréguliers**. Le *présent de l'indicatif* d'un verbe s'emploie pour décrire une action qui se situe dans le temps présent ou pour exprimer une vérité générale ou une habitude.

> Je suis étudiante en ce moment.
> Qu'est-ce que tu fais maintenant?
> Nous lisons un peu tous les soirs.
> Mon frère travaille dans la construction.
> Notre climat est froid.

ATTENTION! Comme la conjugaison des verbes est complexe, il est recommandé de consulter très fréquemment *Bescherelle 1. L'Art de conjuguer*.

Détails

1) LES FORMES DU PRÉSENT DE L'INDICATIF

On présente la conjugaison de la façon traditionnelle, accompagnée des pronoms sujets : je, tu, il, elle, on, nous, vous, ils, elles. Il est important de noter qu'à la troisième personne du singulier les pronoms sujets **on** et **tout le monde** sont employés couramment. **On** veut dire **les gens**, **ils**, etc., dans certains contextes; dans la conversation, c'est souvent l'équivalent de **nous**, mais le verbe est toujours à la troisième personne du singulier.

Même si le chapitre 2 sera entièrement consacré aux **verbes pronominaux**, nous en avons inclus des exemples dans ce chapitre parce qu'ils sont conjugués comme les autres verbes de chaque groupe. La seule différence, c'est qu'on ajoute, après le pronom sujet, le pronom personnel complément correspondant. Exemples de verbes pronominaux : *s'amuser*, *s'ennuyer* pour le premier groupe, *s'établir*, *s'enrichir* pour le deuxième groupe, *s'endormir*, *s'asseoir* pour le troisième groupe.

a) Le premier groupe (la première conjugaison)

Un très grand nombre de verbes appartiennent à cette catégorie. L'infinitif se termine en **-er**.

parler		s'amuser	
	je parle		je m'amuse
	tu parles		tu t'amuses
	il		il
	elle parle		elle s'amuse
	on		on
	tout le monde		tout le monde
	nous parlons		nous nous amusons
	vous parlez		vous vous amusez
	ils parlent		ils s'amusent
	elles parlent		elles s'amusent

Cas particuliers au premier groupe : orthographe et prononciation

Les verbes qui se terminent en **-ier** à l'infinitif gardent le **i** dans toute la conjugaison. (Il ne faut pas les confondre avec le deuxième groupe, en **-ir**.)

remercier	je remercie
	tu remercies
	il remercie
	nous remercions
	vous remerciez
	ils remercient

(de même : apprécier, bénéficier, crier, étudier, oublier, photographier, etc.)

Le radical de certains verbes change aux 1ère, 2e et 3e personnes du singulier et à la 3e personne du pluriel, le plus souvent en doublant la consonne : **l → ll, t → tt** et dans quelques cas en remplaçant le **e** par **è** pour obtenir le son [ɛ]. Leurs terminaisons demeurent celles du premier groupe.

appeler[1]	j'appelle	jeter[1]	je jette
	tu appelles		tu jettes
	il appelle		il jette
	nous appelons[1]		nous jetons[1]
	vous appelez[1]		vous jetez[1]
	ils appellent		ils jettent

(de même : épeler, projeter, rappeler, rejeter.)

geler[1]	je gèle	acheter[1]	j'achète
	tu gèles		tu achètes
	il gèle		il achète
	nous gelons[1]		nous achetons[1]
	vous gelez[1]		vous achetez[1]
	ils gèlent		ils achètent

(de même : mener, amener, emmener, promener; lever, relever, soulever, etc.)

espérer	j'espère[2]
	tu espères
	il espère
	nous espérons
	vous espérez
	ils espèrent

(de même : céder, considérer, interpréter, préférer, etc.)

payer	je paie	nettoyer	je nettoie	s'ennuyer	je m'ennuie
	tu paies		tu nettoies		tu t'ennuies
	il paie		il nettoie		il s'ennuie
	nous payons		nous nettoyons		nous nous ennuyons
	vous payez		vous nettoyez		vous vous ennuyez
	ils paient		ils nettoient		ils s'ennuient

(de même : essayer, envoyer, appuyer, etc.)

---

1 Le **e** de l'avant-dernière syllabe ne se prononce pas : [aple] appeler, [ʃte] jeter, [ʒle] geler, [aʃte] acheter.

2 Le **è** se prononce [ɛ], le **é** se prononce [e]. (Voir D, Transcription phonétique, Appendice, p. 265.)

Les verbes qui se terminent en **-ger** ou **-cer** demandent **-geons** ou **-çons** à la première personne du pluriel.

manger	je mange	commencer	je commence
	tu manges		tu commences
	il mange		il commence
	nous mangeons		nous commençons
	vous mangez		vous commencez
	ils mangent		ils commencent

(de même : nager, plonger, ranger, avancer, lancer, etc.)

Le verbe **aller** n'est pas du premier groupe. Il est irrégulier.

je vais	nous allons
tu vas	vous allez
il va	ils vont

b) Le deuxième groupe (la deuxième conjugaison)

- L'infinitif se termine en **-ir**.

finir	je finis	s'établir	je m'établis
	tu finis		tu t'établis
	il finit		il s'établit
	nous finissons		nous nous établissons
	vous finissez		vous vous établissez
	ils finissent		ils s'établissent

(de même : agir, salir, obéir, vieillir, grandir, réussir, etc.)

c) Le troisième groupe (la troisième conjugaison)

- L'infinitif se termine en **-ir**.

Mais ce qui distingue ces verbes, c'est qu'ils n'ont pas les terminaisons en **-iss**, caractéristiques des trois personnes du pluriel des verbes du deuxième groupe.

partir	je pars	s'endormir	je m'endors
	tu pars		tu t'endors
	il part		il s'endort
	nous partons		nous nous endormons
	vous partez		vous vous endormez
	ils partent		ils s'endorment

(de même : dormir, mentir, sentir, servir, sortir)

Le verbe **courir** et ses dérivés (parcourir, secourir, etc.) appartiennent aussi au troisième groupe :

je cours	nous courons
tu cours	vous courez
il court	ils courent

D'autres verbes en **-ir** sont conjugués, au **présent**, comme des verbes du premier groupe.

cueillir	je cueille	ouvrir	j'ouvre
	tu cueilles		tu ouvres
	il cueille		il ouvre
	nous cueillons		nous ouvrons
	vous cueillez		vous ouvrez

	ils cueillent		ils ouvrent

(de même : accueillir)   (de même : couvrir, découvrir, offrir, souffrir)

- L'infinitif se termine en **-re**.

vendre	je vends	se rendre	je me rends
	tu vends		tu te rends
	il vend		il se rend
	nous vendons		nous nous rendons
	vous vendez		vous vous rendez
	ils vendent		ils se rendent

(de même : descendre, entendre, perdre, rendre, mordre, etc.)

Les verbes suivants se conjuguent à peu près de la même façon (au pluriel, on prononce la consonne comme à l'infinitif).

mettre	je mets	battre	je bats
	tu mets		tu bats
	il met		il bat
	nous mettons		nous battons
	vous mettez		vous battez
	ils mettent		ils battent

(de même : permettre, promettre, remettre, soumettre, etc.)

rompre	je romps	vaincre	je vaincs
	tu romps		tu vaincs
	il rompt		il vainc
	nous rompons		nous vainquons
	vous rompez		vous vainquez
	ils rompent		ils vainquent

(de même : interrompre, corrompre) (de même : convaincre)

Plusieurs verbes en **-re** ne sont **pas** conjugués de la même façon. (La prononciation et l'orthographe changent au pluriel.)

prendre	je prends	craindre	je crains
	tu prends		tu crains
	il prend		il craint
	nous prenons		nous craignons
	vous prenez		vous craignez
	ils prennent		ils craignent

(de même : apprendre,   (de même : atteindre, éteindre, joindre,
comprendre, surprendre)   peindre, plaindre)

connaître	je connais	conduire	je conduis
	tu connais		tu conduis
	il connaît		il conduit
	nous connaissons		nous conduisons
	vous connaissez		vous conduisez
	ils connaissent		ils conduisent

(de même : disparaître,   (de même : construire, détruire,
paraître, reconnaître)   produire, réduire)

- **D'autres verbes du troisième groupe sont encore plus irréguliers.**

En voici une liste partielle. (Voir aussi *Bescherelle, L'Art de conjuguer.*)

s'asseoir	être	savoir
avoir	faire	suivre
boire	lire	venir (appartenir, devenir,
croire	mourir	maintenir, tenir, etc.)
devoir	pouvoir	vivre
dire	recevoir (apercevoir,	voir
écrire	décevoir)	vouloir
falloir : il faut	rire	
pleuvoir : il pleut		
plaire : cela me plaît		

Résumé – Les terminaisons des verbes au présent de l'indicatif

Malgré les difficultés de la conjugaison, les règles d'orthographe concernant les **terminaisons** sont toujours claires.

Groupe I		Groupes II, III	
	-e		-s
	-es		-s
	-e		-d ou -t
	-ons		-ons
	-ez		-ez
	-ent		-ent

Quelques exceptions

je peux, je veux (pouvoir, vouloir) il vainc, il convainc (vaincre, convaincre)
tu peux, tu veux vous dites, vous faites (dire, faire)

aller		avoir	
	je vais		j'ai
	tu vas		tu as
	il va		il a
	nous allons		nous avons
	vous allez		vous avez
	ils vont		ils ont

L'expression **il y a** reste toujours au singulier. (Voir aussi l'Appendice A.)

Il y a un très beau jardin botanique dans notre ville.

Il y a des milliers de plantes dans ce jardin.

être		faire	
	je suis		je fais
	tu es		tu fais
	il est		il fait
	nous sommes		nous faisons
	vous êtes		vous faites
	ils sont		ils font

2) L'EMPLOI DU PRÉSENT DE L'INDICATIF

a) On emploie le présent d'un verbe pour exprimer une action ou une situation présente.

> Il pleut, n'est-ce pas?
>
> Je suis fatigué! J'ai mal aux pieds!
>
> Michel travaille dans la construction.

b) On emploie le présent pour exprimer une action habituelle.

> Nous assistons à ce cours trois fois par semaine.
>
> Michel vient toujours à bicyclette.

c) Le présent exprime aussi une vérité générale.

> L'or est un métal précieux.
>
> Tout le monde sait qu'un éléphant a une trompe.
>
> Nous devons bien manger pour rester en bonne santé.

d) Dans certaines phrases de condition, on emploie le présent après **si**. Le verbe principal est au présent ou au futur, selon le sens de la phrase.

> Si tu manges trop de gras, tu grossiras.
>
> Si je ne mange pas à intervalles réguliers, je ne me sens pas bien.

3) STRUCTURES SPÉCIALES

a) Après **depuis** on emploie le **présent de l'indicatif**. L'action, dans ce cas, a commencé au passé mais continue encore au moment où on parle. Quand une question commence par **«Depuis combien de temps?»**, on s'intéresse à la période de temps écoulée depuis le commencement de l'action. Si l'on demande **«Depuis quand?»**, on veut savoir à quel moment l'action a commencé. C'est l'équivalent de la structure : «*(For) how long…? / since when…?*» — «*For the past three months / since 1975*», etc.

> Depuis combien de temps est-ce que tu es à Montréal?
> — J'y suis depuis trois mois.
>
> Depuis quand habitez-vous cet appartement?
> — Nous habitons ici depuis 1975.
>
> Dépêche-toi! Je t'attends depuis une demi-heure.

(Dans un contexte au passé, on emploie **l'imparfait** après **depuis**. Voir le chapitre sur l'imparfait.)

Quand la phrase est négative, on emploie souvent le **passé composé** et **le plus-que-parfait**.

> Tu as des nouvelles de Danielle? Non, je ne l'ai pas vue depuis trois mois.
>
> Louis et Claudine n'avait pas mis les pieds au restaurant depuis la naissance du bébé. Cette sortie leur a donc fait le plus grand bien.

Une autre expresssion, **cela fait… que** ou **ça fait… que**, placée en début de phrase, s'emploie aussi avec un verbe au présent et a le même sens que **depuis**. On mentionne une période de temps.

> Ça fait combien de temps que tu es à Montréal?
> — Ça fait trois mois déjà.
>
> Dépêche-toi! Ça fait une demi-heure que je t'attends.
>
> Ça fait six semaines qu'on travaille à ce projet, n'est-ce pas?
>
> Cela fait un an que ce gouvernement est au pouvoir.

b) *Être en train de* + **un infinitif** (*to be in the midst of doing sthg.*)

Pour souligner le fait qu'une action se passe au moment même où on en parle, on emploie cette structure en mettant le verbe **être** au présent. (Une structure semblable existe au passé et au futur.)

> Ne viens pas me déranger. Je suis en train d'écrire des lettres importantes.

> Comment! Notre commande n'est pas encore prête? — Nous sommes en train de la préparer, madame.

c) *Aller* (**au présent**) + **un infinitif**

Cette structure — le **futur proche** — peut remplacer le futur d'un verbe. (Voir le chapitre 5.)

> Mes parents vont partir demain pour la Floride.

> Vous allez vous lever bientôt?

> Je vais vous rappeler dans quelques minutes.

> Il va y avoir des changements l'année prochaine.

d) *Venir* (**au présent**) + *de* + **un infinitif** (*to have just done sthg.*)

Cette structure, très courante, s'appelle le **passé récent**, et exprime une action qui s'est passée il y a peu de temps. (Voir aussi le chapitre sur l'imparfait : chapitre 4, section 3 b.)

> Je suis très fatigué. Je viens de terminer un projet difficile.

> C'est dommage! Tu ne pourras pas voir les enfants; ils viennent de sortir.

Ne confondez pas **venir de** avec la structure *venir* + **un infinitif**.

> «Je viens voir Michel.» veut dire : Je viens avec l'intention de voir Michel.

Alors que :

> «Je viens de voir Michel.» veut dire : J'ai vu Michel il y a peu de temps.

A) *Verbes du premier groupe au présent*
   Composez une phrase simple et logique avec chaque verbe.
   Avant de commencer, assurez-vous de bien comprendre le sens du verbe.

   1. inviter   Nous _____
   2. habiter   Mes amis _____
   3. organiser   Elles _____
   4. jouer   Vous _____
   5. chanter   Tu _____
   6. pleurer   Ma petite sœur _____
   7. se préparer   Tim et Claire _____
   8. étudier   Tu _____
   9. oublier   Vous _____
   10. publier   Ces auteurs _____
   11. déménager   Nous _____
   12. annoncer   On _____
   13. prononcer   Nous _____
   14. laver   Je _____
   15. se maquiller   Les acteurs _____
   16. se dépêcher   Mon camarade de chambre _____
   17. tuer   Ces produits toxiques _____

B) *Verbes du deuxième groupe au présent*
   Même exercice. Attention au sens du verbe et à sa construction!

   1. grandir   Jeannette, tu _____
   2. remplir   Je _____
   3. bâtir   Nous _____
   4. applaudir   Les spectateurs _____
   5. atterrir   Ce gros avion _____
   6. saisir   Les policiers _____
   7. réussir (à)   Je _____
   8. réfléchir (à)   Nous _____
   9. démolir   Vous _____
   10. fleurir   Ces arbres _____
   11. ralentir   Le chauffeur de taxi _____

12. se salir　　Les enfants _____

13. rougir　　Est-ce que tu _____?

14. établir　　Le gouvernement _____

15. trahir　　Ces espions _____

C) *Verbes du troisième groupe au présent*
Même exercice. Attention au sens du verbe et à sa structure!

1. vendre　　On _____

2. défendre　　Ces soldats _____

3. dépendre (de)　　Ça _____

4. entendre　　Vous _____

5. répondre (à)　　Je _____

6. rendre　　Tu _____

7. mordre　　Son chien _____

8. fondre　　Ma crème glacée _____

9. descendre　　Nous _____

10. perdre　　Notre professeur _____

D) *Exercice à faire oralement, puis par écrit.*
Répondez affirmativement ou négativement en employant la forme vous.
Attention à l'orthographe et aux accents!

1. Est-ce que j'emmène votre cousine au cinéma?

　　_____

2. Est-ce que je jette ça à la poubelle?

　　_____

3. Est-ce que j'appelle la police?

　　_____

4. Est-ce que je soulève cette question à la réunion?

　　_____

5. Est-ce que je pèse ces légumes?

　　_____

6. Est-ce que j'achète cette nouvelle bicyclette?

　　_____

7. Est-ce que j'exagère quand je vous demande ce service?

　　_____

8. Est-ce que je répète ce mouvement?

　　_____

E) *Exercice à faire oralement, puis par écrit.*
Répondez affirmativement ou négativement en employant la forme je.
Attention à l'orthographe et aux accents!

1. Est-ce que vous essuyez la table?
   Oui! J'essuie la table

2. Est-ce que vous gelez dans la cave?
   Je gèle de jus de orange

3. Est-ce que vous envoyez cette invitation à tout le monde?
   Oui j'envoie

4. Est-ce que vous vous levez tôt le samedi?
   Oui ~~nous nous~~ je me levons tôt le samedi

5. Est-ce que vous essayez les nouveaux produits?
   Oui nous essayons les nouveaux produits

6. Est-ce que vous rejetez mes suggestions?
   Oui nous rejetons tes suggestions

7. Est-ce que vous préférez les films de science-fiction?
   Oui, nous préférons les films de science fiction

8. Est-ce que vous nettoyez vos lunettes avec du savon?
   Oui nous nettoyons nos

F) *Complétez les phrases en utilisant le présent du verbe* avoir.
Notez le vocabulaire : ce sont des expressions idiomatiques courantes.

1. J'ai ~~es~~ soif; donnez-moi de l'eau, s'il vous plaît.
2. Beaucoup de gens ont congé le 25 décembre.
3. Le concours a lieu au mois de mai.
4. Tout le monde a a envie de partir en voyage.
5. Nous avons faim. Il est déjà une heure et demie.
6. Tu as toujours tort.
7. Elle a l'air malade.
8. Je n' avait pas l'intention de revenir.
9. avez -vous le droit de faire ça?
10. Ils ont raison de se plaindre.

RE = s/s s/s t/o
IR s/s
ER e/es
RJR e/es
iER = s/es s

G) *Même exercice. Employez le verbe* faire.

1. Est-ce que vous faites du sport?
2. Il ne fait pas souvent le ménage.
3. Est-ce que tous les employés font la grève en ce moment?
4. Tu ~~es~~ fais peur aux petits enfants!

5. Nous __faisons__ ✓ de l'espagnol à l'école.

6. Je __fais__ ✓ mes bagages.

7. Est-ce que tu __fais__ ✓ du ski chaque hiver?

8. On __fait__ ✓ la vaisselle tout de suite?

IR/RE = S dors
S dors
T dort

H) *Même exercice. Employez le verbe* prendre.

1. Je __prends__ mon temps.

2. Elles __prenent__ leurs vacances en juin, chaque année.

3. Nous __prenons__ un taxi.

4. Cet automobiliste __prend__ les virages trop vite.

5. __prenez__-vous un peu de vin?

6. Paul se __prend__ pour un grand musicien!

I) *Choisissez, dans la liste, le verbe qui convient pour compléter chaque phrase, au présent, de façon logique. Au besoin, consultez* L'Art de conjuguer *et un dictionnaire.*

   a) battre, dormir, mettre, repartir, servir

1. Tu __dors__ sept heures par nuit.

2. On __sert__ du champagne au nouvel an.

3. Ils __Repartent__ tous les records!

4. Elle __met__ ses souliers neufs.

5. Vous __battez__ demain matin?

   b) accueillir, connaître, courir, ouvrir, traduire

6. Mon père et moi, nous __ouvrons__ une nouvelle boutique.

7. Je __cours__ dix kilomètres tous les matins.

8. Est-ce que tu __connais__ madame Leclerc?

9. Vous __Traduisez__ votre lettre en français?

10. L'hôtesse __accueillit__ les invités.

   c) apprendre, comprendre, éteindre, interrompre, rejoindre

11. Je __rejoins__ ✓ mes amis à sept heures devant le théâtre.

12. Ils __éteignent__ ✓ les lumières à minuit.

13. __apprenez__ ✓ -vous l'informatique à l'école?

14. On ne __interrompt__ pas le conférencier avant la fin.

15. __comprennent__ ✓ -elles vos explications?

   d) croire, devoir, pouvoir, savoir, voir

16. Elle ne __sait__ pas encore lire. Elle n'a que trois ans!

17. Nous ne __voyons__ pas clair sans nos lunettes.

18. C'est dommage! Ils ne __peuvent__ pas nous aider.

19. Ce philosophe ne _croit_ pas en Dieu.

20. Est-ce que vous _devez_ toujours arriver à l'heure?

e) construire, dire, lire, mentir, retenir, sortir

21. On _construit_ de nouveaux édifices à bureaux.

22. Je _retiens_ ma place à l'avance.

23. Nous _lisons_ des romans anglais.

24. Tu _sors_ trop souvent le soir.

25. Vous _mentez_, ou vous _disez_ la vérité?

f) appartenir, écrire, garantir, recevoir, rire, suivre, vivre

26. Pierre _vit_ seul dans ce grand appartement.

27. Cette bague _appartiens_ à ma mère.

28. Nous _garantissont_ la qualité de nos produits, madame!

29. Combien de cours _suis_-tu?

30. On _écrit_ beaucoup de messages quand on _reçoit_ beaucoup de courriels.

31. Pourquoi _riez_-vous? Ce n'est pas drôle!

J) *Complétez chaque phrase avec le présent du verbe donné.*

1. Nous _sommes_ (être) ici depuis une heure.

2. Depuis quand est-ce que tu _habites_ (habiter) cet immeuble?

3. Cela fait quatre heures que le bébé _dormit_ (dormir).

4. Cela fait une éternité qu'ils ne _se voient_ (se voir) plus.

5. Ça fait combien de temps que vous _étudient_ (étudier) le chinois?

6. Chut! Silence! Ils _sont_ (être) en train de jouer aux échecs.

7. C'est formidable! Sophie _va_ (aller) gagner la partie.

8. Nous devons partir : le taxi _vient_ (venir) d'arriver.

K) *Complétez les phrases avec la forme convenable du futur proche.*

Exemple : Tu étudies maintenant?
— Non, je vais étudier ce soir.

1. Tu continues tes recherches?

— En effet, je _vais faire_ ce projet pendant quelques mois.

2. Michel arrive aujourd'hui?

— Non, il _arrive_ demain.

3. Vous partez tout de suite?

— Non, nous _partons_ dans une heure.

4. Vous finissez vos études cette année?

— C'est exact, je _finis_ mon programme en mai.

5. Nous apprenons le subjonctif cette semaine, n'est-ce pas?

   — Non, vous _apprenez le_ ce mode la semaine prochaine.

6. Est-ce que tes frères font du ski alpin chaque hiver?

   — Oui, mais cette année ils _font_ du ski de fond.

7. Vous allez à la Barbade cet été?

   — Non, on _Allons_ là-bas à Noël.

8. Il pleut déjà?

   — Non, mais il _pleut_ bientôt, je crois.

L) *Répondez, au présent, en employant un pronom personnel COD (me, m', te, t', nous, vous, le, la, l', les) pour remplacer le nom souligné. Au besoin, référez-vous au chapitre 12, section 2.*

> Exemple : Admirez-vous cet artiste?
>
> — Oui, je l'admire vraiment.

1. Comprenez-vous ces instructions, monsieur?

   — Oui, _nous les comprendes_ parfaitement.

2. Vous lisez ce roman en italien?

   — Non, _nous lisons non_ en version française.

3. Vous rappelez votre amie Céline, n'est-ce pas, madame?

   — D'accord, _____ tout de suite.

4. Cette soirée va être merveilleuse! Vous nous invitez?

   — Bien sûr. On _fait inv vous_ avec plaisir!

5. Entendez-vous ces enfants qui crient?

   — Non, _nous n'entendons pas les les enfants qui crient_

6. Tu m'aimes?

   — Mais oui, _Je t'aime_ !

7. Cette émission vous amuse, Geneviève?

   — Non, elle ne _____ pas du tout.

8. Je te dérange?

   — Mais non, _____.

9. Les spectateurs applaudissent la chanteuse?

   — Oui, ils _____ très fort.

10. Préfèrent-ils surtout ses nouvelles chansons?

    — Oui, ils _____ aux anciennes.

M) *Mettez les verbes au présent. (Exercice de synthèse)*

Notre poule _____ (pondre) beaucoup d'œufs. Maman les _____ (battre) pour faire des omelettes ou des gâteaux. Mes sœurs ne _____ (prendre) jamais de gâteau parce qu'elles _____ (craindre) de grossir. Moi, je ne _____ (comprendre) pas ça. Elles ne me _____ pas (convaincre) avec cet argument, mais je leur _____ (promettre) de faire attention. Elles ne me _____ (croire) pas, mais nous ne _____ (se disputer) pas : on _____ (perdre) son temps à faire ça. Nous, on _____ (agir) en adultes!

N) *Mettez les verbes au présent. (Exercice de synthèse)*

Mon frère travaille dans la construction. Il __va__ (aller) vous expliquer le projet que sa compagnie __vient__ (venir) de lancer. « Voilà, nous __établissons__ (établir) tous les services communautaires depuis sept mois et nous __engageons__ (engager) toujours du personnel. Nous __construisons__ (construire) beaucoup de maisons unifamiliales, car plusieurs familles __veulent__ (vouloir) s'installer ici. Les gens, __voyez__-vous (voir), _____ (se plaindre) de ne pas trouver de logements abordables près du centre ville. Ils _____ (s'ennuyer) dans les banlieues. Ici, ils __vont__ (aller) trouver un environnement agréable et sécuritaire. C'__est__ (être) ce qui _____ (garantir) notre succès. J'_____ (espérer) que je __vient__ (venir) de vous convaincre que ce nouveau quartier résidentiel _____ (ne pas manquer) d'envergure. Je vous _____ (remercier) de votre attention. Qu'est-ce que vous _____ (dire)? L'environnement? Euh, nous _____ (aller) discuter de ça une autre fois...»

Activités

(à faire oralement ou par écrit)

1. *Plusieurs verbes du deuxième groupe se forment à partir d'un adjectif. Exemple : rougir. Trouvez-en d'autres, et composez des phrases (au présent, au passé récent ou au futur proche) qui en illustreront le sens.*

2. *Voici des réponses ou commentaires dans lesquels on utilise les structures* depuis, ça fait... que, venir de, être en train de. *Imaginez la question ou la remarque qui précède chaque phrase.*

Oh! ça fait vingt minutes, environ. Depuis hier.

Ça fait dix ans déjà. Depuis longtemps.

Depuis cinq siècles. Depuis le 18 avril.

On vient de finir notre projet. C'est dommage. Ils viennent de partir.

Elle est en train de se reposer. Je suis en train de réfléchir.

3. *Voici plusieurs expressions courantes utilisant les structures du chapitre 1. Inventez des dialogues courts où vous utiliserez une (ou plusieurs) de ces phrases.*

Tu as raison. Ils ont tort! J'ai hâte...

As-tu mal? Aïe! Ça fait mal! Denise a mal à la cheville.

Je m'énerve! Tu m'énerves! Ça m'énerve!

Ah? Ça me surprend! Ça ne m'intéresse pas. Nous ne sommes pas d'accord.

Les verbes pronominaux

«Vous vous êtes encore endormie en classe?»

Généralités

Les verbes pronominaux s'utilisent fréquemment en français. Un verbe est pronominal quand il a un pronom complément, COD ou COI, qui se réfère à la même personne que le sujet.

Je m'appelle Emma.
Tiens, les enfants se sont endormis.
Repose-toi, tu l'as bien mérité.
Te souviens-tu de ton premier voyage en avion?
Ces légumes se mangent crus.
Nous nous voyons ou nous nous téléphonons tous les jours.

1) LES VERBES PRONOMINAUX

Comme on l'a vu au chapitre 1, les verbes pronominaux sont conjugués exactement comme les autres verbes de chaque groupe, mais on ajoute, après le pronom sujet, le pronom personnel complément correspondant.

Je me réveille
Tu te lèves
Il se rase
Elle se maquille
On se dépêche
Nous nous habillons
Vous vous amusez
Ils s'endorment
Elles s'ennuient

Un verbe est considéré «pronominal» **seulement quand le pronom complément (*me, te, se, nous, vous, se*) indique la même personne que le sujet :**

Je me lave. (verbe «se laver»)   mais   Une infirmière me lave. (verbe «laver»)

Les verbes pronominaux se divisent en plusieurs catégories.

a) Les verbes réfléchis

L'action retourne sur le sujet; le pronom complément conserve sa signification (je fais quelque chose à moi-même, etc.)

se brosser (les dents, les cheveux)	s'habiller
se casser (la jambe)	se laver
se couper (les ongles)	se lever
se demander (quelque chose)	se peigner
s'essuyer (les mains)	se raser
se faire mal (au genou)	se regarder dans un miroir

Notez que le pronom complément est plus souvent complément d'objet direct (COD), comme dans les exemples de la colonne de droite. Quelquefois, comme dans les exemples de la colonne de gauche, il peut être complément d'objet indirect (COI) puisqu'un autre mot (les dents, la jambe, etc.) a la fonction de COD.

b) Les verbes réciproques : au pluriel seulement

Deux ou plusieurs personnes (ou choses) exercent l'action l'une sur l'autre. Cela correspond à la structure «*each other*» en anglais.

s'aimer ou se détester	se regarder
se battre (*fight*)	se rejoindre
se disputer	se rencontrer
se (re)connaître	se marier, etc.

Vous vous disputez tout le temps.

Nous nous comprenons très bien, toi et moi.

Ces étudiants ne se parlent pas beaucoup.

Est-ce que vous vous écrivez souvent, toi et Robert?

c) Les verbes essentiellement pronominaux

Les verbes de cette catégorie s'emploient seulement à la forme pronominale : le pronom complément n'a pas de fonction, on ne doit donc pas le traduire en anglais.

s'asseoir	se méfier (de) (*mistrust*)
se dépêcher	se moquer (de)
se taire (*remain silent*)	se souvenir (de) (*remember*)

Tout le monde se dépêche le matin pour aller travailler.

Je ne me souviens pas de ce film.

d) Les verbes pronominaux à sens passif

Certains verbes peuvent avoir un sens passif quand ils sont employés à la forme pronominale et à la troisième personne.

Les fruits se vendent très cher en cette saison.

Cette porte s'ouvre (se ferme) difficilement.

Sa voix s'entendait jusqu'au fond de la salle.

Cette expression s'emploie plutôt à l'oral.

Rappel

Il faut se rappeler que **beaucoup de verbes** peuvent être **pronominaux ou non,** selon la phrase, et que quelquefois le **sens du verbe change,** un peu ou complètement.

Voici une liste des verbes les plus courants.

amuser qqn	s'amuser
arrêter qqn ou qqch	s'arrêter
énerver	s'énerver
ennuyer	s'ennuyer
fâcher	se fâcher
inquiéter	s'inquiéter
intéresser	s'intéresser (à)
laver	se laver
perdre	se perdre
promener	se promener

renseigner	se renseigner
réveiller	se réveiller
sentir	se sentir (bien, mal, triste)
servir	se servir (de)

Souvent, dans la forme pronominale, il s'agit d'un verbe réfléchi alors que, dans la forme ordinaire, il y a un COD **autre** que le pronom réfléchi.

> Madame Dufour *s*'habille pour sortir.
>
> Madame Dufour habille **ses enfants** pour sortir.
>
> Je *me* promène tous les soirs.
>
> Je promène **mon chien** tous les soirs.

Dans les exemples suivants, les deux formes du verbe ont un sens différent.

> Je mets mon chapeau pour sortir.
>
> Je me mets à chanter quand j'entends cette musique.
>
> Vous ne trouvez pas vos gants? Cherchez dans l'armoire de la chambre.
>
> Les étudiants de troisième année se trouvent au gymnase en ce moment.
>
> Tu vas en Égypte? — Non, je vais à Beyrouth.
>
> Tu t'en vas? — Non, je ne pars pas, je reste avec toi.
>
> Elle attend son ami qui est en retard.
>
> Elle s'attend à un bon résultat parce qu'elle a bien travaillé.
>
> Nous entendons un bruit extraordinaire.
>
> Nous nous entendons très bien, lui et moi.

Les verbes pronominaux s'emploient à l'indicatif, au subjonctif et à l'impératif et se conjuguent à tous les temps : passé, présent et futur.

2. LES VERBES PRONOMINAUX À UN TEMPS COMPOSÉ

a) À un temps composé (passé composé, plus-que-parfait, conditionnel passé, etc.), les verbes pronominaux se conjuguent toujours avec **l'auxiliaire être**. **Le participe passé** s'accorde avec le sujet quand le pronom réfléchi qui précède le verbe est **COD.** (Voir aussi les exemples aux chapitres suivants.)

> Pierre s'est réveillé de bonne humeur ce matin.
>
> Ma sœur s'est sentie très fatiguée après la course.
>
> Les enfants s'étaient endormis dans la voiture.
>
> Ses amies se seraient inquiétées s'il n'avait pas appelé.

b) Dans le cas de certains verbes pronominaux, les pronoms *me, te, se, nous* et *vous* sont **COI,** il n'y a donc pas d'accord. Parmi ces verbes, notez les verbes réciproques qui se construisent avec un COI à la forme non pronominale (téléphoner, écrire, parler, dire, donner, répondre, plaire, etc.).

> Ils se sont regardés (on regarde qqn, *se* est COD et précède le verbe, il y a accord avec le sujet *ils*); ils se sont plu (on plaît à qqn, *se* est COI, il n'y a pas d'accord); ils se sont aimés, ils se sont quittés; puis ils se sont écrit, ils se sont téléphoné, ils se sont revus, ils se sont dit des mots doux, puis ils se sont tus.

c) Quand le COD d'un verbe pronominal n'est pas le pronom réfléchi mais un autre COD ne se rapportant pas au sujet (voir 1 a), il n'y a pas d'accord si ce COD est placé après le verbe comme dans les exemples de la colonne de droite. (Voir aussi le chapitre 12.)

Marie s'est lavée.	Elle s'est lavé les mains.
Elle s'est regardée dans le miroir.	Elle s'est frotté le visage.

Elle s'est coupée avec son rasoir.
Elles se sont maquillées pour sortir.
Vous vous êtes essuyés.

Elle s'est coupé les ongles.
Elles se sont maquillé les yeux.
Nous nous sommes essuyé les mains.

3. LES FORMES INTERROGATIVE ET NÉGATIVE DES VERBES PRONOMINAUX

Quand on utilise l'inversion pour poser une question et dans les phrases négatives, le pronom réfléchi reste devant le verbe comme les autres pronoms COD ou COI.

Te lèves-tu? – Non, je ne me lève pas.

Se souvient-elle de sa première chute en ski? S'en souvient-elle?

Oui, elle s'en souvient très bien. Et vous? – Nous, on ne s'en souvient plus.

Vous dépêchez-vous? – Oui, mais eux, ils ne se dépêchent pas du tout.

Attention à la place des mots dans les phrases interrogatives (affirmatives et négatives) quand le verbe pronominal est conjugué à un temps composé. L'inversion se fait avec l'auxiliaire et c'est l'auxiliaire qui subit la négation. Pour l'accord, voir 2 a.

Me suis-je bien habillé(e)?	**Ne** me suis-je **pas** bien habillé(e)?
T'es-tu perdu(e) en route?	**Ne** t'es-tu **pas** perdu(e) en route?
S'est-il trompé?	**Ne** s'est-il **pas** trompé?
S'était-elle maquillée?	**Ne** s'était-elle **pas** maquillée?
Nous étions-nous amusé(e)s?	**Ne** nous étions-nous **pas** amusé(e)s?
Vous êtes-vous disputé(e)(s)?	**Ne** vous êtes-vous **pas** disputé(e)(s)?
Se seraient-ils reconnus?	**Ne** se seraient-ils **pas** reconnus?
Se sont-elles téléphoné?	**Ne** se sont-elles **pas** téléphoné?

4. LES VERBES PRONOMINAUX À L'IMPÉRATIF

À l'impératif affirmatif, les pronoms réfléchis *me* et *te* deviennent *moi* et *toi* (*m'* et *t'* devant les pronoms *y* et *en*) et se placent après le verbe, comme les autres pronoms COD ou COI. Ils sont reliés au verbe par un trait d'union. À l'impératif négatif, ils gardent la même place que dans les phrases déclaratives. (Voir le chapitre 7 et aussi le chapitre 12.)

Tu te lèves tout de suite.	Lève-toi tout de suite!	Ne te rendors pas.
Nous nous dépêchons.	Dépêchons-nous!	Ne nous attardons pas.
Vous vous approchez.	Approchez-vous!	Ne vous éloignez pas.
Vous vous embrassez.	Embrassez-vous.	Ne vous disputez pas.

A) *Mettez les verbes au présent. Ce sont des verbes pronominaux employés couramment. Notez le vocabulaire et l'usage de l'article défini* (le, la, l', les) *avec les parties du corps.*

1. se lever   Tout le monde __se lève__ tard le dimanche.

2. se réveiller   Je __me réveille__ à cinq heures.

3. se brosser   On __se brosse__ les dents régulièrement.

4. se frotter   Ils __se frottent__ les mains.

5. se gratter   Tu __te grattes__ la tête.

6. se couper   Les accidents arrivent si vite! Un cuisinier __se coupe__ le doigt,

       se casser   un skieur __se casse__ la jambe, il faut toujours faire attention!

7. se sentir   Je ne __me sens__ pas bien, ce matin.

8. se baigner   Nous ne __nous baignons__ pas dans ce lac pollué.

B) *Voici des verbes qui sont à peu près toujours à la forme pronominale. Écrivez chaque verbe au présent. Notez le sens de la phrase.*

1. se dépêcher   Tu __te__ parce que tu es en retard.

2. se méfier   Tout le monde __se__ des menteurs.

3. s'endormir   Est-ce que vous __vous__ devant la télévision?

4. se souvenir   Nos vieux amis __se souvi__ de nous.

5. s'asseoir   Je __m'__ toujours à la même place.

6. se taire   Nous _____ pendant le concert.

C) *Mettez les verbes au passé composé. Notez qu'à un temps composé, les verbes pronominaux prennent l'auxiliaire* être.

1. se moquer   Ces jeunes gens _____ de nous toute la soirée.

2. s'envoler   L'oiseau _____ dès qu'il nous a vus.

3. s'emparer   À notre arrivée, nos hôtes _____ de nos valises.

4. se tromper   Pardon, je _____ de numéro.

5. se mettre   Quand l'artiste a paru, tout le monde _____ à applaudir.

6. s'évanouir   À la vue du sang, Charles _____.

7. s'ennuyer   Est-ce que tu _____ de moi, Emma chérie?

8. se noyer   Deux enfants _____ hier, dans cette piscine.

D) Voici des verbes dont la forme pronominale, au pluriel, exprime une action réciproque. Utilisez cette forme pour compléter la deuxième partie de chaque phrase. Notez le temps du verbe et le sens de la phrase.

1. Frédéric **connaît** Robert; ils _se ~~se~~ connaissent_ depuis longtemps.
2. Je **comprends** bien ma sœur et elle me **comprend**; nous _nous comprenons_ mutuellement.
3. Tu **détestes** Ginette? Elle te **déteste**? Vous _vous détestez_, c'est clair!
4. Grand-mère **réunit** tous les cousins; nous _nous réunissons_ chez elle.
5. Le chat **regarde** le chien; ils _se regardent_ tous les deux attentivement.

E) Voici des verbes qui expriment une action réciproque. Complétez les phrases en mettant ces verbes au passé composé. Faites les accords nécessaires.

1. s'écrire   Ma sœur et moi, nous _nous écrions_ souvent l'année passée. _sommes écrits_
2. se plaire   Ces jeunes gens _se plaissent_ dès leur première rencontre. _se sont plus_
3. s'embrasser   À la fin de la soirée, ils _s'eem s'_ _se sont ébarassé_
4. se parler   Est-ce que vous _vous parlez_ en sortant du cours?
5. se disputer   Les enfants _____ pendant tout le trajet.
6. se nuire   Finalement, elles _____ au lieu de s'aider.
7. se retrouver   Mes copines _____ à cette soirée.
8. se voir   Est-ce que vous _____ pendant le week-end?

F) Complétez la deuxième phrase en mettant le verbe à la forme pronominale. Notez la différence entre les deux structures. Attention au temps du verbe et aux accords.

1. J'**améliore** mes connaissances en français.
   Je _l'améliore_ petit à petit.
2. Les clowns **amusent** les jeunes enfants.
   Les clowns _~~t'amus~~ les amusent_ quand ils font des pitreries.
3. Claude, tu **as inscrit** ton nom sur la liste de présences?
   Tu _____ au début du cours?
4. Cécile **a perdu** ses clés.
   Cécile _____ en chemin.
5. Nous **arrêtons** la voiture devant la maison.
   Nous _____ car nous sommes arrivés.
6. Myriam **a promené** son chien.
   Elle _____ avec son chien.
7. Le cinéma m'**intéresse** beaucoup.
   Je _____ surtout aux films américains.
8. Vous **avez coupé** les légumes pour la soupe.
   Vous _____ le doigt.

NEL

G) *Dans les phrases suivantes, certains verbes sont pronominaux alors que d'autres ne le sont pas. Écrivez P dans les parenthèses quand il s'agit de verbes pronominaux. Rappelez-vous que le pronom complément des verbes pronominaux correspond à la même personne grammaticale que le pronom sujet du verbe.*

Exemple : Il nous regarde.
Nous nous regardons dans le miroir. (P)

1. Je vous aime beaucoup. (   )

2. Vous m'aimez bien aussi, n'est-ce pas? (   )

3. Martine et Jean ne s'aiment pas du tout! (P)

4. Vous êtes-vous ennuyés pendant les vacances? (P)

5. Cet incident nous ennuie profondément. (   )

6. Tu m'as rappelé le lendemain. (   )

7. T'es-tu rappelé tous les détails de cet incident? (P)

8. On nous a raconté les aventures de ce reporter. (   )

9. On s'est raconté les nouvelles de la journée. (   )

10. Cette musique m'énerve au plus haut point. (   )

11. Je m'énerve chaque fois que j'entends cette musique-là. (   )

12. Ce jardin nous plaît beaucoup. (   )

13. Ma mère et moi, nous nous plaisons dans ce jardin paisible. (   )

14. Les gens s'écrivent de moins en moins de lettres. (   )

15. Ils écrivent plutôt des courriels. (   )

H) *Forme interrogative au présent*
Posez des questions à la forme affirmative ou négative avec les éléments suivants. Utilisez l'inversion.

Exemples : se lever tard le samedi (tu)   Te lèves-tu tard le samedi?
ne pas se baigner (Luc)   Luc ne se baigne-t-il pas?

1. se reposer de temps en temps (tu) _te réposes-tu de temp en temps?_

2. Comment/s'appeler (elle) _Comment s'apelle-t-elle?_

3. se servir de l'ordinateur (les enfants) _se servent-ils les enfants de l'ordin-_

4. ne pas s'aimer profondément (ils) _ne s'aiment-ils pas profondément_

5. se disputer toute la soirée (vous) _Vous disputez-vous toute la soir_

6. se tromper de direction (nous) _nous trompons-nous de la direction_

7. ne pas s'amuser à la fête du printemps (elles) _ne s'amusent-elles pas_

8. ne pas se souvenir de l'anniversaire de Paul (tu) _ne te souviens-tu pas_

_de_

I) *Forme interrogative au passé composé*
Même exercice.

                 Exemples : se rejoindre au cinéma (vous)   Vous êtes-vous rejoints au cinéma?
                               ne pas se dépêcher (je)   Ne me suis-je pas dépêché(e)?

1. ne pas se débrouiller en voyage (il) _____

2. se déguiser pour le carnaval (tu) _____

3. se reconnaître à la soirée des anciens (ils) _____

4. ne pas se mettre à travailler en rentrant (vous) _____

5. se brosser les cheveux (Élodie) _____

6. ne pas se marier l'an passé (elle) _____

7. se rendre compte de leur erreur (elles) _____

8. ne pas s'arrêter au feu rouge (je) _____

J) *Les verbes pronominaux à l'impératif affirmatif et négatif*
Donnez des ordres ou des conseils en utilisant le verbe donné entre parenthèses.

1. Tu tombes de sommeil, ma pitchounette[1]; (se brosser les dents et se coucher vite)

   _____

2. Je surveille bien vos enfants, (ne pas s'inquiéter) _____

3. Vous commencez à m'énerver. (s'en aller) _____

4. Nous sommes trop tendus; (se calmer) _____

5. Je ne l'ai pas fait exprès, madame, (ne pas se fâcher) _____

6. Je veux te montrer quelque chose, (s'approcher) _____

7. Charles, assez de télé; (se mettre au travail tout de suite) _____

8. Voici un plan de la ville, Lili, (ne pas se perdre en route) _____

9. Tu as assez couru, (s'arrêter un peu) _____

10. Silence, les enfants, (se taire) _____

11. Il fait un froid de loup[2], Gisèle! (s'habiller chaudement) _____

12. Le coq chante, le soleil brille, (se réveiller) _____

13. Écoute, il fait trop chaud ici, (s'installer dans le jardin) _____

14. Cette affaire a l'air louche; (se méfier) _____

15. Tout va bien se passer, ma chérie, (ne pas s'en faire[3]) _____

---

1 Pitchounet(te) : terme affectueux pour s'adresser à de jeunes enfants.

2 Très, très froid.

3 Ne pas s'inquiéter.

1. Complétez ces phrases logiquement en faisant des suggestions ou en donnant des conseils ou des ordres. Employez des verbes pronominaux à l'impératif (affirmatif ou négatif).

Exemples : On est à la plage.   Baignons-nous, reposons-nous.

Il fait un froid de canard, les amis,...

Tu es trop nerveux, ce n'est pas la fin du monde, cet examen,...

Drrring! Il est 7h, les enfants, allez hop!...

Chut, tout le monde parle en même temps,...

Nous serons très prudents, ne...

J'espère que vous serez sages pendant notre absence!

Cette entrevue est importante, tu dois faire une bonne impression;...

Ton imprimante ne marche pas,...

Si vous ne voulez pas qu'on vous trouve,...

2. Complétez les phrases en employant les verbes suggérés et essayez d'en trouver d'autres qui conviennent à la situation.

Quand je suis tombée, je (se relever, se faire mal...) *me relève   me fais mal*

Chaque matin, (se réveiller, se lever...) *il se réveilles, il se lève*

Ils s'excusent / *Ils* Quand ils ont causé du tort à quelqu'un, (s'excuser, s'efforcer de réparer...)

S'ils ne sont pas satisfaits, les clients (se plaindre, retourner, rendre, réclamer...)

Curitiba et Porto Alegre? Regarde bien sur la carte, ces deux villes (se trouver...)

Ces jeunes gens sont amoureux, c'est évident. (se regarder, se tenir par la main,...)

Ces voisins se détestent; (s'éviter, se crier des bêtises...)

Ses parents travaillent dans des villes différentes mais ils ne perdent jamais le contact, (se téléphoner, se voir les week-ends,...)

3

Le passé composé et le plus-que-parfait

«Marie-France m'a appelée pour me dire qu'elle avait eu un accident.»

Le **passé composé** est utilisé pour raconter des événements, des actions complètes, au passé. Il se compose de deux éléments :

— l'**auxiliaire avoir** ou **être**, au présent;
— le **participe passé** du verbe à employer.

J'ai mangé. Vous n'avez pas fini?
Ma sœur a vécu en France pendant cinq ans.
Il est sorti.
Se sont-ils cachés?

Le **plus-que-parfait** est un autre temps composé du passé. On l'emploie pour décrire les événements du passé déjà survenus avant la période ou le moment dont on parle. L'auxiliaire **avoir** ou **être** est à l'imparfait.

J'ai enfin répondu à la lettre que j'avais reçue le mois dernier.

Détails

1) POUR FORMER LE PARTICIPE PASSÉ

Groupe I :	Parler	-	parl**é**
Groupe II :	Finir	-	fin**i**
Groupe III :	Vendre	-	vend**u**

Les verbes du premier groupe ayant une orthographe particulière (***remercier, appeler, lever, jeter, essayer, nettoyer, manger, commencer***, etc.) suivent cette même règle. On forme leur participe passé en remplaçant **-er** de l'infinitif par **-é**.

remercié, appelé, levé, jeté, essayé, nettoyé, mangé, commencé

Les verbes irréguliers les plus courants (voir aussi *L'Art de conjuguer*) sont :

faire	-	fait		avoir	-	eu		être	-	été
dire	-	dit		courir	-	couru		mourir	-	mort
écrire	-	écrit		devoir	-	dû		naître	-	né
ouvrir	-	ouvert		lire	-	lu		falloir	-	il a fallu
s'asseoir	-	assis		pouvoir	-	pu		pleuvoir	-	il a plu
mettre	-	mis		recevoir	-	reçu		il y a	-	il y a eu
prendre	-	pris		savoir	-	su				
cueillir	-	cueilli		venir	-	venu				
rire	-	ri		voir	-	vu				
				vouloir	-	voulu				

2) L'AUXILIAIRE

a) L'auxiliaire *avoir* s'emploie pour la majorité des verbes, en fait tous les verbes qui ne tombent pas dans les catégories b) et c).

J'ai ouvert toutes les fenêtres.	J'avais dormi toute la matinée.
Tu as refusé de prendre le volant.	Tu avais trop bu.
Elle a couru jusqu'à la gare.	Elle avait reçu un appel urgent.
Nous avons déménagé.	Nous avions vendu notre maison.
Vous ne leur avez pas rendu visite.	Vous aviez eu un accident.
Ils ont recommandé ce film.	Ils avaient ri comme des fous.

b) L'auxiliaire *être* s'emploie avec les verbes suivants.

aller	entrer	rester	et les composés :	devenir
venir	sortir	tomber		revenir
partir	monter	retourner		repartir
arriver	descendre	naître		rentrer
passer		mourir		etc.

Il faut savoir cette liste par cœur. Ce sont, pour la plupart, des verbes de mouvement, sans COD. **Mais attention**, il y a bien d'autres verbes de mouvement tels que *courir, marcher, sauter, danser, nager,* etc. qui sont conjugués avec *avoir*.

Je suis passé chez toi hier soir.	Nous étions déjà sortis[1] ensemble.
Tu es venu de bonne heure.	Étiez-vous rentré, monsieur?
Luc est né un dimanche.	Ils étaient revenus[1] à temps.
Elle est arrivée[1] très tôt.	Elles sont restées[1] ici toute la matinée.

Lorsque les verbes *passer, rentrer, sortir, monter* et *descendre* sont employés avec un complément d'objet direct, ils s'emploient avec l'auxiliaire *avoir*.

Nous avons rentré les chaises parce qu'il avait commencé à pleuvoir.

J'ai payé l'addition parce qu'il avait oublié son porte-monnaie.

Elle m'a passé le programme de la soirée.

Nous avions passé trois heures dans la salle d'attente.

c) L'auxiliaire *être* s'emploie avec **tous les verbes pronominaux** (*se promener, s'asseoir, s'habiller,* **etc.**).

Je me suis levé tôt; je m'étais couché de bonne heure la veille.

Tu t'es réveillé avant moi. T'étais-tu bien reposé?

Elle s'est promenée[2] sur le Mont-Royal.

Nous nous sommes assis au fond de la classe.

Vous vous étiez perdus[2] en route, n'est-ce pas?

Ils se sont lavés[2] à l'eau froide.

Elles s'étaient bien amusées[2] à cette soirée.

---

1 Le participe passé s'accorde avec le sujet. (Voir la section 3 a.)

2 Le participe passé s'accorde avec le complément d'objet direct précédant le verbe. (Voir la section 3 b.)

ATTENTION! Ces mêmes verbes, quand ils s'emploient **sans le pronom réfléchi**, prennent l'auxiliaire *avoir*.

> Elle a promené son chien sur le Mont-Royal.
>
> Vous aviez perdu votre chemin, n'est-ce pas?
>
> Elles ont couché les enfants.

3) L'ACCORD DU PARTICIPE PASSÉ

Un participe passé peut avoir la forme du masculin ou du féminin, du singulier ou du pluriel, pour s'accorder avec le sujet **ou** le complément d'objet direct (COD) précédant le verbe.

a) Quand le verbe est conjugué avec *être*, il s'accorde avec le **sujet**.

> Jean est parti. Jeanne était partie avant lui.
>
> Mon père est rentré. Ma mère était déjà rentrée.
>
> Mes parents sont rentrés. Ils étaient sortis au restaurant.
>
> Toutes les vaches sont mortes.
>
> Les feuilles sont tombées des arbres.
>
> La campagne était devenue blanche sous la neige.

b) Quand le verbe est conjugué avec *avoir*, il s'accorde avec le COD, **seulement** si ce COD précède le verbe.

> Ces gâteaux? Je les ai mangés.
>
> J'ai mangé ces gâteaux.
>
> Heureusement, tu l'avais comprise.
>
> Tu avais compris la question?

Cet accord se fait le plus souvent quand le COD est un pronom personnel, comme dans les exemples ci-dessus, mais aussi après un pronom relatif ou dans des formes interrogatives.

> Quels gâteaux as-tu mangés? Les gâteaux que j'ai mangés étaient bons.
>
> Quelle robe avais-tu choisie? La robe que j'ai choisie était très belle.

ATTENTION! Il n'y a pas d'accord après le pronom *en*.

> Les gâteaux? Oui, c'est vrai, je les avais mangés.
>
> Des fruits? Non, je n'en ai pas mangé.

c) Dans le cas des **verbes pronominaux également**, le participe passé s'accorde avec le **COD quand il précède le verbe**. Il s'agit alors du pronom réfléchi. Notez que les pronoms *me, te, se, nous* et *vous* sont quelquefois **COI;** dans ces cas, il n'y a pas d'accord.

Étudiez ces exemples.

> Denise s'est lavée.
>
> Denise s'est lavé les cheveux.
>
> Denise se les est lavés. (*se* est COI, *les* est COD)
>
> Tous les enfants s'étaient brossé les dents.
>
> Nous nous étions rencontrés rue Sainte-Catherine.

4) L'ORDRE DES MOTS

Au passé composé et au plus-que-parfait, quand le verbe est à la forme négative ou interrogative, c'est l'auxiliaire qui subit la négation ou l'inversion. Les pronoms compléments précèdent l'auxiliaire. Le participe passé reste à sa place, à la fin du groupe verbal.

Tu n'as pas fini ton travail?	Ta sœur a-t-elle réussi à son examen?
M'avais-tu vu? Ne m'avais-tu pas vu?	Les aviez-vous encouragés?
Sont-ils arrivés à l'heure?	Vous n'êtes pas venus.
Ils ne m'ont pas téléphoné.	Ne l'avions-nous pas prévenu?
Ses gants? Il ne les avait pas mis ce matin.	N'a-t-il pas eu froid sans ses gants?
Se sont-ils trompés de jour?	Ne se sont-elles pas réveillées à temps?
T'es-tu regardé dans un miroir?	Ne t'es-tu pas rendu compte de la situation?

L'ordre des mots à la forme négative

Sujet	NE	pronom(s) complément(s)	auxiliaire	PAS	participe passé
Tu	ne	lui	as	pas	répondu
Tu	ne	t'	es	pas	habillé(e)

L'ordre des mots à la forme interrogative

Pronom(s) complément(s)	auxiliaire-sujet	participe passé
Lui	as-tu	répondu?
T'	es-tu	habillé(e)?

L'ordre des mots à la forme négative interrogative

NE	pronom(s) complément(s)	auxiliaire-sujet	PAS	participe passé
Ne	lui	as-tu	pas	répondu?
Ne	t'	es-tu	pas	habillé(e)

5) L'EMPLOI DU PASSÉ COMPOSÉ ET DU PLUS-QUE-PARFAIT

En parlant au passé, on emploie généralement plusieurs temps de verbes, surtout le passé composé, l'imparfait et le plus-que-parfait (parfois le conditionnel passé).

Le passé composé et le plus-que-parfait s'emploient le plus souvent :

— pour raconter des événements chronologiques, pour distinguer différents moments du passé (actions successives);
— au discours indirect;
— dans certaines phrases de condition. (Voir le chapitre 6.)

Étudiez les exemples suivants.

Il est retourné dans la ville qu'il avait quittée 20 ans plus tôt.

C'est idiot! En une matinée, j'ai dépensé tout l'argent que j'avais mis de côté pour mes vacances.

Cet explorateur a découvert des endroits où personne n'était jamais allé.

Étiez-vous déjà partis quand le télégramme est arrivé?

Cette fois-ci, nous avons voyagé avec un guide parce que la dernière fois, nous nous étions perdus souvent.

Marie-France m'a appelée pour me dire qu'elle avait eu un accident.

J'ai expliqué à ma mère que je m'étais couchée à onze heures la veille.

Il m'a dit qu'il n'avait pas encore pris de décision.

Si tu m'avais dit cela, je ne t'aurais pas cru.

En arrivant au théâtre, je me suis rendu compte que j'avais oublié les billets chez moi.

A) *Mettez au passé composé et au plus-que-parfait. Groupe I.*

1. Elle attrape un rhume.

   _____

2. Tu préfères les documentaires de l'ONF.

   _____

3. J'essuie le tableau.

   _____

4. Il apprécie notre cadeau.

   _____

5. Ils meublent leur appartement.

   _____

6. Nous ne rangeons pas l'appartement.

   _____

7. Arroses-tu les plantes?

   _____

8. Expliquez-vous cela à Michelle?

   _____

9. Ne joue-t-il pas au baseball cette année?

   _____

10. Elles ne dînent pas au restaurant.

    _____

11. Chante-t-il ce soir?

    _____

12. Ne paie-t-elle jamais comptant?

    _____

B) *Mettez au passé composé et au plus-que-parfait. Groupe II.*

1. Je réfléchis longtemps.

   _____

2. Comme ce chien grossit!

   _____

3. Ils choisissent leur cours.

   _____

4. Nous raccourcissons nos jupes.

nous avons raccourci nos jupes

5. Elle réussit à tous ses examens.

Elle a réussi à tous ses examens.

6. Réunissez-vous toute la classe?

avez vous réuni toute la classe ?

7. Ce malade ne maigrit-il pas?

a t-il maigri malade

8. Les spectateurs n'applaudissent pas.

Ils n'ont pas applaudi

C) *Mettez au passé composé et au plus-que-parfait. Groupe III.*

1. Suzanne et François vendent leur auto.

_____

2. Tu perds du temps inutilement.

_____

3. Je rends cet argent à ma tante.

_____

4. N'entend-il pas la nouvelle?

_____

5. Est-ce que vous suspendez le linge dehors?

_____

6. J'attends très longtemps.

_____

7. Ils ne répondent pas à nos questions.

_____

8. Le premier ministre tend la main au journaliste.

_____

D) *Mettez au passé composé. Verbes divers. Attention à la forme du participe passé.*

1. Elle prend du café.

_____

2. J'appelle la police.

_____

3. Nous remercions nos collègues.

_____

4. Il préfère l'autre costume.

_____

5. Pourquoi rougis-tu?

_____

6. Quel avocat défend l'accusé?

_____

7. Ils dorment pendant tout le concert.

_____

8. Qui écrit cet article?

_____

9. Le petit garçon a peur quand il voit notre gros chien.

_____

10. Ils ne sont pas surpris.

_____

E) *Mettez au plus-que-parfait. Verbes divers. Attention à la forme du participe passé.*

1. Pourquoi ne réagissez-vous pas?

_____

2. Nous ne pouvons pas sortir.

_____

3. Tout le monde vieillit, n'est-ce pas?

_____

4. Mais, non! Je ne mens pas!

_____

5. Nous faisons de notre mieux.

_____

6. Je dois prendre un autre chemin.

_____

7. On avertit le public du danger.

_____

8. Je repeins le salon.

_____

9. Ils veulent se reposer un peu.

_____

10. L'espion disparaît mystérieusement.

_____

F) *Mettez au passé composé. Auxiliaire être. Attention aux accords!*

1. Elle sort en courant.

   Elle est ~~sore~~ sorti en courant

2. Mes cousins viennent en visite.

   mes cousins sont ~~vene~~ ~~sent~~ veni en visite

3. Est-ce que vous allez à Toronto, mademoiselle?

   est -

4. Nos enfants naissent à la maison.

   _____

5. Claire retourne à son bureau.

   _____

6. Nos amis ne s'ennuient pas en voyage.

   _____

7. Nous nous trompons d'adresse.

   _____

8. Tous les touristes descendent au même hôtel.

   _____

9. Ces gens-là s'enrichissent à nos dépens!

   _____

10. Hélène, tu te promènes souvent dans ce quartier de la ville?

    _____

G) *Mettez au plus-que-parfait. Auxiliaire être. Attention aux accords!*

1. Tout le monde monte par l'ascenseur.

   _____

2. Ils se marient le 2 janvier.

   _____

3. Est-ce qu'elles rentrent en autobus?

   _____

4. Elle s'inquiète pour rien.

   _____

5. Elles se disputent à cause de lui.

   _____

6. Claire s'assied à côté de Charles.

   _____

7. Il se met à courir.

_____

8. Nous nous rencontrons à la bibliothèque.

_____

9. Plusieurs joueurs tombent pendant le match.

_____

10. Pourquoi est-ce que vous vous battez?

_____

H) *Mettez au passé composé. Verbes divers, pronoms, forme négative ou interrogative.*

1. Je les comprends facilement.

_____

2. Il n'y a pas de problème.

_____

3. Nous ne convainquons pas le jury.

_____

4. Ils ne nous disent pas la vérité.

_____

5. Elles ne prennent pas de décision.

_____

6. Je lui ouvre la porte.

_____

7. Tout le monde me suit.

_____

8. Elle y réussit tout de suite.

_____

9. Que se passe-t-il après, meurent-elles empoisonnées?

_____

10. Ne se souviennent-ils pas de nous?

_____

11. Vous en offre-t-elle?

_____

12. Se dépêche-t-elle au moins?

_____

I) *Mettez au plus-que-parfait. Verbes divers, pronoms, forme négative ou interrogative.*

1. Il pleut à torrents. _____

   _____

2. Ton ami vient-il te voir?

   _____

3. Je ne suis pas déçu.

   _____

4. Riez-vous pendant le spectacle?

   _____

5. Lit-il toutes ces revues scientifiques?

   _____

6. Peux-tu finir ton devoir à temps?

   _____

7. Elle se moque de vous.

   _____

8. Ne voient-elles pas le danger?

   _____

9. Te couches-tu de bonne heure?

   _____

10. Pourquoi ne m'attendez-vous pas?

    _____

11. Malgré leur bonne volonté, ils ne s'y habituent pas.

    _____

12. Il nous jette un mauvais sort.

    _____

J) *Mettez les verbes au passé composé.*

Camille Claudel _____ (voir) le jour en France le 8 décembre 1864.

Elle _____ (étudier) la sculpture à l'Académie Colarossi à Paris.

Elle _____ (être) l'élève d'Alfred Boucher et d'Auguste Rodin.

Inspirée par l'œuvre de Rodin, elle _____ (tomber) amoureuse de lui et elle

_____ (devenir) sa maîtresse.

Les deux artistes _____ (partager) le même atelier et _____

(s'influencer) mutuellement.

Peu à peu, les relations entre Camille et Rodin _____ (se détériorer).

Camille _____ (négliger) sa propre création au profit de celle du grand maître.

Rodin _____ (s'attribuer) la réalisation de certaines œuvres de Camille.

Elle _____ (vouloir) s'éloigner de lui pour retrouver son indépendance.

Ils _____ (se séparer) après quinze ans de collaboration.

Camille _____ (ne jamais se remettre) de cette rupture. Mais elle _____ (s'affranchir) de l'influence de Rodin sur son art.

Elle _____ (s'installer) dans un atelier qui _____ (devenir) son domicile.

Elle _____ (continuer) à sculpter et ses créations _____ (recevoir) de bonnes critiques. Mais le succès _____ (ne pas aider) l'artiste délaissée.

Elle _____ (sombrer) dans la dépression et la misère matérielle.

Elle _____ (s'enfermer) dans une solitude maladive.

Pendant de nombreuses années, elle _____ (vivre) seule et recluse.

Abandonnée de sa famille, elle _____ (s'enfoncer) dans sa détresse et sa paranoïa.

En 1913, sa famille _____ (la faire interner) dans un asile d'aliénés.

Elle _____ (mourir) à l'âge de 81 ans, après trente années d'enfermement.

Le monde _____ (s'intéresser) à la carrière de son frère, l'écrivain Paul Claudel, et à celle de son maître, Auguste Rodin. Il _____ (oublier) la grande sculpteure que _____ (être) Camille Claudel.

K) *Complétez les phrases en employant le plus-que-parfait.*
*Notez que les adverbes **bien, mal, déjà, beaucoup, encore**, etc., se placent avant le participe passé.*

1. Si ce chien t'_____ (mordre), tu aurais été malade.

2. Comme la police l'_____ (arrêter), il a voulu téléphoner à son avocat.

3. Quand Daniel est arrivé à l'hôpital, sa sœur _____ (déjà mourir).

4. Son père l'a puni parce qu'il _____ (mentir).

5. Quand tu es revenu de ce long voyage, j'ai trouvé que tu _____ (rajeunir).

6. Nous ne pouvions pas commencer à faire le jardinage parce que la neige _____ (ne pas encore fondre).

7. Le terrain était presque inondé alors nous n'avons pas pu camper. Il _____ (beaucoup pleuvoir) la veille.

8. Je n'ai pas voulu retourner tout de suite à mon travail. J'_____ (être) très malade, vous savez.

9. J'ai décidé de revenir vivre dans mon pays natal après une longue absence. Pendant ce temps-là, mes parents _____ (beaucoup vieillir).

10. Tous les élèves qui _____ (mal comprendre) l'exercice ont dû le recommencer.

L) *Complétez les phrases en employant un verbe au plus-que-parfait.*

1. Tout le monde t'a pardonné parce que _____

2. Le petit garçon avait enlevé son chapeau aussitôt que _____

3. Je serais venu(e) plus vite si _____

4. On a annoncé à la radio que _____

5. Suzanne m'a dit que _____

6. Henri nous a rendu tout l'argent que _____

7. L'année dernière, je suis retournée visiter les pays _____

8. Cet homme est allé en prison parce que _____

9. Tous les enfants ont pu sortir car _____

10. La malheureuse victime a expliqué aux policiers comment _____

M) *Faites accorder le participe passé quand c'est nécessaire.*

1. Lise s'est couché _____ tôt et elle a bien dormi _____. Elle était rentré _____ très tard la veille.

2. Tu avais lu _____ des articles sur ce sujet? Quels articles avais-tu lu _____?

3. Les deux amis se sont retrouvé _____ dans un café et ils se sont parlé _____ pendant trois heures.

4. Caroline, as-tu écrit _____ à ta mère? — Oui, je lui ai envoyé _____ plusieurs courriels.

5. Avez-vous reçu _____ ma lettre, monsieur? — Oui, je l'ai reçu _____.

6. Le vendeur nous avait montré _____ plusieurs chemises et finalement, nous en avons choisi _____ deux.

7. Quand avez-vous acheté _____ ces chemises? — Nous les avons acheté _____ il y a trois semaines.

8. Les voyageurs sont arrivé _____ en Tunisie vers midi. Ils avaient dormi _____ dans l'avion. Leur guide les a accueilli _____ à l'aéroport de Tunis.

N) *Lisez bien les phrases suivantes et mettez les verbes au passé composé ou au plus-que-parfait selon le sens.*

1. Dans l'histoire des humains, il y _a eu_ (avoir) bien des guerres et des catastrophes écologiques.

2. Au cours du 20ᵉ siècle, beaucoup d'immigrants _se sont intégrés_ (s'intégrer) à la vie en Amérique. Souvent, ils _avaient fui_ (fuir) la misère ou la guerre qui sévissait dans leur pays.

3. Ces dernières années, on _a fait_ (faire) de grands progrès en médecine.

4. Pendant la grande crise économique, beaucoup d'hommes d'affaires _se suicidés_ (se suicider). Leur fortune _avait fondu_ (fondre) comme neige au soleil.

5. La Seconde Guerre mondiale _s'est terminée_ (se terminer) en 1945. Elle _avait commencé_ (commencer) en 1939.

6. Après la guerre, les soldats _sont rentrés_ (rentrer) chez eux.

7. Wolfgang Amadeus Mozart _____ (vivre) 35 ans seulement quand il _____ (mourir) en 1791.

8. Pendant les années 60, un grand nombre de jeunes _____ (se révolter, au pluriel) contre l'ordre établi.

9. En 1969, l'américain Neil Armstrong _____ (mettre) les pieds sur la Lune. Pendant la guerre de Corée en 1950, il _____ (effectuer) pas moins de 78 missions comme pilote de l'aéronavale.

10. En mars dernier, je _____ (subir) une intervention chirurgicale. Je _____ (se casser) la cheville en descendant l'escalier.

11. Cette semaine, je _____ (perdre) mon emploi. Pourtant, on me _____ (promettre) une promotion il y a quelques mois.

12. Nous _____ (élire) un nouveau gouvernement récemment. Il faut dire que l'ancien _____ (commettre) des erreurs impardonnables.

13. Quand je _____ (rentrer) de voyage, je _____ (se rendre compte) que tous mes bijoux _____ (disparaître).

14. Valentin _____ (publier) son troisième roman le mois passé et la critique _____ (être) élogieuse. Il _____ (passer) trois longues années à l'écrire.

15. Comment! Vous _____ (ne pas entendre parler) de ces événements avant aujourd'hui? Pourtant, à l'époque, tout le monde _____ (en parler) dans les médias.

Activités

1. a) *Racontez des événements réels ou imaginaires, ordinaires ou spectaculaires, en composant des phrases au passé composé comme dans l'exercice N. Utilisez le passé composé et le plus-que-parfait et employez diverses expressions de temps telles que :*

   Il y a trois ans / Ce matin / Samedi soir / L'autre jour / L'année précédente /

   Hier après-midi / Le lendemain / La veille au soir / Le mois suivant / etc.

   En 1968 / en 1982 /en 1939 / en 1492 / etc.

   Au 16ᵉ siècle / Dans les années 60 / Pendant le Moyen Âge / etc.

   Vers trois heures du matin / Pendant le cours de chimie / etc.

   b) *Continuez l'exercice en employant chaque nom ou pronom comme sujet d'une phrase au passé. Mettez les verbes au passé composé ou au plus-que-parfait selon le sens.*

   Notre professeur

   Notre gouvernement

   Le président des États-Unis

   Gabrielle Roy

   René Lévesque

   Charlie Chaplin

   Les dinosaures

   Notre équipe

   Vous et moi

   etc.

2. *Voici des réponses. Imaginez les questions.*

Il y a longtemps.	Le trois novembre.
Il y a dix minutes.	Mardi dernier.
Il y a quelques jours.	Hier soir, vers neuf heures.
Pendant quinze ans.	Pendant six mois.

3. *Présent, passé composé ou futur proche? Choisissez un verbe et complétez chaque phrase.*

Daniel...	ici depuis quelques mois.
Daniel...	ici il y a quelques mois.
Daniel...	ici pendant quelques mois.
Ça fait très longtemps qu'on...	
J'espère que tu...	ce soir.
Nous...	Michèle toute la matinée.
Cette jeune femme...	un de ces jours.
Je la...	depuis plusieurs années.

4. *Trouvez dans la colonne de droite la réponse qui convient le mieux à chaque question de la colonne de gauche. Essayez ensuite d'imaginer la situation dans laquelle ces échanges ont eu lieu. Par qui la question a-t-elle été posée? À qui s'adressait-elle? Pourquoi ou dans quelles circonstances? Pouvez-vous imaginer la suite de ces conversations?*

Et alors, qu'as-tu pensé de *Tout est parfait* de Yves-Christian Fournier?	Pas de chance, elles avaient toutes disparu!
Est-ce que ça s'est bien passé hier soir?	Tout va bien, on en a déjà reçu plusieurs.
Alors, comment ont-ils réagi?	Un film coup de poing; ça m'a fait réfléchir.
Avez-vous reçu quelques invitations au moins?	Tu le connais, il est resté muet comme une carpe!
Qu'est-ce qu'il t'a dit?	Pas vraiment, on s'est ennuyé terriblement.
As-tu quand même pu goûter à mes super bouchées au crabe?	Mal! Ils sont partis en claquant la porte.

5. *Racontez l'histoire de vos parents ou de vos grands-parents, en vous inspirant de l'exercice J.*

6. *Choisissez une personne que vous admirez et racontez les événements marquants de sa vie, toujours en vous inspirant de l'exercice J. Vous pouvez aussi faire un peu de recherche et raconter la vie des personnes suivantes :*

Julie Payette	Lucille Teasdale	Simone de Beauvoir
Marie Curie	Alfred Nobel	Thérèse Casgrain
Samuel de Champlain	Gandhi	Le chef amérindien Pontiac

4

L'imparfait

«Hier à cinq heures, j'étais encore à Tahiti.»

Généralités

L'***imparfait*** est un temps du **passé**. Dans un récit, il s'emploie en général avec d'autres temps de verbes, surtout avec le passé composé et le plus-que-parfait. Alors que le passé composé et le plus-que-parfait s'emploient pour des actions complètes, l'imparfait s'emploie lorsqu'il s'agit d'**actions en cours** (c'est-à-dire qui ne sont pas complétées au moment où on en parle), de **descriptions** ou d'actions **habituelles**.

> Est-ce qu'elle parlait fort?
> Il y avait beaucoup d'étudiants dans la salle de classe quand nous sommes arrivés.
> Nous ne sortions pas souvent quand nos enfants étaient petits.

1) LES FORMES

On forme l'imparfait en prenant la première personne du pluriel du présent et en remplaçant la terminaison **-ons** par les terminaisons de l'imparfait **-ais, -ais, -ait, -ions, -iez, -aient**.

Groupe I		**Groupe II**	
nous donnons	je donnais	nous remplissons	je remplissais
	tu donnais		tu remplissais
	il donnait		il remplissait
	nous donnions		nous remplissions
	vous donniez		vous remplissiez
	ils donnaient		ils remplissaient

Groupe III		**Verbes pronominaux**	
nous vendons	je vendais	nous nous appelons	je m'appelais
	tu vendais		tu t'appelais
	il vendait		il s'appelait
	nous vendions		nous nous appelions
	vous vendiez		vous vous appeliez
	ils vendaient		ils s'appelaient

Notez l'orthographe des verbes du premier groupe en **-cer, -ger, -ier** ou **-yer**.

nous commençons	je commençais	nous mangeons	je mangeais
	tu commençais		tu mangeais
	il commençait		il mangeait
	nous commencions		nous mangions
	vous commenciez		vous mangiez
	ils commençaient		ils mangeaient

nous remercions	je remerciais	nous essayons	j'essayais
	tu remerciais		tu essayais
	il remerciait		il essayait
	nous remerciions		nous essayions
	vous remerciiez		vous essayiez
	ils remerciaient		ils essayaient

L'imparfait des verbes irréguliers se forme de la même façon.

nous disons	je disais	nous rions	je riais
	tu disais		tu riais
	il disait		il riait
	nous disions		nous riions
	vous disiez		vous riiez
	ils disaient		ils riaient

(handwritten: use nous Xons ↓ cut)

Le verbe *être* est la seule exception.

nous sommes	j'étais
	tu étais
	il était
	nous étions
	vous étiez
	ils étaient

(handwritten: ais / ais / ait / ions / iez / ient   yassssss)

2) L'EMPLOI

a) On regarde un moment du passé et on décrit des actions, des événements **en cours** (*in progress*) **à ce moment-là.** On ne s'intéresse ni au commencement ni à la fin de l'action.

> Que faisiez-vous ce matin à dix heures? — Je dormais.

On peut raconter plusieurs actions simultanées.

> Ce matin, à la garderie, plusieurs tout-petits dormaient. D'autres dessinaient, chantaient ou jouaient dans la cour, alors que les éducatrices couraient dans tous les sens.

On peut décrire une action en cours interrompue par une **action complète** que l'on raconte au passé composé.

(handwritten: was/were +ing)

> Que faisiez-vous quand Hélène est arrivée?
>
> Comme je descendais l'escalier, j'ai glissé et je suis tombé.
>
> Plusieurs enfants se battaient, alors l'enseignante est venue les séparer.
>
> Il pleuvait quand je suis sortie.

Notez que, si toutes les actions des exemples précédents se racontaient au passé composé, cela donnerait un autre aspect au récit : on résumerait ces actions au complet, comme des actions terminées et non pas en cours.

> J'ai dormi longtemps ce matin.
>
> Plusieurs enfants se sont battus. Ils se sont calmés après.
>
> Il a plu hier alors je ne suis pas sortie de la journée.

Il est important de comprendre le sens des **conjonctions** dans divers contextes.

Conjonction	Sens	Type d'action	Temps de verbe
quand lorsque	au moment où	action complète	passé composé ou plus-que-parfait
quand lorsque comme pendant que	pendant la période où	action en cours	imparfait
comme	parce que	selon la phrase	imparfait, passé composé ou plus-que-parfait

> Pierre s'est levé quand / lorsque je suis entré(e). (ce jour-là)
>
> Je rencontrais Pierre quand / lorsque j'allais au marché. (habituellement)
>
> Comme je n'avais pas d'amis dans cette ville, je me suis beaucoup ennuyé.
>
> Comme ils sont arrivés en retard, ils ont manqué le début du concert.
>
> Comme vous n'aviez pas confirmé, nous avons pris un autre engagement.

b) L'imparfait décrit une situation au passé, un état plus ou moins permanent, une attitude (état d'esprit). Le passé composé et le plus-que-parfait racontent des événements précis, des actions complètes.

> Quand nous habitions à Trois-Rivières, nous avions une belle maison. Elle était vieille mais solide. Mon père, qui exerçait la profession de médecin à cette époque-là, y recevait ses malades. Nous aimions beaucoup notre mode de vie.

Il s'ensuit que certains verbes (par exemple *avoir, être, croire, devoir, penser, pouvoir, vouloir, comprendre, connaître, savoir*) s'emploient beaucoup plus souvent à l'imparfait qu'au passé composé. Ce sont des verbes de description ou qui indiquent des attitudes.

> Cet homme était pauvre. Il n'avait pas d'amis, il ne connaissait personne. Il comprenait mal la vie urbaine et ne savait pas quoi faire pour améliorer sa situation.

Ces mêmes verbes, lorsqu'ils sont employés au passé composé ou au plus-que-parfait, ont souvent un sens particulier (événement surprenant ou qui se produit subitement, changement d'attitude).

Comparez les exemples suivants.

Imparfait descriptif	**P.C. : événement, changement, réaction**
Elle avait les cheveux longs.	Elle a eu un accident (ou un bébé, un choc, un anniversaire, une surprise).
J'avais mal à la tête. Ils avaient sept enfants.	Elles ont eu raison de ne pas sortir hier. J'ai eu peur quand j'ai vu ce gros chien approcher.
Il n'y avait pas de garage chez nous. Les étudiants ne comprenaient pas les explications du professeur. Je ne connaissais pas les autres personnes qui étaient à la réunion. Je ne savais pas que Jules était malade.	Il y a eu une grosse tempête hier. Quand il a expliqué tout cela une deuxième fois, ils ont compris. J'avais connu cette personne l'année dernière dans une réunion. (c.-à-d. J'avais fait sa connaissance.) Je l'ai su hier. (c.-à-d. J'ai appris cette nouvelle hier.)

On m'a invité à la fête, mais je ne pouvais pas y aller. (c.-à-d. Je n'étais pas capable, je n'étais pas libre.)

On m'avait invité mais je n'ai pas pu y aller. Est-ce que c'était bien? (c.-à-d. Je n'y suis pas allé, parce qu'il est arrivé quelque chose qui m'a empêché d'y aller.)

Pierre devait aller en ville ce matin, mais son auto était en panne. (c.-à-d. Il était censé aller en ville.)

Il a dû venir à pied parce que son auto était en panne. (c.-à-d. Il a été obligé d'aller à pied, c'était nécessaire, et c'est ce qu'il a fait.)

Notez : je pouvais (*I was able to, I could...*)
je devais (*I was expected to... [state of obligation]*)
j'ai pu (*I could [and I did], I managed to do it*)
j'ai dû (*I had to do it [and I did]*)

c) On emploie l'imparfait pour raconter des actions habituelles, répétées très souvent (sans dire combien de fois).

Quand nous étions petits, nous allions souvent à la plage.

Quand ma mère était inquiète, je lui disais toujours que tout allait bien.

Quand l'action a lieu un nombre de fois bien déterminé, on emploie le passé composé ou le plus-que-parfait.

J'ai fait plusieurs grands voyages au cours de ma vie professionnelle.

J'étais allé au Mexique plusieurs fois pour affaires avant d'y passer des vacances en famille.

d) L'imparfait du verbe **aller**, suivi d'un infinitif, indique qu'une action était sur le point de se produire (le futur vu dans le passé). Dans le discours indirect, c'est l'équivalent du conditionnel présent. (Voir le chapitre 6.)

J'allais partir quand vous avez téléphoné.

Elle m'a dit qu'elle allait finir le travail tout de suite.

3. **STRUCTURES SPÉCIALES (Voir aussi le chapitre 1 : Le présent de l'indicatif.)**

a) *depuis* + **l'imparfait** L'action du verbe avait déjà commencé, mais continuait encore au moment dont on parle.

J'attendais Marie depuis une demi-heure lorsqu'elle est arrivée, tout essoufflée. *(had been waiting... for half an hour when...)*

Nous étions tristes de quitter Monaco; nous y vivions depuis très longtemps.

De même, l'expression **ça/cela faisait... que**

Elle est arrivée très en retard. Cela faisait une demi-heure que je l'attendais.

b) *venir de* (à l'imparfait) + **un infinitif** Une action était à peine terminée au moment dont on parle (*had just done sthg. when...*)

L'enseignante venait de commencer son cours lorsqu'elle a entendu des enfants crier.

Résumé

1. Il vaut mieux éviter la traduction ou la comparaison avec d'autres langues, surtout l'anglais. Il est vrai, par exemple, que l'imparfait traduit souvent la structure «*He was singing*» etc., **mais** il peut s'employer pour traduire plusieurs structures en anglais.

As / while he was singing...	Comme / pendant qu'il chantait...
As / while he sang...	Comme / pendant qu'il chantait...
He often sang...	Il chantait souvent...
He would often sing...	Il chantait souvent...
He used to sing...	Il chantait...

2. En parlant ou en écrivant, on peut raconter la même histoire de plusieurs façons différentes. Il est important de comprendre le sens exact des verbes et des conjonctions, l'orientation de chaque phrase dans un contexte donné et les nuances de sens. Qu'est-ce qui change, dans le message, selon qu'on emploie le passé composé ou l'imparfait?

3. Il faut utiliser le **passé composé** ou le plus-que-parfait pour raconter une action complète, mais la **durée** (*length of time*) n'a pas d'importance : cela peut être de quelques secondes ou de cinq mille ans!

> Mes parents sont sortis ensemble pendant deux ans. Mes grands-parents, eux, s'étaient fréquentés pendant dix ans avant de se marier!

À l'**imparfait,** on décrit l'action en cours, au moment où elle se passait, sans en considérer le début précis ni la fin.

4. Quand on indique l'**heure** dans un contexte au passé, c'est **toujours l'imparfait** du verbe *être* qu'il faut employer.

> Quelle heure était-il quand tu t'es réveillé? — Il était cinq heures et demie.

Étudiez les exemples suivants.

> Elle est restée trois jours à l'hôpital.
>
> Le conférencier a parlé pendant une heure et demie (ou : pendant quelques minutes seulement).
>
> Pendant que le conférencier parlait, nous nous sommes endormis.
>
> Combien de temps aviez-vous habité au Brésil avant de venir à Montréal? — J'y avais vécu pendant trois mois / quinze ans.
>
> En 1965, j'habitais encore au Brésil.
>
> Nous avions dansé toute la nuit. À l'aube, comme nous avions faim, on nous a servi un bon petit déjeuner.
>
> C'était amusant mais hélas, j'ai dû partir à dix heures.
>
> Hier, à cinq heures, j'étais encore à Tahiti!
>
> Nous sommes partis de Tahiti à huit heures et demie.
>
> Mais oui, j'ai été à Tahiti. Et vous?
>
> Au XVe siècle, on ne vivait pas vieux. Pourtant, cet homme-là a vécu 83 ans.
>
> Est-ce qu'il y avait beaucoup de monde à la fête?
>
> Pendant la fête il y a eu un gros orage.
>
> Je devais passer un examen hier, mais comme j'avais très mal à la tête, je suis restée à la maison toute la journée.
>
> J'avais essayé d'ouvrir la fenêtre, mais c'était trop difficile. J'ai appelé le concierge et il a pu l'ouvrir.

L'IMPARFAIT

A) *Mettez les verbes d'abord au passé composé, ensuite à l'imparfait.*

1. ranger   tu   as rangé   rangé rangeais
2. oublier   nous   avons oublié   oubliions
3. aller   elles   sont allées   allaient
4. faire   nous   avons fait   faisions
5. mettre   il   a mis   mettait
6. se lever   je   me te suis levé   me levais
7. se promener   ils   se sont promenés   promenaient
8. être   nous   avons été   me levais
9. rajeunir   vous _____ _____
10. lancer   on _____ _____

B) *Mettez les verbes d'abord au plus-que-parfait, ensuite à l'imparfait.*

1. répéter   nous _____ _____
2. mourir   elle _____ _____
3. perdre   nous _____ _____
4. s'ennuyer   vous _____ _____
5. sentir   je _____ _____
6. disparaître   vous _____ _____
7. ouvrir   tu _____ _____
8. pleuvoir   il _____ _____
9. traduire   ils _____ _____
10. voir   je _____ _____

C) *Mettez les verbes à l'imparfait.*

1. Tu reçois beaucoup de lettres. _____
2. Il peint des portraits. _____
3. Ils oublient trop vite. _____
4. Je n'en crois pas mes yeux! _____
5. Il faut décider! _____
6. Comprends-tu mes problèmes? _____
7. Nous battons tous les records. _____
8. Je vous offre souvent de l'aide. _____
9. Que faites-vous là? _____
10. Elles deviennent tristes. _____

D) *Mettez les verbes à l'imparfait.*

Nostalgie

C'_____ (être) le bon vieux temps. On _____ (vivre) près de la nature et les journées _____ (commencer) tôt. On _____ (aller) pomper l'eau plusieurs fois par jour et en hiver on _____ (casser) la glace. On _____ (manger) au moins une fois par jour et nous, les nombreux frères et sœurs, nous _____ (partager) tout. Nous _____ (aider) aussi maman qui _____ (avoir) le beau rôle; elle _____ (laver) le linge, _____ (faire) le pain, _____ (coudre), _____ (tricoter), _____ (raccommoder), et _____ (s'occuper) des bébés. Elle ne _____ (s'ennuyer) jamais. Quant à papa, il _____ (abattre) les arbres, _____ (défricher) la terre, _____ (planter) les légumes, et quand il _____ (pleuvoir) trop fort, il _____ (savoir) réparer le toit lui-même. Nous _____ (inventer) nos propres distractions. Moi, je _____ (sculpter) le bois et toi, tu _____ (jouer) du violon. Des gens _____ (venir) danser chez nous tous les samedis. Et nous _____ (pouvoir) étudier sérieusement, car il n'y _____ pas (avoir) de télévision. Les chandelles, c'_____ (être) tellement plus joli que les ampoules électriques d'aujourd'hui. Le téléphone ne nous _____ pas (déranger); pourtant, de temps en temps, le bruit du vent nous _____ (rendre) le sommeil difficile. Mais tout le monde _____ (s'y habituer) finalement. Et que de neige à pelleter! Ça vous _____ (faire) les muscles. Pas comme ces horribles chasse-neige motorisés. Eh oui, chacun _____ (jouir) d'une santé remarquable à cette époque-là.

E) *Le discours indirect*
   Mettez le deuxième verbe à l'imparfait en changeant le sujet ou l'adjectif possessif si nécessaire.

   Exemple : Il m'a dit : «Je suis malade.»
   Il m'a dit qu'il était malade.

   1. Charles a dit : «Je ne me sens pas bien.»

      Charles a dit _____

   2. Quelqu'un m'a dit : «Il pleut.»

      _____

   3. On m'a averti : «Il fait très mauvais.»

      _____

4. Les enfants ont annoncé : «Nous avons faim.»

   _____

5. Pierre a répondu : «Je ne sais pas.»

   _____

6. Dànielle m'a déclaré : «Mon français est excellent.»

   _____

7. Le directeur nous a dit : «Votre projet est intéressant.»

   _____

8. J'ai dit à mes parents : «J'ai besoin de l'auto ce soir.»

   _____

9. Je vous ai dit : «Je ne veux pas aller voir ce match-là.»

   _____

10. Elle m'a expliqué : «Je vais finir ça le plus vite possible.»

   _____

F) *Mettez les verbes à l'imparfait ou au passé composé.*
   Actions en cours, interrompues, simultanées... au passé.

   1. Qu'est-ce que tu __fasais__ (faire) ce matin vers dix heures?
      —J' __etais__ (être) à la bibliothèque. Je __travaillais__ ✓ (travailler).

   2. Que __fasais__ -tu (faire) quand je __téléphonais__ (téléphoner)?
      —Je __dormais__ (dormir). *J'ai Telephoné*

   3. Pendant que je __téléphonais__ (téléphoner) à ma collègue, mon chat
      ~~renversé renversait~~ (renverser) une bouteille de lait.

   4. Comme je __allais__ (aller) à l'épicerie du coin, j'ai __rencontré__
      (rencontrer) ma voisine, madame Dubeau. Elle ~~portait a portait~~ *portait* (porter) deux gros
      sacs de provisions. On __se salué__ (se saluer) et elle me __invité__
      (inviter) à prendre le thé.

   5. Quand le professeur ~~entrait~~ *entré* (entrer), les étudiants ~~étaient étaient~~ *étaient étaient*
      (être) debout et _____ (discuter). ~~ont été~~

   6. Quand le professeur _____ (entrer), les étudiants _____
      (arrêter) de parler et ils _____ (s'asseoir) à leur place.

G) *Mettez les verbes à l'imparfait ou au passé composé.*
   Notez qu'on emploie le passé composé pour raconter une action complète, peu importe sa durée.

   1. Il _____ (faire) très beau pendant tout notre séjour à Banff.

   2. Je _____ (passer) mes vacances à Miami et il _____
      (pleuvoir) pendant une semaine entière.

3. On _____ (ne pas sortir) ce matin parce qu'il _____ (pleuvoir).

4. À trois heures, il _____ (faire) un soleil radieux, mais vers sept heures, il _____ (commencer) à pleuvoir.

5. Je _____ (ne pas aller) au cinéma le mois dernier parce que je _____ (avoir) plusieurs examens.

6. Je _____ (avoir) plusieurs examens récemment. Je _____ (passer) le dernier hier matin.

7. Je _____ (travailler) en Alberta pendant trois ans. Je _____ (revenir) ici il y a six mois.

8. Je _____ (faire) de l'escalade dans les Rocheuses pendant que je _____ (vivre) en Alberta.

9. Tous les gens qui _____ (habiter) notre village _____ (se connaître) entre eux.

10. Nous _____ (habiter) ce village pendant plusieurs années. Nous _____ (retourner) à Ottawa l'an dernier.

11. Hier, dans la classe, mon professeur me _____ (poser) une question difficile. Je _____ (réfléchir) quelques instants, puis je _____ (répondre) calmement.

12. Il y _____ (avoir) plusieurs questions difficiles dans cet examen-là.

13. Je _____ (ne pas pouvoir) répondre parce que les questions _____ (être) trop difficiles.

14. Il y _____ (avoir) quelques étudiants dans ma classe qui _____ (savoir) toutes les réponses.

15. Après l'examen il _____ (avoir) une pause café. Nous _____ (aller) nous promener dehors.

H) *Mettez les verbes à l'imparfait, au passé composé ou au plus-que-parfait. Faites les accords qui s'imposent.*

1. En sortant de l'hôtel, je _me suis rendu_ (se rendre compte) que je _j'avais perdu_ (perdre) les clefs de mon auto. Heureusement, pendant que le porteur _s'occupait_ (s'occuper) des bagages, je les _retrouve_ (retrouver).

2. Trois hommes armés _~~enlève~~_ (enlever) le directeur comme il _monté ~~monté~~_ (monter) dans sa voiture.

3. Hier matin, Charles __n'avais pas__ (ne pas avoir) envie de se lever, alors il __~~la reste~~ restait__ (rester) couché toute la matinée. Il __~~fait~~ ~~fait~~ faisait__ (faire) la fête jusqu'à minuit la veille.

4. Hier soir, je __~~ne~~ ~~ne sortais pas pas~~ sortais__ (ne pas sortir) parce que je __sais__ (savoir) qu'on __passe__ (passer) un James Bond à la télévision et que ce _____ (être) Sean Connery qui _____ (jouer) l'agent 007.

5. Veuillez excuser mon retard. Quand je _____ (finir) mon travail, il _____ (être) six heures. Une fois dans la rue, je _____ (vouloir) prendre un taxi pour arriver plus vite, mais je _____ (ne pas pouvoir) en trouver un seul alors, je _____ (devoir) venir à pied.

6. Quand je __~~connais~~ connu__ (connaître) Henri, il _____ (maîtriser) parfaitement l'espagnol. Il _____ (passer) trois ans au Mexique avec sa famille. Au début, il _____ (ne pas comprendre) presque rien, mais pour s'intégrer au pays, il _____ (devoir) apprendre la base très vite. Plus tard, il _____ (s'incrire) à des cours et son espagnol _____ (s'améliorer) beaucoup.

7. Quand j' __étais__ (être) enfant, j' __avais__ (avoir) une amie qui __s'appelait__ (s'appeler) Diane. Ses parents __étaient__ (être) riches. Nous _____ (ne pas aller) à la même école mais tous les soirs, nous _____ (se retrouver) pour jouer ou faire nos devoirs. Plus tard, ma famille _____ (déménager) et nous __e__ _____ (se perdre) de vue. Un jour, je _____ (recevoir) une lettre de mon ancienne amie. Elle _____ (apprendre) que mes parents _____ (mourir) dans un accident de voiture et elle _____ (vouloir) m'inviter à venir vivre chez elle. J'y _____ (vivre) pendant cinq ans. Nous _____ (voyager) souvent et nous _____ (faire) beaucoup de choses intéressantes ensemble. Je _____ (découvrir) Rome et Florence et nous _____ (aller) trois fois à Paris pendant cette période.

I) _Mettez les verbes au passé composé ou à l'imparfait. Faites les accords qui s'imposent._

Un trajet difficile

Ce matin, il _____ (n'y a pas) d'autobus parce que les chauffeurs _____ (sont) en grève, alors je _____ (décide) de faire du pouce. Je _____ (dois) partir tôt parce que je _____ (sais) que la circulation _____ (est) mauvaise à l'heure de pointe. Malheur! Beaucoup d'autos _____ (passent), mais les conducteurs _____ (ne veulent pas) s'arrêter pour me prendre. Pendant que je _____ (suis) au coin de la rue, il _____ (vente), il _____ (fait) froid et il

_____ (commence) à neiger. J'_____ (ai) froid aux pieds.
J'_____ (attends) 20 minutes. Comme je _____ (pense) à
retourner chez moi, je _____ (me rappelle) que j'_____ (ai) un
examen à onze heures. Finalement, je _____ (dois) faire tout le chemin à pied.
En arrivant, je _____ (me réchauffe) pendant un certain temps avant d'aller
en classe.

J) *Mettez les verbes au passé composé ou à l'imparfait. Faites les accords qui s'imposent.*

Un jeune homme ambitieux

Henri _____ (naît) le 15 décembre. Sa famille _____ (habite)
à la campagne à cette époque-là et ses parents _____ (travaillent) dur. Ils
_____ (vivent) là encore huit ans, puis ils _____ (déménagent).
Comme la maison qu'ils _____ (achètent) _____ (est) située
dans la banlieue, le jeune garçon _____ (commence) à voyager pour se rendre à
l'école. Il _____ (prend) le train tous les matins et il _____ (doit)
presque toujours rester debout pendant le trajet, car les wagons _____ (sont)
toujours bondés à cette heure-là. Il _____ (étudie) bien et il _____
(obtient) de bonnes notes. Ses camarades de classe le _____ (trouvent)
bien gentil, mais _____ (se moquent) un peu de lui de temps en temps car
il _____ (semble) trop sérieux. Tous ses professeurs _____
(pensent) qu'il _____ (va) faire une carrière remarquable. En fait, il
_____ (se marie) jeune, et plus tard il _____ (fait) des études de
droit. Puis il _____ (décide) de s'occuper de politique. Il _____
(participe) à plusieurs campagnes électorales et bientôt il _____ (devient) lui-
même candidat dans un comté bien en vue. Il _____ (obtient) une majorité
importante. Il _____ (entre) à la Chambre des communes il y a cinq ans. Après
seulement trois ans, ses collègues le _____ (nomment) chef du parti et, à l'âge
de 35 ans, il _____ (est) déjà premier ministre de son pays.

K) *Mettez les verbes à l'imparfait, au passé composé ou au plus-que-parfait. Faites les accords qui s'imposent.*

Le carnaval

Chaque année, au moment du carnaval d'hiver, tous les étudiants _____
(s'amuser) bien. Ils _____ (faire) toujours des sculptures de glace et
ils _____ (organiser) des concours de toutes sortes. Une année, il y
_____ (avoir) une tempête de neige épouvantable. On _____

_____ (fermer) l'université et tout le monde _____ (rester) à la maison pendant trois jours. Une autre année, la température _____ (monter) à 12°C d'un coup; le château de glace que nous _____ (construire) _____ (disparaître) rapidement et les joueurs de hockey _____ (ne pas pouvoir) disputer leur match sur le campus. L'année suivante, on nous _____ (donner) un jour de congé à cause d'une autre tempête. Comme j'_____ (avoir) des examens à préparer, je _____ (se réfugier) à la bibliothèque. Pour tout dire, je _____ (passer) des années extraordinaires dans cette université. Quand j'en _____ (sortir), j'_____ (avoir) 23 ans, je _____ (connaître) beaucoup de gens, je _____ (se penser) très instruit, alors il _____ (être) temps de m'occuper de choses sérieuses. Trois ans plus tard, je _____ (devenir) un ingénieur prospère et je _____ (troquer) les sculptures de glace pour des structures de béton.

L) *Exercice de synthèse : révision*
Mettez les verbes au passé composé, au plus-que-parfait ou à l'imparfait. Faites les accords qui s'imposent.

Ultra

Quand nous _____ (atterrir) sur la planète Ultra, le silence _____ (régner). Il _____ (faire) très sombre. Nous _____ (vouloir) nous reposer après les efforts du voyage alors nous _____ (aller) dormir. Nous _____ (dormir) jusqu'à l'aube. Comme le soleil _____ (se lever), nous _____ (voir) une foule de personnages étranges qui _____ (s'avancer) vers nous. Ils _____ (porter) de longues robes blanches et ils _____ (sembler) flotter plutôt que marcher. Nous _____ (se demander) s'il _____ (falloir) ouvrir notre porte ou nous cacher à l'intérieur de notre vaisseau. Nous _____ (espérer) qu'ils _____ (ne pas avoir) les moyens de l'endommager. Quand ils _____ (arriver) près de nous, nous _____ (se rendre compte) qu'ils _____ (sourire) tous et qu'ils _____ (avoir) l'air aimable. Alors, très timidement, nous _____ (ouvrir) la porte et nous _____ (mettre) les pieds pour la première fois sur le sol d'Ultra. Curieux, les habitants _____ (vouloir) nous toucher; ils nous _____ (prendre) chacun par la main et ils nous _____ (emmener) visiter leur ville.

Les bâtiments _____ (être) hauts, mais très légers. Rien n' _____ (avoir) l'air solide. Ils nous _____ (expliquer) qu'ils

_____ (reconstruire) leurs maisons tous les deux ans pour changer de décor. Pendant qu'on _____ (faire) le tour des jardins, il y _____ (avoir) quelques coups de tonnerre et il _____ (pleuvoir) assez fort pendant dix minutes. J'_____ (être) surpris de voir que personne ne _____ (courir) s'abriter et que personne ne _____ (tenir) de parapluie. Ils _____ (attendre) la fin de l'orage pour nous montrer les fleurs éternelles et les poissons qui _____ (changer) de couleur selon les saisons. Puis ils nous _____ (inviter) à entrer dans le palais de leur chef. Tout le monde _____ (s'asseoir) et on nous _____ (servir) à manger. Alors que de questions! Ils _____ (vouloir) savoir quand nous _____ (quitter) notre planète, combien de temps nous _____ (mettre) pour venir. Ils _____ (ne rien savoir) de la Terre. Ils _____ (penser) que nous _____ (venir) de Mars. Il _____ (falloir) tout leur expliquer. Puis, nous _____ (entendre) le son d'un gong. C'est alors qu'ils nous _____ (annoncer) fièrement que leur chef _____ (arriver) parce qu'il _____ (vouloir) nous rencontrer. Je _____ (comprendre) que c'_____ (être) pour eux une occasion solennelle.

M) *Exercice de synthèse : révision*
Mettez les verbes au passé composé, au plus-que-parfait ou à l'imparfait. Faites les accords qui s'imposent.

Le mythe de Prométhée

Zeus _____ (régner) sur le monde terrestre et sur les cieux. Comme la terre _____ (ne pas être) habitée, Zeus _____ (décider) de la peupler. Il _____ (charger) de ce travail deux Titans, Prométhée, «celui qui pense avant d'agir» et Épiméthée, «celui qui réfléchit trop tard». Épiméthée _____ (s'empresser) de créer les animaux et comme il _____ (vouloir) les différencier les uns des autres, il leur _____ (donner) des caractéristiques différentes : certains _____ (recevoir) des ailes et des plumes, d'autres des coquilles. À tous il _____ (attribuer) des qualités particulières, la force, l'agilité, la rapidité, etc. Ainsi, au moment de créer l'homme, il _____ (ne rien rester) pour le distinguer des bêtes car Épiméthée, qui _____ (réfléchir) toujours trop tard, _____ (distribuer) aux animaux toutes les meilleures qualités. C'est Prométhée qui _____ (devoir) corriger l'erreur de son frère. Il _____ (falloir) donner aux hommes une forme plus noble que celles des animaux alors, il les _____ (faire) pour qu'ils se tiennent debout. Puis, il _____ (se rendre) dans les régions célestes jusqu'au char du Soleil où _____ (se trouver) les forges d'Héphaïstos, le dieu du feu. À l'aide d'une torche, il _____ (dérober) le feu qu'il _____ (rapporter) sur la terre. Il _____ (s'agir) d'un don inestimable car il _____ (permettre) aux hommes de se protéger du froid et de dominer la nature. Ainsi, grâce au feu, les humains _____ (acquérir) des connaissances, ils _____ (développer) les arts et les sciences; la culture _____ (prendre) son essor et la civilisation _____ (naître).

La colère de Zeus

Quand Zeus _____ (se rendre compte) de l'énorme privilège que Prométhée _____ (accorder) aux humains, il _____ (être) furieux et il _____ (résoudre) de se venger. Il _____ (faire) forger par Héphaïstos une femme merveilleusement belle, Pandore, qu'il _____ (envoyer) à Épiméthée. Mais auparavant, Zeus _____ (donner) à Pandore une boîte dans laquelle il _____ (enfermer) toutes les calamités. La belle Pandore _____ (être) aussi méchante et sotte qu'elle _____ (paraître) séduisante. Le pauvre Épiméthée, qui _____ (ne pas penser) avant d'agir, _____ (ouvrir) la boîte de Pandore et tous les maux _____ (se déverser) sur l'humanité. C'est ainsi que la femme _____ (devenir) la punition de l'homme, le symbole de la tentation et du péché.

Zeus _____ (ne pas s'arrêter) là. Il _____ (capturer) Prométhée et il le _____ (attacher) au sommet d'une falaise. Pendant qu'il _____ (demeurer) enchaîné, un vautour _____ (venir) tous les jours dévorer son foie qui _____ (renaître) le lendemain, et le supplice _____ (recommencer) inlassablement. C'est Héraclès (Hercule dans la mythologie romaine) qui _____ (délivrer) Prométhée trente ans plus tard, car le Titan _____ (refuser) de céder à la tyrannie de Zeus. C'est pourquoi on dit que la force _____ (sauver) l'intelligence.

1. *Racontez des histoires au passé en employant les temps de verbes qui conviennent. Pensez à des détails descriptifs et à des commentaires pour compléter le récit des événements.*

   Voici quelques suggestions.

   a) *Continuez l'histoire commencée dans l'exercice L.*

   b) *Selon le modèle de l'exercice M, racontez l'histoire d'un autre personnage de la mythologie.*

   c) *Il était trois heures du matin. Je me suis réveillé(e) en sursaut...*

   d) *En arrivant à son travail ce matin-là, Claude ou Claudine a trouvé la porte barrée (fermée à clé)...*

   e) *Quand la famille Johnson est arrivée à Paris...*

2. *Composez des dialogues courts où vous utiliserez une ou plusieurs de ces phrases ou expressions.*

   J'avais douze ans.

   C'était trop difficile.

   Pendant que le professeur écrivait au tableau

   Au dernier rang, à côté de Cécile

   C'était à prévoir!

   Ah! Je ne savais pas ça!

   Je n'en croyais pas mes yeux!

   Elle était assise, toute seule, dans un coin.

   Elle s'est assise, toute seule, dans un coin.

   Il n'en parlait jamais en classe.

5

Le futur

«Ils iront à la campagne si leur vieille auto roule
encore bien.»

Généralités

On emploie le *futur* d'un verbe pour décrire une action qui se situe dans l'avenir.

Georges et Paul viendront demain soir.
Je prendrai mes vacances au mois d'août.
Un de ces jours, tout le monde pourra voyager dans l'espace.
Quand j'aurai fini ce travail, je t'appellerai.
Tu vas acheter cette robe-là?

1) LES FORMES

a) Le futur proche

Le futur proche s'emploie à la place du futur simple surtout dans la langue parlée. Il peut indiquer aussi qu'une action est proche de se réaliser. On le forme au moyen du présent de l'indicatif du verbe *aller* suivi d'un infinitif. Notez que les pronoms compléments se placent devant l'infinitif.

Nous allons en discuter bientôt.

Jules va faire ses études aux États-Unis.

J'espère que tu ne vas pas boire tout ça!

Que va-t-on manger ce soir?

Vous allez vous coucher à neuf heures, n'est-ce pas?

Mon secret? Je ne vais pas te le dire.

b) Le futur simple

Le futur simple se forme en ajoutant la série de terminaisons : **-ai, -as, -a, -ons, -ez, -ont**, au radical du futur qui est en général l'infinitif, sauf pour certains verbes irréguliers. Si l'infinitif se termine en **-re,** on supprime le **e**.

donner	je donnerai[1]	choisir	je choisirai	descendre	je descendrai
	tu donneras		tu choisiras		tu descendras
	il donnera		il choisira		il descendra
	nous donnerons		nous choisirons		nous descendrons
	vous donnerez		vous choisirez		vous descendrez
	ils donneront		ils choisiront		ils descendront

Notez la forme **interrogative**. Il faut ajouter **-t-** pour faire l'inversion à la troisième personne du singulier. Dans la langue parlée, on évite l'inversion à la première personne du singulier.

Viendra-t-elle? Descendra-t-il? Partira-t-on?

Est-ce que je réussirai? *plutôt que* Réussirai-je?

---

1 En prononciation, le **e** du premier groupe tombe. Je donn*e*rai [dɔ nʀe], ils donn*e*ront [dɔ nʀɔ̃], etc.

Dans le cas des verbes du premier groupe qui ont une orthographe particulière, on emploie la double consonne (-ll-, -tt-), l'accent grave (-è-) et, en général, le -i- (plutôt que le -y-).

se rappeler	-	je me rappellerai	jeter	-	je jetterai
se lever	-	je me lèverai	essuyer	-	j'essuierai
nettoyer	-	je nettoierai	payer	-	je paierai (ou je payerai)

Les verbes en **-ier,** les verbes avec l'accent aigu (**é**), de même que *ouvrir, souffrir,* etc., forment leur futur de la façon normale, d'après l'infinitif.

je crierai, je préférerai, j'ouvrirai.

Voici quelques exemples de verbes qui sont irréguliers au futur. (Consultez aussi *L'Art de conjuguer.*)

aller	j'irai	envoyer	j'enverrai	voir	je verrai
s'asseoir	je m'assiérai	être	je serai	vouloir	je voudrai
ou	je m'assoirai	faire	je ferai	falloir	il faudra
avoir	j'aurai	mourir	je mourrai	(il faut)	
courir	je courrai	pouvoir	je pourrai	pleuvoir	il pleuvra
cueillir	je cueillerai	savoir	je saurai	(il pleut)	
devoir	je devrai	tenir	je tiendrai	valoir	il vaudra
recevoir	je recevrai	venir	je viendrai	(il vaut)	

c) Le futur antérieur

Le futur antérieur se forme au moyen du futur de l'auxiliaire (*avoir* ou *être*) suivi du participe passé. Toutes les règles concernant la place des pronoms, la négation, l'accord du participe passé, etc., sont les mêmes que pour le passé composé.

donner	j'aurai donné	partir	je serai parti(e)
	tu auras donné		tu seras parti(e)
	il aura donné		il sera parti
	elle aura donné		elle sera partie
	nous aurons donné		nous serons parti(e)s
	vous aurez donné		vous serez parti(e)(s)
	ils auront donné		ils seront partis
	elles auront donné		elles seront parties
s'asseoir	je me serai assis(e)		
	tu te seras assis(e)		
	il se sera assis		
	elle se sera assise		
	nous nous serons assis(es)		
	vous vous serez assis(e)(s)		
	ils se seront assis		
	elles se seront assises		

Quand aurez-vous fini ce projet?
Les aura-t-elle choisi(e)s?
Ils ne l'auront pas trouvé(e) dans ma valise.

2) L'EMPLOI

a) L'action du verbe principal de la phrase se situe dans un moment futur.

Nous irons tous à la campagne dimanche prochain.

Quand est-ce que je pourrai aller voir ce film?

Jules et Michelle se marieront un de ces jours.

Je prendrai ma retraite à l'âge de 85 ans.

Le **futur proche** s'emploie à la place du futur simple, quand l'action est proche de se réaliser. Il est aussi très courant dans la conversation.

> Je vais certainement aller à la campagne dimanche.
>
> Qu'est-ce que tu vas faire à l'âge de 85 ans? — Je vais prendre ma retraite et je vais cultiver mon jardin.

b) Dans certaines phrases de condition on emploie le verbe principal au futur, et le présent après la conjonction *si*. (Voir aussi le chapitre 6.)

> Si tu es prévoyante, tu achèteras tes billets à l'avance.
>
> Ils iront à la campagne si leur vieille auto roule encore bien.

c) Dans certaines phrases où le verbe principal est au futur, on doit employer le futur pour un deuxième verbe introduit par une **conjonction temporelle :** *quand, lorsque, pendant que, dès que, aussitôt que, au moment où.*

Il s'agit d'actions parallèles dans les deux parties de la phrase. Il en est de même dans une proposition introduite par un pronom relatif ou dans d'autres phrases où l'action des verbes se situe au futur.

> Nous discuterons de tout ça quand tu viendras à Montréal.
>
> Ce voyageur s'est évanoui. Aussitôt que l'avion atterrira, l'ambulance viendra le chercher.
>
> Moi, je ferai la vaisselle pendant que mon mari passera l'aspirateur.
>
> Les étudiants qui sauront toutes les conjugaisons auront sûrement de bonnes notes.
>
> Nous avons une clientèle fidèle. Nous vendrons sans doute tous les nouveaux modèles que nous produirons.
>
> Je cacherai ces cadeaux dans un endroit où les enfants ne les trouveront pas.

Dans le même genre de phrase, le verbe principal peut être à l'impératif.

> Téléphone-moi dès que tu arriveras.
>
> Cachons ces cadeaux là où les enfants ne les trouveront pas.

d) Le **futur antérieur** s'emploie après les conjonctions temporelles et les pronoms relatifs si l'action de ce verbe doit être terminée avant celle du verbe principal, qui est au futur.

> Quand nous aurons appris ces nouvelles chansons, nous pourrons donner un concert.
>
> Après que toutes les feuilles seront tombées, on devra les ramasser.
>
> Téléphone-moi dès que tu auras fini de manger.
>
> Aussitôt que les étudiants auront fini l'examen, ils pourront partir.

e) On emploie souvent le futur ou le futur antérieur après les verbes *penser, espérer*, etc., au présent.

> Je pense que ce projet sera difficile à réaliser.
>
> J'espère que nous aurons terminé ce travail d'ici vendredi.
>
> Nous sommes sûrs que vous réussirez.

(Voir aussi le chapitre sur le subjonctif : chapitre 8, section 2 b.)

f) Le futur peut quelquefois remplacer l'**impératif**. C'est une façon polie de donner des ordres.

> Vous viendrez me voir à la fin de la conférence.
>
> Tu me téléphoneras ce soir pour finaliser les plans.
>
> Vous voudrez bien me tenir au courant de vos activités.

A) *Répondez en employant le futur proche.*

1. Tu rentres maintenant?

   — Non, mais je _____ tôt ce soir.

2. Vous vous ennuyez déjà!

   — Non, mais nous _____ s'il ne se passe rien!

3. Il part aujourd'hui?

   — Non, mais il _____ bientôt.

4. Ils comprennent la situation?

   — Non, mais ils _____ bientôt.

5. On paie tout de suite?

   — Non, on _____ plus tard.

6. Vous vous couchez tout de suite?

   — Non, on _____ après le film.

B) *Répondez en employant le futur proche et les pronoms qui conviennent.*

1. On se revoit, alors?

   — On _____ sans aucun doute.

2. Il y a de la musique ce soir?

   — Il _____ plus tard.

3. Vous me demandez mon avis, madame?

   — Je _____ tout à l'heure.

4. Le patron gèle nos salaires?

   — En effet, il _____ probablement.

5. Nous allons en Louisiane?

   — On _____ c'est sûr.

6. Vous nous écoutez, n'est-ce pas?

   — Nous _____ sous peu.

7. Quand est-ce que j'expédie ce colis?

   — Tu _____ demain matin.

8. Vous finissez les restes?

   — Nous _____ ce soir.

9. Tu gares ta voiture tout de suite?

   — Je _____ tout à l'heure.

10. On s'élit un chef d'équipe?

    — Bonne idée! On _____.

11. Ces étudiants font du vélo?

　　— Ils _____ cet été.

12. Quand est-ce que je vous rappelle?

　　— Vous _____ lundi.

13. Tu t'es trompé, je pense.

　　— Oui, mais je ne _____ la prochaine fois.

14. Ils se reposent?

　　— Oui, mais ils ne _____ longtemps.

C) *Mettez les verbes d'abord au futur proche, puis au futur simple.*

1. Il chante _____

2. Tu cries _____

3. Je finis _____

4. Nous vendons _____

5. Ils se souviennent _____

6. Vous vous ennuyez _____

7. Tout le monde court _____

8. Elles s'en vont _____

9. Tu peux _____

10. Ça vaut mieux _____

D) *Mettez les verbes au futur simple, à la forme interrogative.*

　　Exemple : Ils s'amusent aujourd'hui.
　　　　　　　S'amuseront-ils demain?

1. Vous êtes contents aujourd'hui. _____ contents demain?

2. Ils nous comprennent maintenant. Nous _____ toujours?

3. Il pleut ce matin. _____ ce soir?

4. Elle travaille cette année. _____ l'année prochaine?

5. On prend du café ce matin. En _____ encore ce soir?

E) *Écrivez les verbes au futur simple.*

1. Cette plante _____ (fleurir) au printemps.

2. Il _____ (se marier) un de ces jours.

3. La situation _____ (s'améliorer) bientôt.

4. Tous les cousins _____ (se réunir) ce soir et ils _____ (se raconter) des blagues pendant des heures.

5. Vous _____ (remettre) vos travaux demain.

6. Nous _____ (discuter) de cette affaire à un autre moment.

7. Si jamais tu es malade, j' _____ (appeler) le médecin.

8. Le patron _____ (rejeter) sûrement notre suggestion.

9. Tu _____ (répéter) les phrases après moi.

10. Est-ce qu'il _____ (payer) ses dettes?

11. Toi et moi, nous _____ (acheter) cette jolie cravate pour papa.

12. Samedi prochain, on _____ (amener) tous les enfants voir le Cirque du Soleil.

13. Je t' _____ (envoyer) ce paquet par la poste.

14. Ne t'inquiète pas! Nous _____ (rentrer) avant minuit.

15. Vous _____ (attendre) votre tour, comme tout le monde.

16. Les employés _____ (ne jamais s'habituer) à ce nouveau système.

17. La crise _____ -elle (éclater) bientôt?

18. _____ -il (épouser) Marianne?

19. Je _____ (ne jamais comprendre) tes raisonnements.

20. Nous _____ (ne pas vouloir) vous déranger.

21. Est-ce que tu _____ (revenir) mardi prochain?

22. J'espère que vous _____ (conduire) lentement.

23. Nous _____ (savoir) la réponse de la ministre dans quelques semaines.

24. Je te _____ (revoir) demain matin.

25. On _____ (pouvoir) peut-être vous aider.

26. Si nous allons faire un pique-nique, il _____ (falloir) avoir du beau temps.

27. Vous _____ (recevoir) des cartes postales de vos amis.

28. Tu _____ (être) toujours le bienvenu chez nous.

29. Nous _____ (aller) faire un tour à la campagne cet après-midi.

30. Ginette _____ (avoir) l'occasion de rencontrer son acteur préféré.

F) *Mettez les verbes au futur simple ou au présent, selon le cas.*

1. Si vous faites de l'exercice, vous _____ (rester) en forme.

2. Je viendrai t'aider si tu _____ (vouloir).

3. Dès que je _____ (savoir) le résultat, je te le dirai.

4. Je ne travaillerai plus quand j' _____ (avoir) 90 ans.

5. Nous _____ (finir) les travaux dans ta chambre demain. Toi, tu _____ (faire) la peinture pendant que moi, je _____ (poser) le papier peint.

6. Si tu _____ (être) satisfaite, tu nous remercieras.

7. Tous les enfants qui _____ (être) bien sages auront une belle surprise.

8. Tu _____ (devenir) une grande athlète si tu t'entraînes régulièrement.

9. Aussitôt qu'on _____ (arriver) au sommet, on _____ (se reposer) pendant qu'on _____ (admirer) le panorama.

G) *Complétez les phrases en employant des verbes au futur simple.*

1. L'été prochain, la plupart des étudiants (verbe au pluriel) _____

2. Ce soir, à neuf heures précises, _____

3. En avril prochain _____

4. Après-demain _____

5. À la fin de la semaine _____

6. Dans deux ou trois jours _____

7. D'ici quelques années _____

8. En l'an 2050 _____

H) *Mettez les verbes au futur simple ou au futur antérieur selon le sens.*

1. Quand vous _____ (s'installer) dans votre nouvel appartement, nous viendrons tous vous voir.

2. Après que l'orage _____ (s'arrêter), nous nous mettrons en route.

3. Tous les patients qui auront vu le médecin _____ (pouvoir) rentrer chez eux.

4. Fais-moi signe dès que tu _____ (recevoir) des nouvelles de ton frère.

5. Aussitôt que je _____ (être) à l'aéroport de Chicago, je te téléphonerai.

Activités

1. *Faites des projets pour l'avenir en inventant divers scénarios. Parlez de votre carrière, de vos ambitions, de l'état du monde d'ici vingt ou cinquante ans...*

   «Quand j'aurai 30 ans...»
   «Quand nous serons vieux, quand nous serons vieilles...»
   «Dans cinquante ans...»
   etc.

2. *Inventez des dialogues courts où vous utiliserez une ou plusieurs de ces phrases et expressions.*

Je ferai de mon mieux.

Il faudra en discuter.

On verra.

«Qui vivra verra.» (proverbe)

Tu n'en auras pas!

Ils ne pourront jamais le faire. Il n'y arriveront jamais!

On en reparlera demain.

La prochaine fois, ce sera mon tour.

«Rira bien qui rira le dernier.» (proverbe)

3. *Devenez astrologue. Préparez des horoscopes fantaisistes pour vos camarades de classe.*

Le conditionnel et les phrases de condition

«Je t'aiderais si j'avais le temps.»

Généralités

Il y a généralement trois types de **phrases de condition** exigeant chacun certains temps de verbes :

— le présent de l'indicatif + le futur *ou* le futur proche;
  Si tu fais des efforts, tu réussiras. / Si tu fais des efforts, tu vas réussir.
— l'imparfait + le conditionnel présent;
  Si tu faisais des efforts, tu réussirais.
— le plus-que-parfait + le conditionnel passé.
  Si tu avais fait des efforts, tu aurais réussi.

1) LES FORMES

a) Le conditionnel présent se forme à partir du radical du futur simple (qui correspond généralement à l'infinitif). On y ajoute les terminaisons de l'imparfait.

	le futur	**le conditionnel**
parler	je parler**ai**[1]	je parler**ais**[2]
	tu parler**as**	tu parler**ais**
	il parler**a**	il parler**ait**
	nous parler**ons**	nous parler**ions**
	vous parler**ez**	vous parler**iez**
	ils parler**ont**	ils parler**aient**

Attention aux verbes qui sont irréguliers au futur : *aller* — j'irai; conditionnel — j'irais, etc. (Revoir le chapitre 5, section 1 b.) De même pour les verbes dont l'orthographe est particulière : *jeter, lever,* etc.

> Je voudrais aller dans l'Ouest canadien. J'irais d'abord à Vancouver.
>
> Que diriez-vous d'un séjour à New York? On y gèlerait moins qu'à Montréal.
>
> À votre place, moi, je jetterais tous ces vieux papiers.

b) Le conditionnel passé se forme au moyen de l'auxiliaire *avoir* ou *être* conjugué au conditionnel présent et suivi du participe passé. On observe les mêmes règles que pour le passé composé quant à l'ordre des mots et aux accords.

voir		aller	
	j'aurais vu		je serais allé(e)
	tu aurais vu		tu serais allé(e)
	il aurait vu		il serait allé
	nous aurions vu		elle serait allée
	vous auriez vu		nous serions allé(e)s
	ils auraient vu		vous seriez allé(e)(s)
			ils seraient allés
			elles seraient allées

---

1 Prononcer [e].

2 Prononcer [ɛ].

---

s'asseoir   je me serais assis(e)
tu te serais assis(e)
il se serait assis
elle se serait assise
nous nous serions assis(es)
vous vous seriez assis(e)(s)
ils se seraient assis
elles se seraient assises

Auriez-vous chanté quand même?

Nous ne nous serions pas arrêté(e)s.

Je ne les aurais pas accepté(e)s?

2) LES PHRASES DE CONDITION : TROIS TYPES

a) Le verbe principal est au **futur**. Dans la proposition introduite par **si**, on emploie le **présent de l'indicatif**. Si de telles circonstances se présentent, et c'est parfaitement possible, il y aura certaines conséquences.

Si tu cours trop vite, tu tomberas *ou* tu vas tomber.

Je viendrai *ou* je vais venir, si elle m'invite.

S'il pleut, on restera *ou* on va rester à la maison.

Dans certains cas, on trouve les deux verbes au présent. Il s'agit souvent d'une généralisation.

S'il pleut, on reste à la maison. (c.-à-d. habituellement)

Si l'on mange trop, on grossit.

On peut également employer un impératif dans la proposition principale.

Si tu es fatiguée, repose-toi.

Notez que   **si** + *il(s)* devient *s'il(s)*...

si + *on* devient souvent *si l'on*... (surtout à l'écrit et en langue formelle)

si + *elle(s)* ne change pas. *Si elle(s)...*

b) Le verbe principal est au **conditionnel présent** et l'autre verbe à l'**imparfait**. Dans ce genre de phrase, on fait une hypothèse, on rêve, on imagine...

Si nous n'avions pas de cours aujourd'hui, nous pourrions partir pour la campagne.

Je t'aiderais si j'avais le temps.

c) Le verbe principal est au **conditionnel passé** (la conséquence) et l'autre verbe au **plus-que-parfait** (la condition). On parle, en général, d'une situation devenue impossible. C'est trop tard; la chose qu'on espérait, ou qu'on craignait, n'est pas arrivée. Les deux actions (condition et conséquence) se situent dans le passé.

Si j'avais reçu ton message, je serais venu(e) plus tôt.

S'il nous avait dit ça, nous ne l'aurions pas cru.

M'aurais-tu aidé(e) si je te l'avais demandé?

On doit mettre le verbe principal au **conditionnel présent**, quand l'action (la conséquence) se situe dans le présent et non dans le passé.

Si j'avais obtenu mon diplôme universitaire, **j'aurais** un travail mieux payé **maintenant**.

Si les Européens n'avaient pas «découvert» l'Amérique, les autochtones **seraient** peut-être plus heureux **aujourd'hui**.

3) D'AUTRES EMPLOIS DU CONDITIONNEL (PRÉSENT OU PASSÉ)

a) Après l'expression *au cas où*.

J'ai apporté mon parapluie au cas où il pleuvrait cet après-midi.

b) On rapporte quelque chose qui n'est pas très sûr, dont on a seulement entendu parler.

Les scientifiques auraient déjà trouvé la solution à ce problème.

Ce jeune homme se destinerait à une carrière politique, m'a-t-on dit.

c) On veut atténuer l'expression d'un ordre, d'un désir, etc.

J'irais bien au Mexique avec vous.

Auriez-vous la gentillesse de m'attendre ici?

Je voudrais encore une tasse de café, s'il vous plaît.

Cette structure est souvent employée avec les verbes *pouvoir* et *devoir*.

Quand est-ce que tes parents vont venir? — Je ne sais pas exactement.

Ils pourraient arriver ce soir. (possibilité; *might* en anglais)

Tu devrais te reposer un peu. (une forte recommandation; *ought* en anglais)

d) Dans des phrases où la proposition introduite par *si* est sous-entendue.

Moi, à ta place (si j'étais à ta place), je ne ferais pas ça!

Tiens (si tu ne me l'avais pas dit), je ne l'aurais jamais cru.

Nous ne partirions pas sans toi (si tu ne pouvais pas venir).

e) Dans le discours indirect, le conditionnel présent remplace le futur simple du discours direct. Dans le cas du futur proche (*aller* + l'infinitif), le présent du verbe *aller* se met à l'imparfait.

Discours direct	Discours indirect
«*Nous* serons en retard.»	Ils nous ont dit qu'*ils* seraient en retard.
«*Je* vais venir demain.»	Elle a dit qu'*elle* allait venir le lendemain.

A) *Mettez les verbes d'abord au futur, ensuite au conditionnel présent.*

1. tu arrives _____ _____

2. il se rappelle _____ _____

3. je préfère _____ _____

4. nous savons _____ _____

5. on attend _____ _____

6. vous tenez _____ _____

7. il y a _____ _____

8. elles saisissent _____ _____

9. tout le monde court _____ _____

10. vous vous plaignez _____ _____

B) *Complétez les phrases en mettant les verbes au conditionnel présent.*

1. J'ai acheté un gros rôti de bœuf au cas où on _____ (recevoir) des amis en fin de semaine.

2. Vous _____ (ne pas devoir) sortir sans manteau par ce froid.

3. Quoi? Tu _____ (refuser) de faire ça pour moi?

4. Jules a dit qu'il m'_____ (appeler) bientôt et que je _____ (pouvoir) aller lui rendre visite.

5. Ne touche pas à ce vase de cristal. Tu _____ (pouvoir) le casser!

6. Les voisins m'ont dit qu'ils _____ (vendre) peut-être leur maison l'année prochaine.

C) *Mettez les verbes au conditionnel présent.*

Si j'étais un(e) adepte du bouddhisme, la spiritualité _____ (être) le centre de ma vie. Je _____ (se libérer) des choses matérielles et je _____ (faire) le vide dans ma maison comme dans mon esprit. Je _____ (consacrer) des heures à la méditation et je _____ (s'efforcer) de me détacher de tout désir qui, selon Bouddha, me _____ (asservir) et _____ (engendrer) de la souffrance. Je _____ (purifier) mon corps en devenant végétarien(ne). Je _____ (ne pas consommer) d'alcool ni de drogues. Je _____ (mener) une vie simple et modeste. La bienveillance et la compassion _____ (habiter) mon cœur. Je _____ (ne pas laisser) l'avidité, la colère et l'ignorance empoisonner mon âme. Chaque jour, j' _____ (essayer) de mettre en pratique les préceptes bouddhiques pour atteindre le nirvana.

D) *Mettez les verbes aux temps qui conviennent : imparfait, futur, indicatif ou conditionnel ou impératif présent.*

1. Si tu fais du sport, tu _____ (se maintenir) en forme.

2. Je vais me fâcher si tu _____ (ne pas être) prêt à six heures.

3. Nos voisins _____ (venir) tout de suite si je leur téléphonais.

4. Si tu as des nouvelles d'Alexis, _____ (appeler) ses parents.

5. Si Martine mettait ses lunettes, elle _____ (voir) mieux.

6. Si tu _____ (prendre) un taxi, tu arriveras plus vite.

7. Conduis-le à l'urgence s'il _____ (ne pas aller) mieux ce soir.

8. Si on suspendait le droit de grève, il y _____ (avoir) une révolution.

9. Vous réussiriez mieux si vous _____ (faire) plus d'efforts.

10. S'il y a du vent, ça _____ (balayer) tous les nuages.

11. Si tu étais plus patient, je _____ (comprendre) mieux tes explications.

12. Je vous raconterai mon voyage si vous _____ (vouloir).

E) *Complétez les phrases en employant les temps qui conviennent : imparfait, futur, indicatif ou conditionnel ou impératif présent, selon le cas.*

1. Je partirais tout de suite pour le Mexique si _____

   _____

2. Si tu veux trouver de bonnes aubaines, _____

   _____

3. Je serais célèbre si _____

   _____

4. Vous pourriez faire le tour du monde si _____

   _____

5. Si nous comprenions tous les mystères, _____

   _____

6. Nous pourrons sauver notre planète si _____

   _____

7. Cette athlète battrait tous les records si _____

   _____

8. Si vous votez pour cette candidate, _____

   _____

9. Si j'avais une baguette magique, _____

_____

10. Si les Martiens atterrissaient sur notre planète, _____

_____

11. Allez sur le site de l'OSM si _____

_____

12. Tout le monde sera heureux si _____

_____

F) *Complétez les phrases en mettant les verbes au plus-que-parfait ou au conditionnel passé.*

1. Je _____ (répondre) à votre question si vous _____ (être)
plus poli.

2. S'il _____ (ne pas pleuvoir), nous _____ (pouvoir) sortir.

3. Si Christophe Colomb _____ (découvrir) la route des épices, il
_____ (arriver) en Asie.

4. Il y _____ (avoir) un grave accident si le chauffeur _____
(ne pas s'arrêter) à temps.

5. S'il _____ (faire) beau pendant la fin de semaine passée, on
_____ (aller) au Jardin botanique.

6. Tout le monde _____ (voter) pour moi si je _____
(s'exprimer) avec plus de conviction.

7. Je _____ (se lever) plus tôt ce matin si je _____ (ne pas
rentrer) si tard hier soir.

8. Vos parents _____ (être) très fiers si vous _____ (obtenir)
la médaille d'or.

9. Suzie _____ (ne pas faire) une réaction allergique si elle
_____ (ne pas manger) un biscuit aux arachides.

10. Si les pandas géants de Chine _____ (ne pas être protégé) par le
gouvernement, ils _____ (cesser) de se reproduire en nombre suffisant
pour maintenir l'espèce.

G) *Complétez les phrases en mettant les verbes au conditionnel présent ou passé, selon le sens.*

1. Si Pierre avait eu des pneus à neige, cet accident _____ (arriver).

2. Mesdames et Messieurs, vous allez entendre une jeune artiste qui _____
(ne pas être) notre soliste invitée ce soir si le pianiste Alain Lefèvre ne l'avait pas fait
connaître sur les ondes de la radio.

3. Si ce cycliste n'avait pas porté son casque de sécurité, il _____ (mourir).

4. Si nous n'avions pas pu obtenir de billets pour entendre les *Gurrelieder* de Schoenberg à Montréal, en 2006, nous _____ (rater) un concert mémorable.

5. Je _____ (ne pas savoir) nager aujourd'hui si mon oncle Arthur ne m'avait pas jeté à l'eau quand j'avais cinq ans.

6. Si j'avais été écrivain, je _____ (pouvoir) refaire le monde avec chaque livre. Je _____ (inventer) des personnages fabuleux et je _____ (faire) rêver grands et petits. Comme tous mes livres _____ (devenir) des best-sellers, je _____ (être) riche et célèbre aujourd'hui.

H) *Complétez les textes en mettant les verbes aux temps qui conviennent.*

Tout ça, c'est la faute des SI

Si l'examen d'hier _____ (être) plus facile, j'_____ (avoir) une meilleure note. Si la langue française _____ (s'écrire) comme elle se parle, je _____ (ne plus faire) autant de fautes stupides. Si on _____ (pouvoir) l'assimiler par osmose en écoutant de grands orateurs, tout le monde _____ (devenir) francophone.

S'il y _____ (avoir) plus de neige, nous _____ (pouvoir) aller faire du ski. Si la température _____ (être) plus douce, les conditions _____ (être) idéales. Toutefois, il y _____ (avoir) plus de monde et on en _____ (profiter) moins! On _____ (ne pas y gagner) au change.

Le meilleur des mondes

Si la famine _____ (ne plus sévir) au Darfour, l'économie _____ (se redresser), les tensions politiques _____ (diminuer) et la population _____ (commencer) à croire à des jours meilleurs. Si, dans le passé, les pays riches _____ (prendre) l'habitude de favoriser l'aide humanitaire plutôt que leurs propres intérêts, bien des conflits _____ (pouvoir) être évités et aujourd'hui plusieurs pays africains _____ (sortir) de leur marasme.

Si tous les gens _____ (vouloir) bien être «verts», ils _____ (recycler) sans se faire prier. Les contenants de plastique, de verre et de métal, les papiers et les emballages _____ (s'entasser) dans les bacs de récupération, les déchets alimentaires et végétaux _____ (s'empiler) dans les composteurs domestiques, les automobiles ne _____ (servir) qu'à faire des voyages… Bref, tout le monde _____ (se soucier) de polluer le moins possible l'environnement en favorisant le réemploi et en évitant le gaspillage.

Si les hommes _____ (venir) de Vénus, les femmes _____ (savoir) mieux les comprendre, les _____ (voir) d'un autre œil et _____ (être) au septième ciel. Si les femmes _____ (venir) de Mars, les hommes _____ (se sentir) rassurés, _____ (craindre) moins de se tromper et ils _____ (ne plus devoir) s'efforcer de les comprendre. Ah! Si chacun _____ (voir) les différences comme un atout plutôt qu'un obstacle, la séduction _____ (reprendre) ses droits et la vie amoureuse _____ (retrouver) tout son piquant.

I) *Complétez les phrases. Notez qu'il faut au moins deux verbes.*

1. Si la langue française _____

_____

2. Si les femmes _____

_____

3. Si les chefs d'état _____

_____

4. Si les écologistes _____

_____

5. Si les pacifistes _____

_____

6. Si les internautes _____

_____

Activités

1. *Complétez cette série d'hypothèses.*

Si j'avais le temps, je _____ (chercher) un nouvel emploi.

Si je _____ (chercher) un nouvel emploi, je _____ (trouver) peut-être quelque chose de plus stimulant.

Si je _____ (trouver) quelque chose de plus stimulant... *Continuez...*

    réussir mieux   devenir plus riche

    avoir des promotions   quitter mon travail

    gagner un salaire plus élevé   avoir beaucoup de temps libre

    faire des placements intéressants   me consacrer à...

2. *Développez ces hypothèses, discutez des conséquences.*

    Si notre climat était chaud...   Si j'étais né(e) au XIXᵉ siècle...

    S'il n'y avait plus de guerre...   S'il n'y avait pas eu le 11 septembre 2001...

3. *Continuez ces phrases logiquement en employant «au cas où» et le conditionnel présent.*

    Il faudrait apporter ton parapluie...   Va acheter des bougies...

    On doit lire ce chapitre-là...   Ne buvez pas cette eau...

    Tu devrais faire le ménage...   Ne réponds pas au téléphone...

    Il faudra absolument regarder   Je ne vais pas manquer mon cours
    le téléjournal...   d'histoire aujourd'hui...

4. *Donnez des conseils à ces personnes en employant le conditionnel présent ou passé du verbe* devoir.

    J'ai eu un D à mon dernier examen!   Ma santé est si mauvaise.

    Mon colocataire m'encourage à   J'étais très fatigué(e) et je me
    prendre de la drogue.   suis endormi(e) au volant.

    Mes parents viennent me rendre   Il fait tellement beau dehors.
    visite samedi prochain.

    On vient d'acheter une nouvelle   Je n'ai pas pu trouver de
    voiture.   gardienne!

5. *Que veut dire le proverbe : «Si jeunesse savait, si vieillesse pouvait»? Est-il encore d'actualité? Expliquez.*

L'impératif

«Ne les mets pas ici.»

Généralités

L'*impératif* s'emploie pour donner des ordres. Il sert aussi à exprimer des conseils, des invitations ou des suggestions.

Viens ici.
Faites ce travail pour demain.
N'achète pas ce produit.
Ne me dérangez pas.
Allons-y.
Assieds-toi.

1) LES FORMES

On s'adresse directement à la personne ou aux personnes concernées, c'est pourquoi **le sujet n'est pas exprimé** : le verbe est conjugué sans le pronom personnel sujet. Pour chaque verbe, on utilise seulement trois personnes qui correspondent à la deuxième personne du singulier et aux première et deuxième personnes du pluriel du présent de l'indicatif.

a) Quand on s'adresse à une seule personne de façon **familière,** on emploie la deuxième personne du singulier en supprimant le **-s** dans le cas des verbes du premier groupe, des verbes *ouvrir, offrir, souffrir, couvrir, découvrir* et du verbe *aller*.

Phrase déclarative	Impératif
Tu parles français.	Parle français.
Tu ouvres la fenêtre.	Ouvre la fenêtre.
Tu vas au magasin.	Va au magasin.
Tu finis tes devoirs.	Finis tes devoirs.
Tu descends tout de suite.	Descends tout de suite.
Tu ne les mets pas ici.	Ne les mets pas ici.

b) Quand on s'adresse à une seule personne de façon **polie**, ou à plusieurs personnes, on emploie la deuxième personne du pluriel.

Phrase déclarative	Impératif
Vous trouvez une solution, chère madame.	Trouvez une solution, chère madame.
Vous ne faites pas la grève, messieurs.	Ne faites pas la grève, messieurs.
Vous faites vos devoirs, les enfants.	Faites vos devoirs, les enfants.

c) En employant la première personne du pluriel, **on invite une ou plusieurs personnes** à faire quelque chose avec soi.

Phrase déclarative	Impératif
Nous allons faire une promenade.	Allons faire une promenade.
Nous buvons à sa santé.	Buvons à sa santé.
Nous éclaircissons ce mystère.	Éclaircissons ce mystère.

2) LES VERBES QUI ONT UN IMPÉRATIF IRRÉGULIER

avoir : aie, ayez, ayons
être : sois, soyez, soyons
savoir : sache, sachez, sachons

dire : dis, dites, disons
faire : fais, faites, faisons
vouloir : veuille, veuillez, veuillons

3) LES PRONOMS ET L'IMPÉRATIF (Voir aussi le chapitre 12.)

a) À l'affirmatif, les pronoms personnels compléments suivent le verbe; *me* et *te* deviennent *moi* et *toi* (*m'* et *t'* devant y ou *en*). N'oubliez pas les traits d'union.

Tu veux lire ce livre? — Oui, passe-le-moi.

Tu veux des pastilles? — Oui, donne-m'en quelques-unes.

J'ouvre cette fenêtre? — D'accord, ouvre-la.

Nous montrons nos photos à nos amis? — Montrons-les-leur.

On offre de l'argent à Charles? — Offrez-lui-en. / Offrons-lui-en.

On peut commencer tout de suite? — Allez-y. / Allons-y.

Notez que les verbes du premier groupe et quelques autres verbes (voir 1 a) gardent le **-s** devant *y* et *en*. Le trait d'union indique que les pronoms se rapportent au verbe.

Je peux ouvrir les fenêtres? — Ouvres-en une ou deux.

— Ouvre-les toutes.

Je dois aller à l'épicerie? — Oui, vas-y tout de suite.

— Oui, va à l'épicerie du coin.

ATTENTION : lorsque *y* ou *en* se rapportent à un deuxième verbe à l'infinitif, le verbe à l'impératif garde sa forme sans **-s** et il n'y a pas de trait d'union.

Je dois acheter des œufs? — Achètes-en une douzaine.

— Va en acheter une douzaine.

L'ordre des mots : impératif affirmatif

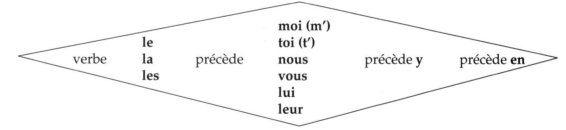

Donnez-les-moi. Prête-lui-en. Achète-nous-en. Apportez-m'en deux.

b) À la forme négative, les pronoms précèdent le verbe exactement comme dans la phrase déclarative. (Voir le chapitre sur la négation : chapitre 11, section 7 b.)

Je dois prendre de l'aspirine? — N'en prends pas!

J'ouvre la fenêtre? — Ne l'ouvrez pas.

On peut vous laisser nos bagages? — Ne me les laissez pas!

Il faut donner du sucre au cheval? — Non, ne lui en donnez surtout pas.

Nous allons à Québec, n'est-ce pas? — Oui, mais n'y allons pas aujourd'hui.

c) Dans le cas des verbes pronominaux, l'ordre des mots est le même. (Voir aussi le chapitre 2.)

Lave-toi vite.

Asseyons-nous ici.

Brossez-vous les cheveux. Brossez-les-vous.

Ne vous les brossez pas.

Mettez-vous au travail!

Ne t'inquiète pas.

Ne nous levons pas tout de suite.

Ne t'en achète pas.

ATTENTION! Évitez la confusion entre l'impératif et l'interrogatif.

Ne te lève pas!	Pourquoi ne te lèves-tu pas?
Reposez-vous dans cette chambre.	Vous reposez-vous dans cette chambre?

4) D'AUTRES MOYENS DE DONNER DES ORDRES

a) Les ordres «officiels», affichés en public ou donnés dans les recettes de cuisine, etc. : on emploie le plus souvent l'infinitif.

Remettre les livres sur les rayons.

Bien mélanger les œufs et le lait.

Ne pas fumer dans cette salle.

Découper en suivant le pointillé.

b) Formes très polies : on emploie *veuillez* ou *ayez* (l'impératif des verbes *vouloir* et *avoir*).

Veuillez vous adresser au secrétariat.

Veuillez parler à voix basse.

Ayez la gentillesse de m'attendre.

Ayez la bonté de venir nous aider.

Exercices

A) *Répondez par un impératif, deuxième personne du singulier (forme familière).*

Exemple : Je dois chanter maintenant?
— Oui, chante avec moi.

1. Quelles bottes est-ce que je mets?
— _Mets des bottes ~~les~~_ (COD) d'hiver.

2. Que dois-je faire?
— _~~fais~~ fait_ la vaisselle pour une fois.

3. Je dois acheter du pain?
— Oui, _achètes_ de blé entier.

4. Qu'est-ce que je dois relire?
— _relis_ ta composition.

5. Je dois accueillir les visiteurs?
— Oui, _accueillieller_ tout le monde.

6. Qui est-ce que je peux amener?
— _Je peux amener_ ton ami Georges.

7. Je dois aller au magasin?
— Oui, _Je dois aller_ au supermarché.

8. Je dois rappeler le médecin?
— Oui, _Je dois rapelle~~s~~_ sa secrétaire avant cinq heures.

9. Je dois répondre à cette question?
— Oui, _je dois ~~en~~ répond~~re~~s_ si tu peux.

10. Je dois courir plus vite?
— Oui, _Je dois cour~~ir~~s_ le plus vite possible.

11. Je peux prendre un dessert?
— Oui, _Je peux prend~~re~~s_ un peu de crème caramel.

12. Je dois venir avec ma sœur?
— Oui, _Je dois ~~venir~~ Viens_ avec elle.

13. Je peux jeter tout ça dans la poubelle?
— Non, _peux jeter ~~Jette~~_ le papier dans le bac de recyclage.

14. Je dois être à l'heure chez le dentiste?
—Surtout ne _~~être~~ sois_ pas en retard!

15. Je dois dire la vérité?
— Mais oui, ne _~~dire~~ dis_ jamais de mensonges.

B) *Répondez par un impératif affirmatif, première personne du pluriel.*

        Exemple :   On peut sortir?

                — Oui, sortons ensemble.

1. On va recommencer?

    — Oui, _remmercons_ au début.

2. On peut continuer?

    — Oui, _Pr Continuons_ l'exercice.

3. On peut chanter?

    — Oui, _Chantons_ ensemble.

4. On peut crier?

    — Oui, _criez_ fort!

5. On va manger maintenant?

    — Oui, mais _mangez_ modérément.

6. On peut effacer ça?

    — Oui, _effacer_ ces erreurs.

7. On doit réfléchir, n'est-ce pas?

    — Oui, _réfléchiez_ avant de prendre une décision.

8. On peut disparaître avant la fin de la soirée?

    — Oui, mais _disparaît-_ discrètement.

9. On peut partir d'ici?

    — Oui, _partez_ tout de suite.

10. On peut conduire pendant cette tempête?

    — Oui, mais _conduissez_ prudemment.

11. On peut ouvrir une fenêtre?

    — Oui, _ourez_ cette fenêtre-là.

12. On doit écrire cela en français?

    — Oui, _écrivez_ tout en français.

C) *Répondez par un impératif négatif, deuxième personne du pluriel.*

        Exemple :   On peut fumer ici?

                — Non, ne fumez pas ici.

1. On peut prendre le prochain vol?

    — Non, _____ ce vol.

2. Faut-il collaborer avec l'ennemi?

    — Non, _____ avec l'ennemi.

3. Nous pouvons ignorer ces ordres?

    — Non, _____ ces ordres.

4. Nous devons faire nos bagages?

   — Non, _____ vos bagages tout de suite.

5. Nous devons ralentir?

   — Non, _____ ici.

6. Nous devons prendre nos imperméables?

   — Non, _____ vos imperméables, il va faire beau.

7. Nous devrions avoir peur?

   — Non, _____, tout est sous contrôle!

8. Nous pouvons revenir ce soir?

   — Non, _____ avant mercredi.

9. Nous pouvons nous asseoir ici?

   — Non, _____ sur ce banc, il est trop sale.

10. Nous devons sourire pour la photo?

    — Non, _____ pour une photo de passeport.

11. Il faut prendre cet avertissement au sérieux?

    — Non, _ne prenez pas_ _____ ça au sérieux.

12. On pourrait se fâcher, vous savez?

    — Mais non, _____ ça n'en vaut pas la peine!

D) *Répondez par un impératif affirmatif, forme familière (deuxième personne du singulier), en employant les pronoms qui conviennent.*

   > Exemple : Je peux ouvrir le paquet?
   > — Oui, ouvre-le.

1. Je peux aider tes amis si tu veux.

   Oui, aide tes amis!

2. Veux-tu que j'appelle le chien?

   Oui, appelle

3. Je dois répéter cette phrase?

   Oui, répète ce

4. Je dois oublier ces événements?

   Oui, oublie

5. Je peux essayer cet appareil?

   Oui tu essaie cet

6. Je dois raccourcir cette robe?

   Oui ~~la raccourcis~~ raccourcis

7. Je dois attendre le médecin?

    Oui, attends le ?

8. Je dois avertir les policiers?

    Oui, avertis les...

9. Je peux parler à Paul?

    Oui parle a paule

10. Je dois téléphoner à la directrice?

    Oui, téléphone

11. Il faut écrire à mes parents?

    m oui écris à î

(12.) Je peux vous montrer mes dessins?

    Oui montre mes dessins

13. Je dois te dire mon secret?

    Oui, dis ton secret

14. Il faut expliquer mon problème au professeur?

    Oui explique ton ?

15. Il faut envoyer ces paquets à nos clients?

    Oui, envoye envoie

16. Je dois acheter du pain?

    Oui achète le

17. Je peux prendre de la tarte?

    Oui, prends ↘ de la tarte

18. Je peux amener des amis?

    oui amène - en

19. Est-ce que je devrais offrir des fleurs à Roméo?

    _____

20. Je dois penser à ces recommandations?

    _____

E) *Répondez par un impératif négatif, forme familière, avec pronoms.*

    Exemple :   Je peux finir le gâteau?
                — Non, ne le finis pas.

    1. Penses-tu que je peux déranger ma voisine?

        non, ne la dérange pas

    2. Je peux jeter ce papier?

        non, ne jette le pas

3. Je peux inviter mon cousin?

non ne l'invite pas

4. Je peux mettre ce béret?

non, ne le mets pas

5. Est-ce que je devrais répondre à ces journalistes?

non, ne le répondes pas

6. Je peux annoncer cette nouvelle à ta sœur?

non, ne l'annonce pas

7. Est-ce que je devrais prêter de l'argent à Robert?

non, ne le prête pas

8. Je peux lui donner des cerises?

non, ne le donne

9. Je devrais retourner à Moscou?

non ne mon le retourne pas

10. Je peux laisser mes bottes dans l'entrée?

non ne le laisse pas

F) Donnez l'ordre indiqué en employant l'impératif, au pluriel, avec des pronoms, si nécessaire.

> Exemple : Dites à un groupe de personnes de faire ces exercices.
> — Faites-les.

Croyons

Dites à un groupe de personnes…

1. de changer cette ampoule électrique. _changez-le_

2. de saluer le président-directeur général. _Saluez_

3. de réfléchir à la question calmement. _réflechissez_

4. d'éteindre les lumières. _étienez-les_

5. d'applaudir ces artistes. _applaudez-les_

6. de suivre la guide. _Suivez-la_

7. de lire tous ces livres. _lisez-les_

8. de venir vous aider. _ne venez ici_

9. de ne pas croire cette histoire. _ne pas croi_

10. de ne pas salir le plancher. _ne salirez salissez pas_

11. de ne pas vous réveiller. _ne réveillez pas_

12. de ne pas donner de chocolat au chien. _ne donnez pas_

13. de ne pas montrer ces documents à l'agent 307. _ne montrez pas_

14. de ne pas vous demander des explications. _ne demandez pas_

Continuez l'exercice en utilisant des verbes pronominaux.

Dites à un groupe de personnes…

15. de s'asseoir. ~~assez~~ assez-vous
16. de se taire. taisez-vous
17. de se laver les mains. lavez-les
18. de ne pas se tromper de chemin. ne se trompez pas
19. de ne pas s'endormir en route. ne ~~sentori~~ s'endormez pas
20. de ne pas se moquer de mon chapeau. ne se moquer pas

G) *Répondez par un impératif, première personne du pluriel, en intégrant le mot ou l'expression entre parenthèses ou en remplaçant les mots soulignés par un pronom.*

> *nous*

Exemples : Où est-ce qu'on va aller? (le Brésil)
— Allons au Brésil.

Allons-nous <u>au Brésil</u> pour le Carnaval?
— Non, n'y allons pas pour le Carnaval.

1. Où est-ce que nous allons nous promener? (le parc)

   Allons au parc

2. Où pouvons-nous nous asseoir? (ce banc)

   nous s'asseons

3. Quand est-ce que nous allons nous marier? (tout de suite)

4. Chez qui peut-on s'installer? (Gérard)

5. Qu'est-ce qu'on va faire maintenant? (une partie de tennis)

6. Qu'est-ce qu'on va enseigner à ces jeunes gens? (le judo)

7. Qu'est-ce qu'on devrait savoir avant le débat? (rester calme)

8. Est-ce qu'on peut descendre <u>dans cet hôtel</u>?

   D'accord,

9. Est-ce qu'on partage <u>cette pizza</u> avec eux?

   Non,

10. Est-ce qu'on participe <u>à la manifestation</u>?

    Non,

11. On met <u>un peu de rhum</u> dans notre punch?

    Non, _____

12. Combien <u>de biscuits</u> est-ce qu'on donne <u>à Fido</u>? (deux ou trois)

    _____

H) *Complétez chaque phrase par l'impératif du verbe donné (forme familière) et un pronom si nécessaire.*

    Exemple : Si ton copain veut t'accompagner, (amener)
    Si ton copain veut t'accompagner, amène-le.

1. Tu veux du Coke? Alors _Achète le_____. (acheter)

2. Si tu aimes les amandes, _mange-les_____ autant que tu veux. (manger)

3. Si tu as besoin d'une robe, _fais_____ une. (faire)

4. Ta valise est trop lourde; ne _l'apporte pas_____ dans la cabine. (apporter)

5. Tes chaussures sont sales; _nettoyez-les (nettoye-le)_ avant de les cirer. (nettoyer)

6. Ce lait n'est pas frais; _Jette-le_____. (jeter)

7. Ta mère va arriver bientôt; _attends-la_____ ici. (attendre)

8. Si tu es fatigué, _repose-(toi?)_____ un moment. (se reposer)

9. Le radiateur est très chaud; ne _le touche pas_____. (toucher)

10. Je suis de mauvaise humeur; ne _me provoque pas_____. (provoquer)

11. Ta carte d'identité est importante; ne _le perds pas_____. (perdre)

12. Cette région-là est dangereuse; ne _va-là_____. (aller)

13. Ce conférencier est intéressant; _écoute-le_____ attentivement. (écouter)

14. Cette vendeuse est serviable; _réponds-la_____ poliment. (répondre)

15. Cette demande est urgente; _réponds-le_____ tout de suite. (répondre)

I) *Complétez ces phrases logiquement en donnant des conseils ou des ordres. Employez l'impératif, à l'affirmatif ou au négatif, et les pronoms personnels qui conviennent.*

    Exemples : Tu as toutes mes notes de chimie? (rendre)
    — Rends-les-moi!

    Ce quartier-là est dangereux, Jocelyne… (aller seule)
    — N'y va pas seule. / — N'y allez pas seule.

1. Il fait un froid de loup aujourd'hui. _____ (s'emmitoufler)

2. Vous avez une tuque? _____ (mettre)

3. Vous avez des gants? _____ (perdre)

4. Les fenêtres sont ouvertes? _____ (fermer)

5. Ta voiture ne démarre pas? _____ (laisser au garage)

6. Ta chambre est en désordre! _____ (ranger)

7. Tes livres sont par terre! _____ (ramasser)

8. Tu es fatigué(e)? _____ (se coucher)

9. Tu dois arriver à huit heures demain, _____ (oublier)

10. Cette serveuse est impolie. _____ (répondre)

11. Je suis débordé(e). _____ (aider)

12. Gisèle est toute seule à Londres; _____ (écrire)

13. J'ai envie d'une bonne pizza. _____ (commander)

14. Tu rêves d'aller au soleil. _____ (aller)

15. J'ai besoin d'un café; s'il-te-plaît, _____ (apporter)

J) *Complétez l'histoire en employant des verbes à l'impératif, forme polie (vous) et les pronoms qui conviennent.*

Un nouvel employé de bureau très consciencieux :

— *Monsieur le directeur, où est-ce que je dois jeter tous ces papiers et ces journaux?*

— _____ dans le bac de recyclage au bout du couloir.

— *Est-ce que je peux classer ces documents?*

— *D'accord,* _____

— *Je dois aussi ranger tous les dossiers qui sont sur la table?*

— *C'est ça,* _____ tous.

— *Il faut arroser cette plante, n'est-ce pas?*

— *Mais oui,* _____

— *Je peux ouvrir quelques fenêtres?*

— *Bien sûr,* _____ une ou deux.

— *Je ne peux pas les ouvrir toutes?*

— *Mais non,* _____ toutes, voyons!

— *Alors, combien de fenêtres est-ce que vous voulez que j'ouvre exactement?*

— *Ecoutez, ça m'est égal,* _____ toutes si ça vous fait plaisir!

— *Quand dois-je vous apporter votre courrier?*

— _____ toujours avant midi.

— *Où dois-je m'asseoir pendant que vous me dictez des lettres?*

— _____ là, en face de moi.

— *Je peux vous apporter un café?*

— *Non,* _____ , je n'en bois plus.

— *Je peux en prendre, moi?*

— Mais oui, _____ quand vous voulez!

— *Il est midi. Je peux vous commander des sandwichs pour le déjeuner?*

— D'accord, _____ deux ou trois.

— *Monsieur, euh, est-ce que je peux vous proposer quelque chose d'innovateur?*

— Ah non, _____ aujourd'hui, je suis débordé!

— *Mais monsieur, je veux défendre les intérêts de la compagnie.*

— Oui, oui. C'est normal. _____ bien, vous serez le premier à en profiter.

— *Vraiment? Alors monsieur, quand pourrais-je vous soumettre mon projet?*

— Eh bien, _____ le mois prochain.

— *D'ici là, si je vous comprends bien, je dois être patient?*

— C'est ça, _____ et vous verrez que tout vient à point à qui sait attendre.

Activités

1. *Imaginez des situations où l'on donne beaucoup d'ordres, de conseils ou de recommandations, à l'affirmatif ou au négatif. (Pour les situations données dans a), b) et c), on vous suggère les verbes à employer.) Mettez chaque verbe à l'impératif et complétez la phrase.*

   a) *Un instructeur d'éducation physique parle à son groupe.*

lever	rentrer le ventre	s'arrêter
se tenir droit	marcher	s'asseoir
respirer	courir	se détendre
baisser les épaules	sauter	fermer

   b) *«Il faut mener une vie saine.» Un médecin donne des conseils à un ou une malade qui vient le consulter.*

   faire   prendre   éviter   manger   avoir   être   se souvenir   oublier

   c) *De nouveaux employés de restaurant reçoivent des directives.*

sourire	demander	avoir
être poli(e)(s) / patient(e)(s)	montrer	donner
prendre	suggérer	expliquer
dire	offrir	remercier

2. **Manifestons!**
   Avez-vous une cause à défendre? Utilisez le vocabulaire donné pour composer vos slogans, puis trouvez-en d'autres.

Vive	Faites / Ne faites pas	la liberté	la guerre
Arrêtons	Achetez / N'achetez pas	la pornographie	le tabac
À bas	Défendons	nos droits	la fourrure
Libérez	Bannissons	le racisme	les professeurs
Éliminez	Respectez	l'amour	la liberté d'expression
Halte à	Unissons-nous pour	la pollution	les prisonniers d'opinion
Refusez	Combattons	les hommes	les femmes
Luttez contre	Dénoncez	la torture	la chasse au phoque

3. **Conseils, recettes, procédures et modes d'emploi.**
   Employez l'impératif, forme « tu » ou « vous » selon le contexte que vous choisissez. Employez des constructions telles que :

   Pour commencer, assurez-vous de… / faites / ouvrez / évitez de / etc.

   Si tu as / veux / peux / etc…. va / prends / veille à / etc.

   a) *Cuisiniers en herbe : Comment faire une bonne soupe aux légumes.*

   Parlez d'abord des ingrédients nécessaires (ouvrir le frigo, aller au supermarché), *expliquez comment les préparer* (éplucher, couper, râper, émincer, trancher, etc.) *et les faire cuire* (mettre à chauffer, faire bouillir, faire revenir, etc.), *comment leur donner du goût* (épices, herbes, condiments, etc.), *quoi faire ensuite, comment servir, etc.*

   b) *Recevoir avec panache*

   Expliquez comment dresser une jolie table (choisir nappe, serviettes, vaisselle, centre de table; placer les verres, les couverts, et aussi les convives…).

   c) *Éviter les catastrophes informatiques*

   Expliquez comment on peut protéger son ordinateur contre les virus et ses données contre un accident ou une maladresse (fermer, télécharger, installer, cliquer sur l'onglet, (double) clic droit sur l'icône, créer une disquette de secours, activer, désactiver, configurer, effectuer des sauvegardes, cocher / décocher, etc.).

   d) *J'ai un nouveau «iPod» mais, comment ça fonctionne, ce truc?*

4. *Inventez des dialogues courts où vous utiliserez une ou plusieurs de ces expressions.*

Allons-y!	Pensez-y!	Dépêchons-nous!	Sois prudent!
Laisse-moi tranquille!	Débrouille-toi!	Ne me quitte pas!	Ne t'inquiète pas!

8

Le subjonctif

«Je doute que nous puissions le faire.»

Généralités

Le *subjonctif* est un **mode** qui, contrairement à l'indicatif qui décrit la réalité telle que nous la percevons, permet d'exprimer la réalité telle que nous la jugeons, en termes d'émotions (joie, colère, tristesse, peur), de volonté, de doute, de nécessité ou d'attente. Le plus souvent, on retrouve le subjonctif dans une proposition subordonnée.

On emploie couramment le présent et le passé du subjonctif.

Il faut que tu *viennes* ce soir.
Je doute que nous *puissions* le faire.
Nous regrettons que vous *n'ayez pas reçu* notre réponse.
Faites donc comme vous l'entendez et que grand bien vous *fasse*!

1) LES FORMES

a) C'est le **présent** du subjonctif qui s'emploie le plus souvent. Pour le former, on prend la troisième personne du pluriel de l'indicatif présent et on remplace **-ent** par les terminaisons : *-e, -es, -e, -ions, -iez, -ent.*

	Indicatif présent	**Subjonctif présent**
Groupe I	ils donnent	que je donne
		que tu donnes
		qu'il donne
– *er*		que nous donnions
		que vous donniez
		qu'ils donnent
Groupe II	ils réussissent	que je réussisse
		que tu réussisses
		qu'il réussisse
– *ir*		que nous réussissions
		que vous réussissiez
		qu'ils réussissent
Groupe III	ils attendent	que j'attende
		que tu attendes
		qu'il attende
– *re*		que nous attendions
		que vous attendiez
		qu'ils attendent

Notez bien que :

i) Les terminaisons des première et deuxième personnes du pluriel **-ions, -iez** sont les mêmes qu'à l'**imparfait** de l'indicatif sauf pour *avoir* et *être* :

nous entendions/que nous entendions   nous jetions / que nous jetions

---

LE SUBJONCTIF

NEL

vous voyiez/que vous voyiez
nous essayions/que nous essayions
vous étudiiez/que vous étudiiez

vous preniez/que vous preniez
nous buvions/que nous buvions
etc.

Mais : nous avions/que nous ayons; vous étiez/que vous soyez

ii) Pour les verbes du premier groupe, l'indicatif et le subjonctif présent ont la même forme aux trois personnes du singulier et à la troisième personne du pluriel. Dans le cas des autres verbes sauf ceux qui sont vraiment irréguliers (voir la liste qui suit), l'indicatif et le subjonctif ont la même forme à la troisième personne du pluriel.

je donne/que je donne, etc.
elles connaissent/qu'elles connaissent
ils éteignent/qu'ils éteignent

Voici les seuls verbes qui sont vraiment **irréguliers** au présent du subjonctif.

aller	que j'aille [aj]	avoir	que j'aie [ɛ]	être	que je sois
	que tu ailles		que tu aies		que tu sois
	qu'il aille		qu'il ait		qu'il soit
	que nous allions		que nous ayons		que nous soyons
	que vous alliez		que vous ayez		que vous soyez
	qu'ils aillent		qu'ils aient		qu'ils soient

faire	que je fasse	pouvoir	que je puisse	savoir	que je sache
	que tu fasses		que tu puisses		que tu saches
	qu'il fasse		qu'il puisse		qu'il sache
	que nous fassions		que nous puissions		que nous sachions
	que vous fassiez		que vous puissiez		que vous sachiez
	qu'ils fassent		qu'ils puissent		qu'ils sachent

valoir	que je vaille	vouloir	que je veuille
	que tu vailles		que tu veuilles
	qu'il vaille		qu'il veuille
	que nous valions		que nous voulions
	que vous valiez		que vous vouliez
	qu'ils vaillent		qu'ils veuillent

falloir	qu'il faille	pleuvoir	qu'il pleuve
(il faut)		(il pleut)	

b) Le **passé** du subjonctif est un temps composé (comme le passé composé de l'indicatif). On le forme en mettant l'auxiliaire *avoir* ou *être* au subjonctif présent et en ajoutant le participe passé du verbe.

que j'aie donné, qu'elle soit venue, que nous nous soyons trompés

2) L'EMPLOI

ATTENTION! La plupart du temps, nous n'avons pas à choisir entre le subjonctif et l'indicatif. L'emploi du subjonctif est **obligatoire** dans certaines structures et se trouve en général dans la deuxième partie d'une phrase introduite par une conjonction, un verbe ou une expression verbale ou adjectivale.

a) L'emploi du subjonctif est **obligatoire** après certaines **conjonctions**, mais il faut se rappeler que d'autres conjonctions (surtout «temporelles») exigent l'indicatif. Étudiez le tableau suivant.

Conjonctions suivies d'un subjonctif	Conjonctions suivies d'un indicatif
avant que (ne)[1]	après que
en attendant que (*until*)	aussitôt que
jusqu'à ce que (*until*)	dès que
	depuis que
	pendant que
	quand, lorsque
afin que, pour que, de sorte que	de sorte que
(*so that, in order that*)	(*with the result that*)
bien que (*although*)	si (*if*)
à condition que (*on condition that*)	peut-être que
pourvu que... ne[1] (*provided that*)	parce que
à moins que... ne[1] (*unless*)	puisque (*since, seeing that*)
de peur que... ne[1] (*for fear that, «lest»*)	comme
sans que	

Fouettez bien la crème jusqu'à ce qu'elle soit ferme.

J'ai acheté ces couvertures pour que nous ayons bien chaud cet hiver.

Bien qu'elle n'ait pas beaucoup de temps, elle va nous aider à finir ce travail.

Nous nous verrons demain, à moins que vous ne[1] changiez d'avis.

Si elle a le temps, elle va nous aider.

Elle va nous aider à condition qu'on lui fournisse une salle et un ordinateur.

Je vais continuer à fouetter la crème parce qu'elle n'est pas assez ferme.

On la mangera peut-être ce soir.

Peut-être qu'on la mangera ce soir.

Il pleut tout le temps depuis qu'on est ici.

On ne s'ennuiera pas puisque tous nos copains sont ici.

Tout ira bien pourvu qu'il fasse soleil et qu'il ne pleuve pas.

b) L'emploi du subjonctif est **obligatoire après certains verbes et certaines expressions impersonnelles.** Pour mieux comprendre et analyser ce mode, rappelez-vous qu'on y exprime souvent le doute, l'obligation, la possibilité, la volonté, un jugement ou certains sentiments comme le regret, la joie, la peur, la colère, alors que **l'indicatif** s'impose quand on exprime une opinion, une certitude, des faits.

Verbes et expressions suivies du subjonctif	Verbes et expressions suivis de l'indicatif
douter que (**le doute**)	croire que (**l'opinion**)
	penser que
désirer que (**la volonté**)	espérer que
souhaiter que	
vouloir que	

---

1 Le *ne* dit explétif s'emploie parfois à l'écrit dans quelques structures, mais pas souvent dans le français parlé. Ce n'est pas une négation.

demander que | annoncer que (**des faits**)
ordonner que | décider que
permettre que | dire que
accepter que | informer que
défendre que

il semble que (**l'incertitude**) | il me semble que (**la probabilité**)
il paraît que | il est probable que
on dit que
il faut que (**la nécessité**)
il ne faut pas que
il n'est pas nécessaire que
il vaut mieux que (*it's better if*)

il est possible que (**la possibilité**) | il est certain que (**la certitude**)
il est peu probable que | il est sûr que
il se peut que

il est bon que (**le jugement**)
il est dommage que
il est important que
il est juste que
il est normal que
il est (grand) temps que

je suis content que (**les sentiments**) | je suis sûr que (**la certitude**)
    heureux que | certain que
    désolé que | convaincu que
    triste que | persuadé que
    furieux que
j'ai   peur que | j'ai l'impression que
    hâte que
    envie que
je   crains que
    regrette que

Il ne faut pas que vous touchiez à ces objets. (*must not*)

Le patron veut que nous finissions tout ce travail avant cinq heures.

C'est dommage qu'elle parte tout de suite.

Je suis bien contente que tu puisses venir demain.

J'espère que tu pourras venir demain. (Notez le **futur** de l'indicatif.)

Elle m'a dit qu'elle allait partir tout de suite.

Nous sommes convaincus que cette idée va plaire à tout le monde.

c) Avec les verbes d'opinion (*croire, penser; être certain, sûr, convaincu*, etc.) à la forme **négative ou interrogative,** on peut utiliser le subjonctif pour introduire un doute ou une incertitude.

Je ne pense pas qu'il vienne. (Je ne suis pas sûr qu'il viendra.)

Je ne pense pas qu'il viendra. (Je suis sûr qu'il ne viendra pas.)

Croyez-vous qu'il vienne? (Moi, j'en doute.)

Croyez-vous qu'il viendra? (Moi, je crois que oui.)

d) Dans une proposition introduite par un **pronom relatif** (*qui*, *que*, etc.) lorsqu'on exprime une possibilité, un doute, un souhait, ou encore après une **expression négative ou un superlatif** (*le meilleur, le pire, le plus grand, le premier, le seul,* etc.), on emploie le subjonctif.

> Nous cherchons une secrétaire qui sache très bien dactylographier. (souhait)
>
> Nous avons une secrétaire qui sait très bien dactylographier. (réalité)
>
> Je ne connais personne qui puisse vous aider. (expression négative)
>
> Jules est le seul employé que je connaisse ici. (superlatif)

e) On emploie le **passé du subjonctif** selon la logique de la phrase, c'est-à-dire quand l'action de ce verbe précède l'action du verbe principal.

> Je regrette (maintenant) que vous ayez manqué cette conférence (hier).
>
> Il est possible qu'elle soit venue hier.
>
> Nous ne pensons pas qu'ils se soient perdus.
>
> C'est le plus beau cadeau que tu m'aies fait depuis longtemps.

3) POUR ÉVITER LE SUBJONCTIF (Voir aussi le chapitre 9 : L'infinitif.)

Chaque fois que c'est possible, on préfère employer une structure plus simple que le subjonctif, en général un infinitif ou un nom. Cela se fait quand il n'y a pas d'ambiguïté, quand il n'est pas nécessaire de préciser quelle personne est le sujet du deuxième verbe ou quand la même personne accomplit l'action des deux verbes. Comparez ces exemples.

> Je finirai ce travail avant de partir. (Les deux verbes ont le même sujet, on utilise plutôt l'infinitif.)
>
> Je finirai ce travail avant que vous partiez. (Deux sujets différents, le subjonctif est obligatoire.)
>
> Elle a fermé la radio afin de pouvoir dormir un peu.
>
> Elle a fermé la radio afin que tu puisses dormir un peu.
>
> Nous allons rester jusqu'à la fin du programme.
>
> Nous allons rester jusqu'à ce que le programme finisse.
>
> Ne prends pas de décision avant l'arrivée de papa.
>
> Ne prends pas de décision avant que papa (n')[2] arrive.
>
> Je regrette de ne pas pouvoir vous accompagner jusqu'à la gare. (C.-à-d. Je regrette que je ne puisse pas... le même sujet.)
>
> Je regrette que François ne puisse pas vous accompagner. (Subjonctif obligatoire)
>
> Nous sommes contents de recevoir nos vieux amis.
>
> Il est injuste de punir ces pauvres gens.
>
> Si vous voulez sortir plus tard, il vaut mieux travailler maintenant.
>
> Si vous voulez sortir plus tard, il vaut mieux que vous travailliez maintenant.

Le tableau suivant montre plusieurs prépositions qui peuvent introduire, selon les circonstances, un subjonctif ou un infinitif, ou un nom, etc.

Subjonctif	Infinitif	Nom/pronom
avant que	avant de	avant
jusqu'à ce que	——	jusqu'à
pour que	pour	pour

---

2 Le *ne* explétif s'emploie surtout à l'écrit ou dans la langue soignée.

afin que	afin de	——
à condition que	à condition de	——
à moins que	à moins de	à moins de
sans que	sans	sans
de peur que	de peur de	de peur de
pourvu que	——	——
bien que	——	——
——	——	malgré (*in spite of*)

Réfléchis avant de parler!

Avant que vous ne commenciez à parler de vos recherches, je vais vous présenter à mes collègues.

J'ai planté ces fleurs pour toi et pour ta soeur.

J'ai planté ces fleurs pour faire plaisir à ma grand-mère.

J'ai planté ces fleurs pour qu'on puisse voir un peu de couleur dans ce coin.

Ils sont partis sans que le policier (ne) les entende.

Ils sont partis sans rien dire.

Ils sont partis sans leurs bagages.

Ma tante n'aime pas rouler en auto de peur des accidents.

Enfin, un grand nombre de verbes et d'expressions équivalentes peuvent introduire un infinitif, avec ou sans la préposition *de*. (Voir les exemples suivants et le chapitre 9.)

douter de	il vaut mieux
désirer	il est bon de
vouloir	il est dommage de
permettre à quelqu'un de	être content de
regretter de	avoir peur de
il faut	etc.

Voulez-vous venir?

On ne lui permet pas de rester ici.

Il faut se décider tout de suite.

Elle a peur de sortir seule le soir.

Rappels

1. On emploie le subjonctif pour prendre position (souhait, regret, doute, crainte, etc.) par rapport à une réalité présente ou future.

2. On a rarement le choix concernant le subjonctif. Il faut savoir exactement quelles structures exigent le subjonctif plutôt que l'indicatif.

3. Le subjonctif, en français, ne s'emploie pas de la même façon qu'en latin, en allemand, en espagnol ou en anglais. Ne l'employez pas, par exemple, dans le discours indirect ou les phrases de condition.

4. Chaque fois qu'il est possible d'employer une structure plus simple que le subjonctif (un infinitif, un nom, etc.), il vaut mieux le faire.

A) *Écrivez les verbes d'abord à l'indicatif présent, ensuite au subjonctif présent.*

Exemple :   manger : nous   nous mangeons, que nous mangions

1. apporter   ils   _____   _____
2. acheter   vous   _____   _____
3. jeter   elle   _____   _____
4. oublier   nous   _____   _____
5. appeler   nous   _____   _____
6. remplir   tu   _____   _____
7. rendre   je   _____   _____
8. prendre   je   _____   _____
9. écrire   elle   _____   _____
10. tenir   il   _____   _____
11. pouvoir   ils   _____   _____
12. faire   vous   _____   _____
13. connaître   tu   _____   _____
14. avoir   elles   _____   _____
15. s'asseoir   je   _____   _____
16. sentir   il   _____   _____
17. traduire   tu   _____   _____
18. être   il   _____   _____
19. rejoindre   je   _____   _____
20. aller   nous   _____   _____

B) *Complétez les phrases en employant le subjonctif présent.*

1. Il vaut mieux que grand-mère _____ (ne pas sortir) aujourd'hui; j'ai

    peur qu'elle _____ (tomber) à cause de la glace.

2. Il n'est pas nécessaire que tu _____ (répondre) tout de suite.

3. Reste tranquille jusqu'à ce que je _____ (finir) d'épingler l'ourlet de

    ta robe.

4. Bien qu'ils _____ (être) végétariens, ils mangent du poisson.

5. On souhaite qu'il _____ (faire) beau le jour de la fête.

6. Maman aimerait que nous _____ (pouvoir) continuer nos études.

7. Nous finirons de peindre les balcons aujourd'hui pourvu qu'il n'y _____ (avoir) pas d'orage.

8. Je ne voulais pas que vous _____ (être) obligés de vous dépêcher. J'ai préféré attendre que vous _____ (finir) tous vos exercices.

9. Je veux bien lui expliquer cette règle encore une fois, mais je doute qu'il _____ (comprendre).

10. Il est temps qu'on _____ (mettre) fin à tout cela!

C) *Complétez les phrases sans employer le subjonctif.*
   (Choisissez une structure avec l'infinitif ou avec un nom.)

1. Je vais réussir à condition _____

2. Il a disparu sans _____

3. Je voudrais finir mon roman avant _____

4. Tu devrais manger avant _____

5. Nous avons décidé de partir en voyage malgré _____

6. Tout le monde sera heureux _____

7. Pour rester en bonne santé, il faut _____

8. Il n'est pas bon _____

9. Monsieur le président, nous désirons _____

10. Si tu es fatigué(e), il vaut mieux _____

11. Je vais déposer tout cet argent à la banque afin _____

12. Restez à la maison jusqu'à _____

D) *Complétez les phrases avec le subjonctif ou l'indicatif. Attention au temps de l'indicatif : présent, passé, futur.*

1. C'est dommage que Charles _____ (ne pas vouloir) venir avec nous.

2. Messieurs, je ne pense pas qu'il _____ (falloir) répéter l'expérience.

3. Sa mère craint qu'il _____ (avoir) une bronchite.

4. On dit qu'il _____ (faire) très froid demain.

5. Les représentants des étudiants ont demandé que de nouveaux comités _____ (être) mis sur pied.

6. Il est important que nous _____ (se décider) maintenant.

7. Il ne faut pas que tu _____ (prendre) le volant sans permis de conduire.

8. Après que les examens _____ (être) terminés, nous partirons en vacances, à moins que nos parents _____ (venir) nous rendre visite ici.

9. Nous ne pouvons pas prendre de décision avant que tu _____ (recevoir) tes notes.

10. J'ai prêté dix dollars à mon frère pour qu'il _____ (aller) au cinéma.

11. Il est temps que vous _____ (savoir) la vérité.

12. Il paraît que la neige _____ (fondre) complètement dans le nord de la province.

13. Nous serons tous contents lorsque cette guerre _____ (prendre) fin, mais je suis convaincu qu'elle _____ (continuer) encore longtemps.

14. Crois-tu qu'il _____ (pouvoir) intervenir sans que les membres de son parti ne _____ (réagir) négativement?

15. Jeanne a téléphoné hier pour dire qu'elle _____ (être) malade.

E) *Écrivez trois versions de chaque phrase, avec les éléments donnés, selon l'exemple. Employez le subjonctif, l'indicatif (passé, présent ou futur), ou l'infinitif.*

Exemple : Je sors avec toi ce soir.   a) Je promets

b) Ma mère ne veut pas

c) Il est probable

a) Je promets de sortir avec toi ce soir.

b) Ma mère ne veut pas que je sorte avec toi ce soir.

c) Il est probable que je vais sortir/sortirai avec toi ce soir.

1. Vous allez continuer vos études.

a) Il paraît _____

b) Vous avez décidé _____

c) Il est important _____

2. Il va pleuvoir.

a) Peut-être _____

b) À la météo, on dit _____

c) Nous ferons un pique-nique à moins _____

3. Tu repars pour Toronto.

a) Tu nous manqueras si _____

b) Nous regrettons _____

c) Nous te déconseillons _____

4. Il est trop tard pour recommencer.

a) J'ai peur _____

b) Le directeur pense _____

c) On peut s'en aller parce qu' _____

5. Nous changeons d'avis.

a) Acceptez notre offre avant _____

b) Il nous est possible _____

c) Michel espère _____

6. Tu fais des bêtises.

    a) Réfléchis avant _____

    b) Il n'est pas normal _____

    c) Je te défends _____

7. Madame Lepage reçoit un très bon salaire.

    a) J'ai l'impression _____

    b) Elle semble _____

    c) Le patron veut _____

8. Le pilote est mort dans l'accident.

    a) Il est regrettable _____

    b) Êtes-vous sûr _____

    c) On ne pense pas _____

9. Tu mets ton manteau de fourrure.

    a) Veux-tu _____

    b) Je te suggère _____

    c) Tu vas avoir trop froid à moins _____

10. Martin a remporté le premier prix.

    a) Ses parents sont fiers _____

    b) Martin est ravi _____

    c) Ses amis le félicitent parce que _____

F) *Subjonctif ou indicatif? Composez des phrases en employant les expressions données.*

    1. Nous espérons que _____

       _____

    2. Papa ne veut pas que _____

       _____

    3. Puisque _____

       _____

    4. Pendant que _____

       _____

    5. Les voisins nous ont dit que _____

       _____

    6. Il est bien dommage que _____

       _____

7. Il est possible que _____

_____

8. Il est probable que _____

_____

9. Peut-être que _____

_____

10. Les membres du jury sont convaincus que _____

_____

G) *Écrivez les verbes au subjonctif passé.*

1. Nous sommes très contents que vous _____ (venir) aujourd'hui.

2. Ses parents l'ont aidé financièrement jusqu'à ce qu'il _____ (obtenir) son diplôme d'avocat et qu'il _____ (se trouver) un bon emploi.

3. Il n'est pas trois heures. Je doute que l'avion _____ (atterrir déjà).

4. C'est dommage que vous _____ (manquer) le concert d'ouverture de l'OSM sur l'esplanade de la Place des Arts. Kent Nagano y dirigeait deux orchestres simultanément, l'un à l'intérieur, l'autre à l'extérieur.

5. Je regrette que le président _____ (ne pas pouvoir) assister à cette réunion importante. Nous y avons pris beaucoup de décisions.

6. Les Tremblay ne sont pas encore arrivés? J'ai bien peur qu'ils _____ (se perdre) en route.

7. Gilles est venu se joindre à notre groupe l'autre soir, sans que nous l' _____ (inviter).

8. *Persepolis* est un des meilleurs films que j' _____ (voir) sur la dictature islamiste en Iran.

1. *À partir du vocabulaire donné, composez des phrases au sujet de l'environnement. Employez l'indicatif, le subjonctif ou l'infinitif, selon le cas.*

> Exemple : Si on ne réduit pas les émissions toxiques, la santé de la population va se détériorer.
> Il faut que le gouvernement agisse maintenant pour protéger notre environnement.

si	disparaître, mourir
afin que/de	être menacé d'extinction
peut-être que	épuiser, gaspiller, jeter
avant que/de	avoir des conséquences graves (pour)
à moins que/de	agir, prendre les mesures nécessaires (pour)
à cause de	améliorer, augmenter
Il est bon (dangereux, important,	conserver, économiser
possible, probable, etc.)	éliminer, empêcher
Il me semble	récupérer, recycler, sauver
Il vaut mieux	produire, utiliser, réutiliser
On devrait	informer, influencer
J'ai entendu dire	se détériorer
etc.	etc.

la pollution, les émissions toxiques, la qualité de l'air, les déchets toxiques, la santé

l'eau, les océans, les forêts, le papier

une espèce (animale), les poissons, les oiseaux

le pétrole, l'énergie, les ressources naturelles

l'environnement, les monuments historiques, le public, le gouvernement

les consommateurs, les ustensiles en papier, en plastique

recycler, le recyclage, les matières recyclables, les produits recyclés

la collecte sélective, les centres de récupération et de tri

2. *Infinitif, subjonctif ou indicatif? Complétez cette série de phrases sur le logement.*

C'est un très bel appartement; je vais rester ici jusqu'à...

Je déteste/j'apprécie mon ou ma colocataire parce que...

Nous nous entendons merveilleusement, bien que...

Il faut appeler la police si...

Il vaut mieux faire venir le concierge si...

Nous voulons que notre propriétaire...

Nos voisins aimeraient que...

Tu peux venir habiter chez nous à condition...

3. *Vous voulez améliorer les cours de français dans votre institution. Faites vos recommandations.*

   Exemple :   Nous aimerions que... parce que nous pensons que...

   Il est temps que... pourvu que... car n'oublions pas que...

   Il n'est pas suffisant de... sans que... nous suggérons que...

   Évidemment, il est probable que... mais il faut que... nous sommes persuadés que... etc.

9

L'infinitif

«J'ai décidé de ne plus y aller.»

Généralités

L'**infinitif** du verbe est en général introduit par une expression verbale ou adjectivale, avec ou sans préposition. Dans certains types de phrases, il peut servir de sujet.

Tu ne veux pas sortir maintenant?
Il commence à pleuvoir.
J'ai envie d'inviter tout le monde.
Je suis heureuse d'être ici.
Voir, c'est croire.
Partir pour Tahiti, c'est mon rêve!

1) LES FORMES

Pour les trois groupes de verbes réguliers, l'infinitif se termine en **-er**, **-ir**, **-re**.

Groupe I   parler
Groupe II   finir
Groupe III vendre

Pour les verbes de groupes spéciaux ou irréguliers, les terminaisons possibles sont : **-ir, -re, -oir.** Il faut étudier ces verbes individuellement.

s'asseoir, avoir, être, joindre, mourir, vouloir, convaincre, recevoir, etc.

2) L'INFINITIF INTRODUIT PAR UN AUTRE VERBE

a) Sans préposition

Après les verbes suivants, l'infinitif n'est pas précédé d'une préposition.

aimer	détester	penser	venir
aller	devoir	pouvoir	vouloir
croire	espérer	préférer	falloir (il faut)
désirer	oser[1]	savoir	valoir (il vaut mieux)

Notez la différence entre *venir* + **infinitif** et le passé récent *venir* + *de* + **infinitif**. (Voir le chapitre sur le présent de l'indicatif : chapitre 1, section 3 d.)

Viens manger!

Tu viens de manger mon sandwich!

J'aime marcher sous la pluie.

Voulez-vous revenir plus tard?

Nous pensons finir le travail ce soir.

On doit se coucher tôt quand on travaille fort.

Nous sommes allés rejoindre Charles à l'aéroport.

---

1 Oser : *to dare* (mais **pas** dans le sens de «*I dare you to...* »). Je n'ose pas y aller.

Saviez-vous lire à cet âge-là?

Il faut prendre des vitamines tous les jours.

On ne peut pas voyager à l'étranger sans son passeport.

Cette structure avec l'infinitif est simple et s'emploie couramment; mais dans certains cas on est obligé de remplacer l'infinitif par une proposition subordonnée introduite par *que,* et de mettre le verbe à l'**indicatif** (présent, passé ou futur) ou au **subjonctif.** Cela arrive quand le sujet des deux verbes n'est **pas** le même, quand on doit donner plus de précisions (par exemple, après *il faut*), ou quand il y a risque d'ambiguïté. (Voir aussi le chapitre 8 : le subjonctif.)

J'espère qu'il ne va pas manquer son train.

J'espère ne pas manquer mon train. (J'espère que je ne manquerai pas mon train.)

Nous pensons finir ce soir. (Nous pensons que nous finirons ce soir.)

On préfère que vous reveniez plus tard.

Voulez-vous revenir plus tard?

Saviez-vous qu'elle n'a que dix ans?

Savait-elle danser à cet âge?

b) **Avec la préposition** *à*

Après certains verbes, il faut employer *à* devant l'infinitif.

apprendre	persister
enseigner	aider, encourager
commencer, se mettre	inviter, obliger
s'habituer	réussir
se résigner	continuer
hésiter	se forcer, s'obliger

Notez la place des pronoms et, dans certains cas, la structure double : un pronom devant le verbe d'introduction et d'autres pronoms devant l'infinitif.

Après le dîner, j'ai commencé à faire le ménage.

Le petit garçon s'est mis à chanter.

L'année prochaine, j'apprendrai à parler espagnol.

Hélène continue à nous écrire régulièrement.

Ils nous ont invités à les[2] accompagner.

J'ai encouragé les étudiants à aller au théâtre.

Je les ai encouragés à y aller.

Il a appris à nager.

Elle apprendra à Gisèle à parler russe.

Elle lui apprendra à le[2] parler.

c) **Avec la préposition** *de*

Il y a de **nombreux** verbes et locutions qui exigent *de* lorsqu'ils sont suivis d'un infinitif. Nous en donnons ici une liste partielle.

accepter	décider	éviter	refuser
s'arrêter	se dépêcher	finir	
cesser	essayer	oublier	

---

2 Il n'y a pas de contraction (*au, aux*) quand c'est un pronom (*le* ou *les*) qui suit la préposition *à*.

De même les locutions verbales : avoir besoin, l'air, envie, hâte, l'intention, l'occasion, peur, etc.

> Jean-Claude a cessé de fumer.
>
> N'oubliez pas d'apporter vos outils.
>
> J'ai décidé de ne plus y aller.
>
> Ils ont hâte de revenir à Montréal.
>
> Dépêche-toi de t'habiller, on est en retard!

Certains verbes prennent souvent un complément d'objet direct ou indirect avant *de* + l'infinitif.

empêcher *(prevent)*, persuader, prier *(beg)* **quelqu'un** (COD)
conseiller *(advise)*, dire, défendre *ou* interdire *(forbid)*, demander *(ask)*, ordonner *(order)*, recommander, suggérer *à* **quelqu'un** (COI)

> Notre voisin a empêché le chien de courir dans la rue.
>
> Nous l'avons persuadé de nous aider.
>
> Nous lui avons demandé de nous aider.
>
> Le médecin conseille à Pierre de faire du sport régulièrement.
>
> C'est Gisèle qui m'a suggéré de le faire.

Notez la place des pronoms ainsi que le fait qu'il n'y a pas de contraction (*du, des*) quand c'est un pronom (*le* ou *les*) qui suit la préposition *de*.

ATTENTION!

Puisqu'un très grand nombre de verbes sont suivis de la préposition *de*, on vous conseille d'apprendre d'abord par cœur ceux qui sont employés avec *à* et ceux qui se construisent sans préposition.

d) Avec la préposition *par*

Il s'agit des verbes *commencer* et *finir* seulement.

> Jean-Pierre a commencé par m'offrir une bière. Ensuite nous avons discuté longuement et j'ai fini par comprendre son point de vue.

e) Avec d'autres prépositions (*sans, pour, afin de*, etc.)

Voici un moyen efficace d'exprimer l'action d'un deuxième verbe qui aurait le même sujet que le premier. On évite ainsi d'employer un subjonctif. (Voir le chapitre sur le subjonctif : chapitre 8, section 3.)

> Il est parti sans me parler.
>
> Charlotte a fait cela pour nous ennuyer.
>
> Tous les athlètes se coucheront tôt afin d'être bien en forme demain.
>
> Étudions au lieu de perdre notre temps!
>
> Je viendrai vous voir à condition de pouvoir trouver une gardienne pour Zoé.
>
> Finissons cela avant de manger.

Notez la construction : *pour* + *infinitif* après *trop* ou *assez*.

> Tu es trop jeune pour comprendre.
>
> Ils n'étaient pas assez doués pour réussir un projet aussi difficile.
>
> As-tu assez d'argent pour t'acheter cette bicyclette?

3) L'INFINITIF INTRODUIT PAR UN ADJECTIF

a) Adjectif + *de* + infinitif (Il s'agit souvent de sentiments.)

> Elle était contente de revoir son fils.
>
> Je suis désolé d'apprendre cette nouvelle.

Il y a aussi l'expression **impersonnelle** *il est* + **adjectif** (en conversation *c'est* + **adjectif**).

> Il est impossible d'expliquer cela en trois mots.
>
> Il n'est pas nécessaire d'ajouter du sucre.
>
> Il est interdit de fumer dans cette salle.
>
> C'est agréable de faire la grasse matinée.
>
> C'est difficile de te parler; ton téléphone est toujours occupé!

b) Adjectif + *à* + infinitif

Quand le sujet est une personne ou une chose précise (plutôt que le *il* impersonnel), on emploie la préposition *à*. Attention à l'accord de l'adjectif.

> Ces choses-là sont difficiles à expliquer.
>
> Ce livre est impossible à lire. En effet, son style est difficile à comprendre.
>
> Ces fruits ne sont pas bons à manger.
>
> Tu es difficile à vivre! (Mais : **Il** est difficile **de** vivre avec toi.)
>
> Je suis prête à partir.

Notez la structure avec un nom au lieu d'un adjectif.

> Il y a beaucoup de travail à faire.
>
> J'ai des problèmes à résoudre.
>
> As-tu quelque chose à me dire?
>
> J'ai mis trois heures à lire cet article.
>
> Elle a eu du mal à comprendre ta réaction.

4) L'INFINITIF COMME SUJET D'UNE PHRASE OU D'UNE PROPOSITION

Étudiez les exemples suivants.

> Voyager, c'est amusant.
>
> Monter à bicyclette? C'est facile.
>
> Voir, c'est croire.
>
> Inviter des spécialistes à notre réunion, me semble une priorité.
>
> Conseiller les adolescents, est indispensable.

5) L'INFINITIF À LA FORME NÉGATIVE (Voir aussi le chapitre 11 : La négation.)

Ne pas, ne plus, ne jamais et *ne rien* se placent devant l'infinitif.

> On m'a dit de ne pas travailler aujourd'hui.
>
> J'espère ne plus revenir ici.
>
> Nous avons appris à nos enfants à ne jamais mentir.
>
> Il a décidé de ne rien faire.

Personne, aucun et *nulle part* se placent après l'infinitif.

> J'espère ne rencontrer personne.
>
> Il a décidé de n'aller nulle part ce week-end.
>
> Je préfère ne recevoir aucun client ce matin.

S'il y a des pronoms personnels, ils se placent devant l'infinitif.

> Des bonbons? On m'a dit de ne plus en manger.
>
> Madame X? J'espère ne pas la rencontrer ce soir!
>
> On m'a conseillé de ne plus t'inviter chez nous.
>
> Ces photos? J'ai décidé de ne les montrer à personne.
>
> Je te promets de ne jamais y aller.

6) *LAISSER FAIRE* ET *FAIRE FAIRE*

a) *Laisser* + un infinitif implique l'idée de permettre, ou de ne pas empêcher, l'action du deuxième verbe. Les pronoms compléments se placent devant le verbe *laisser*.

> Je laisse les enfants jouer.
>
> ou
>
> Je laisse jouer les enfants.
>
> Je les laisse jouer.
>
> Je vais les laisser jouer.
>
> Je les ai laissé[3] jouer.

Cette structure s'emploie très souvent à l'impératif.

> Laisse-moi réfléchir.
>
> Laissez-le travailler.

b) *Faire* + un infinitif

Cette structure, qui s'appelle le **faire causatif,** est très utile et correspond à l'anglais : i) *to have somebody (get somebody to) do something* ou ii) *to have something (get something) done.*

i) Dans ces exemples, le sujet du verbe *faire* est la cause de l'action du deuxième verbe. Les pronoms compléments se placent devant le verbe *faire*.

> Le professeur fait venir les étudiants à son bureau.
>
> Il les fait venir.
>
> Il va les faire venir.
>
> Il les a fait[4] venir.

ii) Ici, le sujet du verbe *faire* amène une autre personne à accomplir l'action du deuxième verbe.

> Nous faisons réparer notre auto.
>
> Nous la faisons réparer.
>
> Nous allons la faire réparer.
>
> Nous l'avons fait[4] réparer.

---

3 On peut faire l'accord du participe passé dans cette phrase mais ce n'est pas obligatoire.

4 On ne fait pas l'accord du participe passé.

L'INFINITIF

Dans cette structure, le verbe *faire* devient souvent pronominal.

> Je me fais couper les cheveux par Cathy.
>
> Je me les suis fait couper l'autre jour.

On trouve souvent le verbe *faire* deux fois.

> Elle se fait faire une permanente. (par son coiffeur)
>
> On va faire faire un gâteau spécial pour cette occasion. (par un bon pâtissier)

Notez que les deux structures, *laisser faire* et *faire faire*, bien que très utilisées, sont assez complexes. Pour plus de détails, consultez une grammaire française complète.

A) *Remplacez l'impératif par un infinitif, selon l'exemple suivant. Attention aux phrases négatives.*

Exemple :   «Sors!» On m'a dit de sortir.

1. «Recommence!» On m'a dit _____

2. «Réfléchis!» On me demande _____

3. «Cours plus vite!» Tu me dis _____

4. «Retourne chez toi!» Ils m'ont conseillé _____

5. «Conduis prudemment!» On m'a recommandé _____

6. «Ne crie pas si fort!» Elle me supplie _____

7. «N'aie pas peur!» Tu m'as dit _____

8. «Ne reviens plus!» Ils m'ont crié _____

9. «Ne sois jamais en retard!» On m'a averti _____

10. «Ne crains rien!» Vous m'avez dit _____

B) *Remplacez l'impératif par un infinitif, selon l'exemple suivant. Attention aux phrases négatives.*

Exemple :   «Sors tous les jours!» On m'oblige à sortir tous les jours.

1. «Recommence!» Elle m'a obligé _____

2. «Réfléchis!» Je me suis mis _____

3. «Cours plus vite!» Son entraîneur l'encourage _____

4. «Retourne chez toi!» Ils m'ont invité poliment _____

5. «Conduis prudemment!» Continue _____

6. «Fais taire ces enfants!» Tu as du mal _____

7. «N'aie pas peur!» Tu m'as aidé _____

8. «Ne reviens plus!» Es-tu déterminé _____ ?

9. «Ne sois jamais en retard!» Tu dois t'habituer _____

10. «Fais de ton mieux!» On m'a appris _____

C) *Complétez la deuxième partie de chaque phrase en employant le verbe donné (à la forme convenable), suivi d'un infinitif. Ajoutez un pronom personnel si c'est nécessaire.*

Exemple :   (il faut) Ces structures sont importantes; il faut les apprendre.

1. (oser) Paul est timide; _____

2. (Il vaut mieux) Il pleut à torrents! _____

3. (il ne faut pas) Attention! Ce lac est trop profond; _____

4. (préférer) Je n'aime pas monter à bicyclette; _____

5. (espérer) Cette pièce de théâtre a l'air intéressante; _____

6. (devoir) Je ne me sens pas bien; _____

7. (venir) Nous avons fini de rénover notre maison, alors _____

8. (vouloir) Le français est une belle langue; _____

9. (savoir) Ils mangent toujours au restaurant; _____

10. (pouvoir) Ton vol arrive trop tard; _____

D) *Complétez les phrases en utilisant le verbe qui est à l'impératif. Employez un infinitif et des pronoms si c'est possible. Attention! Faut-il une préposition ou non? Si oui, quelle préposition?*

Exemple : «Prends plusieurs dépliants!» On m'a dit d'en prendre plusieurs.

1. «Réponds à ton père!» Mon père me dit _____

2. «Va au supermarché!» Je dois absolument _____

3. «Débrouille-toi!» Comment, tu ne sais pas _____ ?

4. «Tais-toi!» Je te demande _____

5. «Brosse-toi les dents!» N'oublie pas _____

6. «Mets la table!» Pourrais-tu _____ ?

7. «Finis les exercices!» As-tu du mal _____ ?

8. «Jette ce vieux vase!» J'hésite _____

9. «Fais beaucoup de sandwichs!» On m'a conseillé _____

10. «Explique cette théorie à ton professeur!» Il m'a dit _____

11. «Ne te fâche pas!» Je te promets _____

12. «N'entre jamais dans ce bar-là!» Il est préférable _____

13. «Ne bois plus de café!» Mon médecin me recommande _____

14. «Ne prête plus d'argent à ta cousine!» Mon oncle m'a dit _____

15. «Ne donne rien à Michel!» Tu dois t'habituer _____

16. «Retournez au bureau!» On nous a persuadés _____

17. «Choisissez cette affiche!» Je vous conseille _____

18. «Lisez ces beaux poèmes!» Avez-vous réussi _____ ?

19. «Descendez de cet arbre!» On vous ordonne _____

20. «Reposez-vous un petit moment!» On nous a permis _____

21. «N'achetez pas d'OGM!» On nous a convaincus _____

22. «Ne dépensez pas cet argent!» On nous a répété _____

23. «Ne vous asseyez pas!» On vous prie _____

24. «N'oubliez jamais votre français!» Essayez _____

25. «Ne montrez pas ces photos à votre petit frère!» On nous a conseillé _____

E) *Complétez les phrases de façon logique en employant chaque fois une structure avec l'infinitif. Attention! Faut-il une préposition ou non? Si oui, quelle préposition?*

1. Est-ce que je peux _____ ?

2. J'ai eu du mal _____

3. On ne vous permettra jamais _____

4. Voulez-vous _____ ?

5. Cessez donc _____

6. Juliette m'a invité _____

7. Tout le monde a appris _____

8. Toi, tu ne sais pas _____

9. Nous avons l'intention _____

10. Le ministre des Finances a demandé à la population _____

11. L'agent 008 a réussi _____

12. Ma fiancée m'a supplié _____

13. N'hésitez pas _____

14. Nos voisins ont décidé _____

15. Quoi! Vous osez _____ ?

16. Le policier a empêché _____

17. Il est impossible _____

18. Je fais beaucoup d'exercice pour _____

19. As-tu peur _____ ?

20. Je vais t'aider _____

F) *Écrivez une structure d'introduction au début de chaque phrase. Vous pouvez employer le présent, le passé, le futur, le conditionnel ou l'impératif. Ne changez pas la préposition, n'ajoutez pas de préposition. Choisissez votre structure selon la phrase donnée.*

Exemple : _____ à continuer. On m'encourage à continuer.

1. _____ à m'énerver.

2. _____ mettre ce chapeau ridicule!

3. _____ à jouer de la clarinette.

4. _____ de ne pas acheter cet appartement.

5. _____ de lui apporter une bière.

6. _____ à finir leurs études.

7. _____ y aller avec vous.

8. _____ d'aller en Grande-Bretagne.

9. _____ laisser ton ami tout seul.

10. _____ de faire l'ascension du mont Blanc.

11. _____ voyager en avion.

G) Écrivez le début de chaque phrase. Employez un nom et le verbe être. *Attention à la forme de l'adjectif. Le sujet doit-il être masculin, féminin, singulier ou pluriel?*

Exemple :   Ces fruits sont bons à manger.

1. _____ faciles à comprendre.

2. _____ impossible à lire.

3. _____ agréable à écouter.

4. _____ difficiles à résoudre.

5. _____ long à faire.

6. _____ intéressant à regarder.

7. _____ délicieuse à manger.

8. _____ horrible à entendre.

Activités

1. *Avec les éléments donnés, composez trois phrases qui s'appliquent à chacune des situations a), b), c) et d). (12 phrases en tout)*

Exemple :   Quand on fait la cuisine, il est bon de choisir des menus équilibrés.

il est bon / important / difficile / intéressant / facile / normal / rare + de + infinitif

a) Quand on apprend une langue, il...

b) Quand on voyage à l'étranger, il...

c) Quand on conduit une auto, il...

d) Quand on élève des enfants, il...

2. *Avec les adjectifs donnés, complétez chacune des affirmations qui suivent. Accordez l'adjectif s'il y a lieu. (8 phrases en tout)*

Exemple :   Ton gâteau est bon à s'en lécher les doigts.

Facile / difficile / pénible / agréable / long / prêt / impossible / doux + à + infinitif

a) Le français est...

b) L'hiver canadien, c'est...

c) Ma coloc est...

d) La misère, c'est...

e) La Smart est...

f) Ton problème est...

g) Ils sont...

h) Cette musique est...

3. Ce prisonnier veut s'évader. *Composez d'autres versions de cette phrase en utilisant les verbes et les noms proposés ci-dessous. Mettez les verbes au présent, au passé ou au futur, affirmatif ou négatif.*

> Exemples : Ce prisonnier n'osera jamais s'évader.
>
> Les autres prisonniers l'ont empêché de s'évader.

aider	encourager	oser	promettre
décider	empêcher	penser	réussir
devoir	espérer	persuader	suggérer
dire	essayer	pouvoir	venir

son père; les gardiens; les autres prisonniers; ses complices; ...

4. *Composez 10 phrases au futur proche avec le faire causatif. Lisez d'abord la liste des situations **A**, puis choisissez un verbe de la liste **B** qui convient à chaque situation. Quand il y a lieu, ajoutez un pronom personnel et/ou un nom de la liste **C**. Notez que pour certaines situations, il y a plus d'une phrase possible.*

> Exemple : Elle voudrait avoir les cheveux frisés; elle va se faire faire une permanente (par une coiffeuse).

A

a) Je ne sais pas utiliser ce logiciel;

b) Son mari est très malade;

c) Si tu continues à agacer ce chien, tu

d) On ne va pas porter tous ces paquets;

e) Nous avons besoin d'ombre en été;

f) Un tuyau a éclaté dans la salle de bains;

g) Notre laveuse est en panne;

h) Il conduit beaucoup trop vite;

i) Je n'ai rien à mettre pour cette réception importante;

j) Avant de passer devant les caméras, tous les acteurs

k) Vous avez mal au dos?

B

arrêter	réparer	faire des massages thérapeutiques
livrer à domicile	soigner	enregistrer mes chansons
mordre	venir	planter des arbres devant la maison
maquiller	faire une robe longue	
	expliquer la procédure	

C

ma couturière	la police	un(e) informaticien(ne)
un plombier	un ou une spécialiste	un ou une artiste célèbre

10

L'interrogation

«Que font les voisins?»

Généralités

Il y a plusieurs façons de poser une question en français. Voici des exemples.

Henri a reçu le premier prix?
Viens-tu demain?
Qu'est-ce que tu fais ce soir?
De quoi est-ce qu'ils vont parler?
Pourquoi allez-vous faire ça?
Qui peut nous aider?
Laquelle de ces maisons a-t-il achetée?

1) **LES QUESTIONS QUI EXIGENT UNE SIMPLE RÉPONSE COMMENÇANT PAR**
OUI **OU** *NON*

On peut poser ce genre de questions de trois façons différentes.

a) On emploie une intonation montante. À l'écrit, seul le point d'interrogation indique qu'il s'agit d'une question.

Je peux t'aider?

Tu ne t'es pas bien reposé?

Vous viendrez bientôt?

Ta sœur n'a pas réussi à son examen?

b) On emploie la formule *Est-ce que* en début de phrase, sans changer l'ordre des mots.

Est-ce que je peux t'aider?

Est-ce que vous viendrez bientôt?

Est-ce que ta sœur n'a pas réussi à son examen?

Est-ce qu'Adèle était là?

c) On emploie l'inversion du pronom sujet et du verbe, et un trait d'union.

Est-il sûr?

Viendrez-vous bientôt?

Se souviennent-ils de moi?

À la première personne du singulier cette formule ne s'emploie plus, sauf pour le verbe *pouvoir* et quelques expressions figées peu employées dans la conversation.

Puis-je vous aider?

Que dis-je? Que sais-je? Ai-je bien compris? Où suis-je?

Pour *je* il faut donc le plus souvent dire : *Est-ce que je...?*

Voici des exemples de questions posées par l'inversion à la **première personne du pluriel** et à la **deuxième personne du singulier et du pluriel.** Notez qu'au passé composé (et aux autres temps composés), c'est l'**auxiliaire** qui forme l'inversion avec le pronom sujet. Notez aussi l'ordre des mots quand il s'agit de la forme négative ou qu'il y a un pronom complément.

> Pouvons-nous entrer?
>
> Ne sommes-nous pas assez riches?
>
> N'avons-nous pas fini le travail le plus important?
>
> Veux-tu du cidre?
>
> En veux-tu?
>
> Vous levez-vous tôt le dimanche?
>
> N'allez-vous pas en classe cette semaine?
>
> As-tu vu ce beau film?
>
> Lui as-tu déjà répondu?
>
> Y êtes-vous allés sans moi?
>
> Ne t'es-tu pas reposé un peu?
>
> Vous êtes-vous baignés dans le lac?

À la **troisième personne,** l'ordre des mots est le même. Cependant, quand le sujet est un nom, on doit **ajouter** le pronom correspondant pour faire l'inversion. Le nom sujet doit être indiqué au début de la phrase. On doit aussi ajouter **-t-** lorsque le verbe ne se termine pas en **-t** ou **-d.** (Le **-d** final se prononce comme **-t** quand on fait la liaison.)

> Vient-il ce soir?
>
> Prend-elle du sucre?
>
> **Le cours** finit-**il** à midi?
>
> Sont-ils déjà partis en voyage?
>
> N'ont-elles pas regardé cette émission?
>
> **Les enfants** se sont-**ils** trompés de chemin?
>
> Va-t-il à Québec pour le carnaval?
>
> Ne porte-t-elle pas de gants?
>
> A-t-elle perdu tout son argent?
>
> Notre tondeuse? **Le voisin** ne l'a-t-**il** pas rapportée hier?

Dans la conversation, pour poser des questions à la troisième personne lorsque le sujet est un nom, la formule de l'inversion est moins courante. On préfère souvent la question avec *est-ce que?* ou la simple intonation montante.

> Notre tondeuse? Est-ce que le voisin ne l'a pas rapportée hier?

2) LES QUESTIONS QUI COMMENCENT PAR UN MOT INTERROGATIF (PRONOM, ADVERBE, ADJECTIF) COMME *QUI?, QUE?, OÙ?, POURQUOI?, QUEL?,* ETC.

a) *Qui?* ou *qui est-ce qui?* et *qu'est-ce qui?* servent à poser une question concernant le **sujet** du verbe dans la réponse. L'ordre des mots est normal, sans inversion. Le verbe est à la troisième personne du **singulier** (puisqu'on ne sait pas encore si la réponse sera un nom singulier ou pluriel).

Qui? et *qui est-ce qui?* se rapportent aux personnes et *qu'est-ce qui?* aux choses. On peut toujours remplacer *qui est-ce qui?* par la forme courte *qui?*

> Qui va préparer le souper ce soir? — Henri va le préparer.
>
> Qui est-ce qui va préparer le souper ce soir? — Henri.
>
> Qui (est-ce qui) a dit que c'était faux? — Mes parents l'ont dit.
>
> Qui (est-ce qui) n'était pas à l'heure, ce matin? — Jean-Pierre.
>
> Qui (est-ce qui) n'aime pas les carottes? — Moi.

Qu'est-ce qui est intéressant dans le journal? (seule forme possible) — La page des sports est la plus intéressante.

Qu'est-ce qui vous énerve tant? — C'est le bruit du climatiseur.

Qu'est-ce qui ne fonctionne plus? — Les lumières électriques ne fonctionnent plus.

b) *Qui?, qui est-ce que?, qu'est-ce que? et que?*

On pose une question concernant le **complément d'objet direct (COD)** du verbe de la réponse. Après *qui?* et *que?* on peut employer l'inversion, sauf quand *que?* est suivi d'un nom.

Qui? et *qui est-ce que?* se rapportent aux personnes, *que?* et *qu'est-ce que?* aux choses.

Qui est-ce que tu cherches? Qui cherches-tu? — Je cherche Claude.

Qui est-ce qu'André va épouser? Qui André va-t-il épouser? — Il va épouser une amie de sa sœur.

Qu'est-ce que vous avez acheté? Qu'avez-vous acheté? — J'ai acheté des fraises et des framboises.

Qu'est-ce que les voisins ont jeté? — Ils ont jeté leurs vieux meubles de jardin.

On peut remplacer *qu'est-ce que?* par la forme courte *que* en remplaçant la partie «*est-ce que*» par **l'inversion,** mais il n'y a pas de forme courte pour *qu'est-ce qui?* (puisque l'inversion peut remplacer seulement *est-ce que*).

Qu'*est-ce que* tu fais? Que fais-tu?

Qu'*est-ce qui* dérange le voisin? Qu'est-ce qui le dérange?

Résumé

Question : Une personne		Sujet	Verbe	COD	Réponse : Une personne
Qui	est-ce	qui	coupe	le pain?	Gilles. (sujet)
Qui			coupe	le pain?	Gilles. (sujet)

Une personne		COD	Sujet/Verbe	Réponse : Une personne
Qui	est-ce	que	tu invites?	Mes parents. (COD)
Qui			invites-tu?	Mes parents. (COD)

Une chose		Sujet	Verbe	COD	Une chose
Qu'	est-ce	qui	chasse	les nuages?	Le vent.

Une chose		COD	Sujet/Verbe	Réponse : Une chose
Qu'	est-ce	que	vous voulez?	Du pain. (COD)
Que			voulez-vous?	Du pain. (COD)
Qu'	est-ce	que	Gilles fait?	Il coupe du pain.
Que			fait Gilles?	Il coupe du pain.

Que? s'emploie aussi quand le COD est toute une proposition.

> Qu'est-ce que les voisins ont fait hier? Qu'ont fait les voisins hier? Qu'ont-ils fait hier?
> — Ils ont jeté leurs vieux meubles de jardin.

> Qu'est-ce que le professeur dit? Que dit le professeur? — Il dit qu'il est d'accord.

c) Après les prépositions

On emploie *qui?* pour les personnes, *quoi?* pour les choses. On peut utiliser l'**inversion** ou *est-ce que?*

> À qui penses-tu? — À mon grand-père.
>
> Sur qui peut-on compter? — Sur tous les gens consciencieux.
>
> De qui vos parents parlaient-ils? — Ils parlaient de leurs voisins.
>
> Chez qui est-ce qu'elle a dîné? — Chez Jean-Pierre.
>
> À quoi penses-tu? — À mes prochaines vacances.
>
> Sur quoi va-t-on s'asseoir, il n'y a pas de chaises? — Sur des coussins.
>
> De quoi vos parents parlaient-ils? — Ils parlaient de leurs vacances.
>
> Avec quoi est-ce qu'elle a cousu ses rideaux? — Avec sa machine à coudre toute neuve.

d) *Quand?, où?, comment?, pourquoi?* etc.

Il faut normalement employer l'**inversion** ou *est-ce que?*

> Quand (à quelle heure) êtes-vous arrivés? — Hier, à six heures.
>
> Où a-t-il mis son chapeau? — Dans l'armoire.
>
> Pourquoi Henriette sera-t-elle absente? — C'est parce qu'elle doit aller à l'hôpital.
>
> Pourquoi est-ce que je dois venir vous voir? — Parce que nous avons quelque chose à vous montrer.
>
> Comment est-ce que tu as pu finir ton projet à temps? — Ah! j'ai dû faire un gros effort.
>
> Comment allez-vous? — Très bien, merci.

Si la phrase est très simple, on peut quelquefois employer l'inversion avec le nom sujet (sans pronom) après *quand?, où?, comment?* et *combien?*

> Quand est arrivé l'avion?
>
> Où est ton frère?
>
> Comment va madame Dupont?
>
> Combien coûte ce livre?

Mais on peut aussi dire :

> Quand l'avion est-il arrivé? / Quand est-ce que l'avion est arrivé?
>
> Comment madame Dupont va-t-elle?

e) *Quel?, lequel?, auquel?* etc.

L'adjectif *quel?* (*quelle?, quels?, quelles?*) s'emploie avec le verbe *être* ou devant un nom.

> Quel est ton nom?
>
> Quels sont vos plats préférés?
>
> Quelle est la date aujourd'hui?
>
> Quelle est la différence entre un chameau et un dromadaire?
>
> Quelle a été sa réaction?
>
> Quels airs d'opéra est-ce que vous aimeriez entendre?

Quel imbécile a dit ça?

Quelle note a-t-il obtenue?

Il ne faut pas confondre *quel est?* avec la forme *qu'est-ce que c'est?* où on demande une définition. Quand on emploie *quel?* on sait qu'il s'agit d'une certaine catégorie de choses ou de personnes et on demande des précisions. En anglais, une même structure (*What is? What are?*) correspond souvent aux deux structures qu'on trouve en français. (*What is that? What is your name?*)

Qu'est-ce qu'un ordinateur?

Qu'est-ce que c'est qu'un ordinateur?

Qu'est-ce que c'est? — Un ordinateur.

Quel est le meilleur ordinateur?

Quel ordinateur est le meilleur?

Le pronom *lequel?* (*laquelle?, lesquels?, lesquelles?*) s'emploie quand on choisit entre plusieurs choses ou personnes. Il est suivi de *de* dans les phrases complètes. On l'utilise aussi après les prépositions, et dans le cas de *à* ou *de*, il ne faut pas oublier les contractions : *auquel?* (*à laquelle?, auxquels?, auxquelles?*) et *duquel?* (*de laquelle?, desquels?, desquelles?*).

Apporte-moi un coussin! — Lequel? — Le plus gros.

Laquelle de tes amies t'a invité à la fête? — Marianne.

Auquel de ces candidats va-t-on offrir le poste?

L'assassin possédait plusieurs armes. De laquelle s'est-il servi pour commettre son crime?

J'aimerais discuter de mes projets. — Desquels? — De ceux qui concernent mon avenir.

Rappels

1. Dans la **conversation,** on préfère souvent la forme interrogative avec *est-ce que?* ou l'intonation montante, surtout à la troisième personne. La forme «Ta sœur vient-elle?» est moins courante que «Est-ce que ta sœur va venir?».

2. Attention à l'ordre des mots au passé composé et lorsqu'il y a des pronoms compléments. L'inversion se fait avec l'auxiliaire (*avoir* ou *être*), et les pronoms compléments restent devant l'auxiliaire. (Voir aussi le chapitre 12 : Les pronoms personnels.)

Sont-ils partis?

Vous êtes-vous trompés de salle?

Les as-tu pris? Ne les as-tu pas pris?

3. Il faut savoir utiliser ces questions très courantes.

Comment t'appelles-tu? Comment vous appelez-vous?

Comment s'appelle ton coloc?

Quel est ton nom? Quel est votre nom?

Quel âge as-tu? Quel âge a ton frère? Il a quel âge, ton frère?

Quelle est votre adresse? Où habitez-vous? Où habite-t-elle?

D'où venez-vous? D'où viens-tu? Où êtes-vous né ou née?

Comment épelle-t-on votre nom de famille?

Quelle heure est-il? — Il est dix heures et quart.

À quelle heure est-ce que cet avion va atterrir? — À 15 h 25.

Quel temps fait-il? — Le ciel est couvert; il va pleuvoir.

Quel jour sommes-nous? — Nous sommes vendredi. On est vendredi. C'est vendredi.

Est-ce que je peux vous aider?

Désirez-vous autre chose?

C'est combien, ce chandail? Elle vaut combien, cette veste? Ça coûte combien?

Quelle taille portez-vous? Quelle est votre taille?

Quelle est votre pointure? (pour les chaussures et les gants)

Où sont les toilettes? Où se trouve l'entrée principale?

Connaissez-vous le Musée des beaux-arts?

Comment est-ce que je peux me rendre au musée?

C'est par ici? C'est par là? Est-ce que c'est loin?

Combien de temps allez-vous rester? Combien de temps êtes-vous restés?

Depuis combien de temps êtes-vous ici?

Ça fait combien de temps que vous êtes là?

Ça va? Ça va bien? Vous allez bien? Comment allez-vous?

Comment va ta mère? Comment est-ce que ta mère va se rendre à Québec?

Comment allez-vous résoudre ce problème?

Combien de pièces y a-t-il dans cet appartement?

Combien de personnes sont venues le visiter?

Quels journaux cherchez-vous?

Quelle sorte de roman est-ce que tu veux lire?

Quelles sortes de livres préfèrent-ils?

Qui est-ce que c'est? Qui est-ce? C'est qui, ça? C'est qui, cette personne-là?

Qu'est-ce qui se passe? Qu'est-ce qui s'est passé? Qu'est-ce qui va se passer?

A) *Transformez ces phrases en questions, en employant est-ce que?*

        Exemple :   Tu veux venir. «Est-ce que tu veux venir?»

    1. Je suis en retard. _____?

    2. Vous aurez faim. _____?

    3. Elle portait des vêtements de cuir. _____?

    4. J'ai tout relu. _____?

    5. On peut commencer la réunion maintenant. _____?

B) *Transformez ces phrases en questions en faisant l'inversion.*

        Exemple :   Tu veux venir. «Veux-tu venir?»

    1. Elle a ouvert une autre boutique. _____?

    2. Ce chien mord. _____?

    3. Il a plu très fort. _____?

    4. Tu vas finir ça ce soir. _____?

    5. Ces gens-là diront la vérité. _____?

    6. J'ai bien entendu. _____?

C) *Transformez ces phrases en questions en faisant l'inversion chaque fois que c'est possible. Attention aux pronoms.*

        Exemple :   Il t'a téléphoné? «T'a-t-il téléphoné?»

                      Je veux vraiment voir ce film. «Est-ce que je veux vraiment voir ce film?»

    1. Vous vous ennuyez quelquefois. _____?

    2. Les Martiens existent. _____?

    3. Elle vous a raconté ses aventures. _____?

    4. Je reviens ici après la fête. _____?

    5. Il y a un ascenseur dans cet édifice. _____?

    6. Je devrais prendre des vitamines. _____?

    7. Il comprend le chinois. _____?

    8. Tu t'es inscrite au cours du soir. _____?

    9. Vos amis s'installeront en ville. _____?

  10. Je l'aime trop. _____?

  11. Je vous en ai donné trop. _____?

  12. Je peux vous aider. _____?

13. Ces clients vont essayer ce nouveau produit. _____?

14. Ils ont fait une bonne impression. _____?

15. C'est indispensable. _____?

D) *En employant l'inversion, demandez à un ou une camarade :*

1. s'il peut venir samedi soir.

   _____?

2. s'il a compris ces questions.

   _____?

3. s'il cherchera un emploi.

   _____?

4. si elle aime la natation.

   _____?

5. si elle va accepter cette invitation.

   _____?

6. si elle a déjà pris une décision.

   _____?

7. si ses amis parlent français.

   _____?

8. si son cours a été intéressant.

   _____?

E) *En employant l'inversion, demandez à un groupe de camarades :*

1. s'ils savent la réponse.

   _____?

2. s'ils ont fait du ski.

   _____?

3. s'ils sont fiers de leurs progrès en français.

   _____?

4. s'ils reçoivent beaucoup de courriels.

   _____?

5. s'ils ont aimé cet hiver froid.

   _____?

6. s'ils ont des projets de voyage.

   _____?

7. s'ils s'amuseraient bien ici.

_____?

8. s'ils vont revenir l'année prochaine.

_____?

F) *Voici des réponses. Posez des questions logiques et naturelles en employant l'inversion, si c'est possible.*

   Exemple :   Peux-tu sortir avec moi ce soir? — Non, je ne peux pas ce soir.

1. _____?
    Oui, je veux bien.

2. _____?
    On va y aller jeudi prochain.

3. _____?
    Mais oui, il va le faire.

4. _____?
    Non, mais je sais parler français.

5. _____?
    Non, mais j'ai l'intention d'y retourner l'année prochaine.

6. _____?
    Mais non! Elles n'ont pas assez d'argent.

7. _____?
    Non. Ça ne m'intéresse pas.

8. _____?
    Oui, vous pouvez les regarder.

G) *Qui? (qui est-ce qui?) ou qu'est-ce qui? Posez la question concernant le sujet de la phrase. Notez que, dans la question, le verbe doit être au singulier et les adjectifs, au masculin singulier.*

1. _____?
    Gilles va nous téléphoner.

2. _____?
    Tout le monde connaît cette revue-là.

3. _____?
    Les médias influenceront l'opinion publique.

4. _____?
    Le caviar et le champagne coûtent cher.

5. _____?
    Les romans policiers intéressent mes étudiants.

6. _____?

Les danseurs des ballets Kirov vont se produire à la Place des Arts cette semaine.

7. _____?

La quiche lorraine a bon goût.

8. _____?

Madame Lafleur va présider la réunion.

9. _____?

Mes camarades seront jalouses.

10. _____?

La santé est très importante pour tout le monde.

11. _____?

Notre ascenseur a été en panne.

12. _____?

Lucie n'a pas eu de chance.

13. _____?

Mon auto ne roulait pas bien.

14. _____?

La situation économique a inquiété la plupart des Américains.

15. _____?

Cathy et Bob joueront au baseball.

H) Qui est-ce que? *ou* qui? + *l'inversion*
   Qu'est-ce que? *ou* que? + *l'inversion*
   Posez la question concernant le complément d'objet direct de chaque phrase.

1. _____?

Jacques accompagne **sa femme**.

2. _____?

J'ai mis **du poivre** dans cette sauce.

3. _____?

Tu peux avertir **tous les parents**.

4. _____?

Nous invitons **notre député** à faire un discours.

5. _____?

La police va arrêter **les trafiquants de drogues**.

6. _____?

Je fais **mes devoirs**.

7. _____?

    Elle a planté **des tulipes**.

8. _____?

    Tu dois étudier **tes verbes pronominaux**.

9. _____?

    Ils vont commander **des meubles modernes**.

10. _____?

    On a emmené **les enfants** au cirque.

11. _____?

    Je vais laver **toutes ces chemises**.

12. _____?

    Elle a mangé **une omelette**.

13. _____?

    En cas d'accident, appelez **Jérôme**.

14. _____?

    Mes parents aiment regarder **les téléromans**.

15. _____?

    Charles veut épouser **Marie-France**.

I) *Complétez les questions suivantes en tenant compte des réponses données.*

1. _____ nous réchauffe de ses rayons au printemps?

    Le soleil.

2. _____ vous préférez, le vin ou la bière?

    Le vin.

3. _____ ne fonctionne plus?

    Mon imprimante.

4. _____ va t'accompagner au concert?

    François.

5. _____ voulez-vous entendre?

    «La chanson des vieux amants» de Brel.

6. _____ voulais-tu inviter à cette soirée?

    Tous mes amis.

7. _____ te préoccupe en ce moment?

    Mon exposé oral.

8. _____ vont-ils faire après leurs examens?

    Se reposer.

9. _____ contient le plus de fer, les lentilles ou le tofu?
Le tofu.

10. _____? — C'est **ma sœur aînée**.

J) *Posez les questions qui conviennent en employant la préposition* (à, avec, pour, *etc.*) *et* qui? *ou* quoi? *selon le cas.*

1. _____?
Je vais sortir **avec Diane**.

2. _____?
Elle a travaillé **pour son oncle**.

3. _____?
Nous parlerons **de la crise économique**.

4. _____?
Il devrait penser **à ses examens**.

5. _____?
Nous pourrons compter **sur toi**.

6. _____?
Ils auront besoin **d'outils**.

7. _____?
Nous avons tous besoin **de nos amis**.

8. _____?
On va dîner **chez Pierre** ce soir.

9. _____?
Je vais réparer ce jouet **avec de la colle**.

10. _____?
J'ai téléphoné **à mes parents**.

K) *Composez les questions qui conviennent en employant* quand?, où?, pourquoi?, comment?, *etc. Le renseignement désiré est en caractères gras.*

1. _____?
Ils vont arriver **la semaine prochaine**.

2. _____?
Je conduis lentement **parce que la route est glissante**.

3. _____?
Je vais cacher ça **dans l'armoire**.

4. _____?
Le concert commencera **à 20 heures**.

5. _____?

    Cet appareil a coûté **250$**.

6. _____?

    J'étudie le français **depuis plusieurs années**.

7. _____?

    Nous allons finir notre travail **cet après-midi**.

8. _____?

    Je vais les servir **avec de la sauce tomate**.

9. _____?

    Julien dit **qu'il est d'accord**.

10. _____?

    Les étudiants ont organisé cette manifestation **pour attirer l'attention du public sur la crise humanitaire en Somalie**.

11. _____?

    Daniel travaille **au bureau de poste**.

12. _____?

    Je vais étudier **à la bibliothèque**.

L) *Posez les questions en employant* quel? *à la forme qui convient, suivi d'un nom ou du verbe* être. *Le renseignement désiré est en caractères gras.*

        Exemples : Quelle chemise achetez-vous? — Nous achetons cette chemise **bleue**.
                Quel jour sommes-nous? — **C'est mardi.**

1. _____?

    Nous allons prendre le vin **rouge**.

2. _____?

    Je lis des romans **policiers**.

3. _____?

    Mon problème, c'est **l'argent**.

4. _____?

    C'est le 3 avril.

5. _____?

    Il est **six heures et demie**.

6. _____?

    Je préfère **les roses**.

7. _____?

    Il va obtenir **un A**.

8. _____?

    Nous allons acheter de la farine **de blé entier**.

M) Un pédiatre examine un petit garçon. Imaginez les questions qu'il lui pose.

Le pédiatre : — _____?

Le garçon : — Jean-Pierre.

— _____?

— Huit ans.

— _____?

— Deux frères et une sœur.

— _____?

— À l'école Saint-Jean.

— _____?

— Mais oui, je suis bilingue.

— _____?

— Le football et le hockey!

— _____?

— On apprend le français, les maths, l'histoire… toutes sortes de choses.

— _____?

— Parce que j'ai mal aux yeux.

— _____?

— Quelquefois je ne vois pas les mots au tableau, à l'école.

— _____?

— J, A, G, M, je pense, mais je ne les vois pas bien.

— _____?

— Des lunettes? Peut-être. Ce serait amusant!

— _____?

— Elle est dans la salle d'attente.

— _____?

— Bien sûr, monsieur. Je vais la chercher.

N) *Verbes pronominaux.*
Composez les questions qui conviennent en employant l'inversion quand c'est possible. Le sujet est donné.

1. (tu) _____?

   Je me réveille **à sept heures.**

2. (Madame Thibodeau) _____?

   Mais oui, elle se souviendra de nous.

3. (je) _____?

   Mais non, vous ne vous êtes pas trompé d'adresse, c'est bien ici!

4. (vous) _____?

   Mais non, nous ne nous disputons jamais.

5. (vous) _____?

   En effet. On s'assoyait toujours à la même place.

6. (tes enfants) _____?

   Oui, ils s'endorment facilement tous les soirs.

O) *Voici des réponses qui contiennent des pronoms compléments. Composez des questions au présent.*

1. _____?

   Oui, ça m'énerve.

2. _____?

   Non, il ne s'y intéresse pas.

3. _____?

   Oui, on s'écrit de temps en temps.

4. _____?

   Nous en avons plusieurs.

5. _____?

   Je vais me reposer ce soir, enfin!

6. _____?

   Bien sûr, je les vois très bien.

7. _____?

   Mais oui, on va te les montrer.

8. _____?

   Nous y allons rarement.

P) *Composez les questions qui conviennent en employant le passé composé et l'inversion. Le renseignement désiré est en caractères gras.*

1. _____?
   J'ai mangé **des sandwichs.**

2. _____?
   Nous avons envoyé le paquet **à Jules.**

3. _____?
   Elle a vendu **son auto.**

4. _____?
   Nous sommes arrivés **hier.**

5. _____?
   Il s'est réveillé **à 6 heures.**

6. _____?
   Ils ont choisi le modèle **rouge.**

7. _____?
   Elle n'a pas ri **parce qu'elle n'a pas compris la blague.**

8. _____?
   J'ai écouté **beaucoup de** chansons.

Q) *Posez les questions appropriées au passé composé en employant l'inversion quand c'est possible.*

1. _____?
   Il s'est rendu compte **de son erreur.**

2. _____?
   Ils se sont baignés **dans cette rivière polluée!**

3. _____?
   Elle en a mangé **trois.**

4. _____?
   J'ai revu **mes voisins** à la fête de fin d'année.

5. _____?
   Nous nous sommes levés **à 10 heures.**

6. _____?
   Non, je n'**y** suis jamais allée.

7. _____?
   Il s'est cassé la jambe **en faisant du ski.**

8. _____?
   Le château de Versailles m'a plu particulièrement.

R) *Écrivez une série de questions pour compléter le dialogue.*

La directrice du personnel : Bonjour, jeune homme, _____?

Le candidat : Bien, merci.

— _____?

— Noël Lachance.

— _____?

— 23 ans, madame.

— _____?

— 2995, rue Saint-Urbain.

— _____?

— Non, je suis célibataire.

— _____?

— J'ai obtenu mon diplôme en juin dernier.

— _____?

— J'ai eu plusieurs emplois d'été.

— _____?

— Par exemple, j'ai été garçon de restaurant.

— _____?

— C'était très dur.

— _____?

— Je suis prêt à faire n'importe quoi.

— _____?

— J'ai souvent entendu parler de cette compagnie!

— _____?

— Elle a une bonne réputation.

— _____?

— J'en serais fier!

— _____ ?

— Certainement, madame, très fort.

— _____ ?

— Sans problème, lundi prochain me convient parfaitement. Merci, madame.

— _____ ?

— Bien sûr, madame. Je serai là à huit heures précises.

Activités

(à faire oralement de préférence)

1. *Dialogues. Consultez la liste de questions courantes aux pages 126 et 127. Imaginez diverses situations d'entrevues ou de rencontres et inventez de courts dialogues où vous utiliserez des questions choisies dans cette liste et d'autres questions semblables. Jouez ensuite ces dialogues.*

2. *Jeu questionnaire. Vous faites trois affirmations (trois choses que vous avez faites ou qui vous sont arrivées). Par exemple :*

   a) *J'ai traversé le Canada en voiture avec un(e) ami(e).*
   b) *J'ai joué Cyrano dans une pièce à mon école secondaire.*
   c) *J'ai serré la main de Bruce Springsteen.*

   Une de ces trois affirmations est fausse. Pour tenter de découvrir laquelle, les autres vous posent des questions. Vous pouvez inventer des réponses mais vous ne devez jamais mentir. Si les questions sont trop directes, feignez l'ignorance ou évitez habilement de vous trahir en donnant trop d'indices. Par exemple :

   — *Est-ce que vous avez vraiment joué Cyrano dans une pièce de théâtre?*
   — *Qu'en pensez-vous?*

   — *Comment Cyrano est-il mort?*
   — *Bêtement. Un accident. Une poutre lui est tombée sur la tête.*

   — *Pouvez-vous me réciter un petit extrait des vers de Cyrano?*
   — *Il y a trop longtemps, j'ai tout oublié.*

   — *Pourquoi avez-vous refusé cette bourse?*
   — *Je ne voulais pas aller à ce collège.*

   L'objectif est de faire croire que les trois sont vraies, alors la plus étonnante devrait l'être, ou alors, vous devez être bien préparé à répondre aux questions.

3. Thèmes à développer en groupes

- *Un nouvel immigrant vous pose une série de questions sur son pays d'adoption : le climat, la culture, le gouvernement, les conditions de vie...*

- *Un extraterrestre vient d'atterrir sur cette planète et s'étonne de tout ce qu'il voit. Imaginez les questions qu'il pose.*

- *Pendant une campagne électorale, vous interrogez un candidat ou une candidate sur ses intentions et celles de son parti. Posez-lui des questions sur tout ce qui vous préoccupe : problèmes politiques, financiers, sociaux; questions d'éducation, de relations internationales, d'environnement, etc.*

11

La négation

«Je ne vais plus jamais inviter personne chez moi.»

Généralités

Les formes **négatives** consistent normalement en deux mots, séparés par le verbe ou, dans le cas des temps composés, par l'auxiliaire. *Rien* et ***personne*** peuvent être le sujet d'un verbe.

Il **ne** va **pas** en Europe.
Nous **n'**avons **jamais** essayé de faire cela.
Personne n'a gagné le gros lot. **Rien** n'est parfait!

1) NE… PAS

Attention à l'**ordre des mots**. Le *ne* se place immédiatement après le sujet; à l'impératif, il commence la phrase. Le *pas* se place après le verbe à un temps simple, après l'auxiliaire à un temps composé.

Voici des exemples de plusieurs types de phrases.

> Nous ne voyons pas de solution.
>
> Ne se rase-t-il pas tous les jours?
>
> Je ne les aime pas. Vous ne les auriez pas acceptés.
>
> N'a-t-elle pas vu ce film? Et toi, ne l'as-tu pas vu?
>
> Ne se sont-ils pas promenés dimanche dernier?
>
> Ils ne veulent pas lui en parler. Ne lui en parlons pas!

2) NE… JAMAIS, NE… PLUS, NE… PAS ENCORE, NE… RIEN, NE… PERSONNE

a) Ces formes représentent la négation des formes affirmatives suivantes :

Affirmations	déjà (*ever*) parfois, quelquefois, souvent, etc.	encore toujours (*still*)	déjà (*already*)	quelque chose, tout	quelqu'un, tout le monde
Négations	ne… jamais	ne… plus	ne… pas encore (*not yet*)	ne… rien	ne… personne

b) L'ordre des mots est le même que pour ***ne… pas.*** Exception : ***ne… personne,*** aux temps composés; dans ce cas, *personne* suit le participe passé.

Étudiez ces exemples.

> Nous n'allons jamais au cinéma.
>
> Cet employé ne sera plus à notre service à partir du mois prochain.
>
> Il n'y a rien dans cette armoire.
>
> Je n'aime personne dans cette famille.
>
> N'as-tu jamais mangé d'escargots? Je n'en ai jamais acheté.
>
> Ils ne se sont plus parlé après cette dispute.

Je pense que nous n'avons rien oublié.

Avez-vous sonné? Je n'ai entendu personne.

c) Pour répondre affirmativement à une **question négative,** on emploie *si* plutôt que *oui.*

Tu ne fumes plus, toi? — Mais si, hélas!

Il n'y avait pas de solution, je pense. — Si, il y en avait plusieurs!

N'allez-vous jamais au restaurant? — Mais si, nous y allons souvent.

Elles n'ont rien vu? — Mais si, elles ont tout vu.

d) **Le partitif** (Voir aussi le chapitre 14 : L'article.)

Dans une phrase négative, le partitif (*du, de la, de l', des*) et l'article indéfini (*un, une*) sont remplacés par *pas de* ou *pas d'*, sauf avec le verbe *être.*

Avez-vous des enfants? — Nous n'avons pas d'enfants.

Veux-tu un café? — Non merci, je ne bois plus de café, ça m'empêche de dormir.

Est-ce que c'est du décaféiné? — Non, ce n'est pas du décaféiné.

Il n'y a pas de piscine ici, je crois. — Mais si, il y a une très belle piscine intérieure.

Est-ce que c'est une piscine olympique? — Elle est assez grande, mais ce n'est pas une piscine olympique.

e) **L'infinitif négatif**

Quand on doit mettre l'**infinitif** à la forme négative, on place les deux mots négatifs ensemble devant l'infinitif, sauf *ne... personne.* S'il y a des pronoms qui se rapportent à l'infinitif, ils se placent devant l'infinitif. (Voir aussi le chapitre 9.)

Je préfère ne pas sortir aujourd'hui.

Il nous a dit de ne plus vous en offrir.

J'ai décidé de ne pas l'acheter.

Il nous a dit de ne rien boire.

Elle préfère n'écouter personne.

f) *Rien* **et** *personne* **après des prépositions**

Dans ce cas, on place *rien* ou *personne* après le verbe au présent, le participe passé ou l'infinitif.

Quand je suis en vacances, je ne pense à rien, je ne m'occupe de personne.

C'était une mauvaise soirée. Je n'ai parlé à personne.

J'ai décidé de ne m'occuper de rien.

g) *Rien* **et** *personne* **sujet d'un verbe**

Dans ce cas, on commence la phrase avec *Rien* ou *Personne.* Comme d'habitude, le *ne* vient immédiatement après le sujet (donc après *rien* ou *personne*) et on omet le *pas.*

Rien ne va plus!

Rien n'est facile dans la vie.

Personne ne me comprend.

Personne n'a jamais visité la planète Vénus, sauf en rêve.

N.B. : Sans être sujet du verbe, *jamais* ou *jamais plus* peuvent aussi se placer en début de phrase pour insister sur l'aspect négatif.

> Jamais je ne referai ce voyage. C'était trop fatigant.

> Jamais plus nous ne prendrons de tels risques!

h) *Rien* ou *personne* + un adjectif

On emploie obligatoirement *de* devant l'adjectif, qui doit être au masculin singulier.

> On ne fait rien d'intéressant ici.

> N'y a-t-il personne de compétent dans ce groupe?

i) On peut employer plus d'un mot négatif en même temps, c'est-à-dire qu'on peut combiner *ne* à *plus, jamais, rien, personne* dans une même phrase. Mais il faut absolument éviter d'employer *pas* en même temps que ces autres mots négatifs puisque ce serait une double négation, donc une contradiction.

> Je ne reviendrai plus jamais ici.

> Tout le monde est parti; il n'y a plus personne dans l'édifice et il n'y a plus rien à faire ici.

> Il est paresseux, celui-là! Il ne fait jamais rien.

> Cet homme est innocent, il n'a jamais tué personne.

> Quel bavard! À l'avenir, je ne dirai plus jamais rien à personne.

> Ne me refais plus jamais une peur pareille!

j) Les réponses courtes (sans verbe)

> Voulez-vous sortir? — Non. (Je ne veux pas sortir.)

> Qui a fait cela? — Pas moi.

> As-tu faim? — Pas du tout.

> Quand aurez-vous fini? — Pas aujourd'hui.

> Est-ce qu'on invite Charles? — Surtout pas!

> Qui peut nous aider? — Personne.

> Qu'est-ce qu'on doit faire? — Rien.

> Est-ce que ton frère est encore membre de ce club? — Plus maintenant.

> Vas-tu renoncer à ta carrière politique? — Jamais!

> Revivrons-nous un jour pareil cauchemar? — Plus jamais!

> Pour qui travaillez-vous? — Pour personne.

> À quoi penses-tu? — À rien.

3) INFINITIF ET ORDRE DES MOTS

Dans une structure à deux verbes, où le deuxième verbe est à l'infinitif, c'est quelquefois le premier verbe, quelquefois le second qui prend la forme négative.

Les verbes d'introduction suivants deviennent négatifs dans cette structure.

aller	pouvoir	falloir (il faut, il fallait, etc.)
devoir	savoir	
oser	vouloir	

> Je ne peux plus t'aider. Tu ne dois plus compter sur moi.

> Il n'ose pas prendre la mer. Il ne sait pas nager.

> Elle ne va pas refuser. Elle ne veut pas lui faire de peine.

> Il ne faudrait pas se tromper de jour.

Dans le cas des verbes *espérer* et *préférer,* c'est normalement le verbe suivant, à l'infinitif, qui devient négatif.

> J'espère ne pas manquer le concert.

> Elle préfère ne voir personne aujourd'hui.

Souvent, on peut mettre la négation **ou** avec le verbe d'introduction **ou** avec le verbe à l'infinitif, mais le sens sera différent.

Étudiez ces exemples.

> Je n'ai pas décidé de me marier.

> J'ai décidé de ne pas me marier.

> J'ai décidé de ne jamais me marier.

> On ne vous a pas dit de venir.

> On vous a dit de ne pas venir.

4) AUTRES FORMES NÉGATIVES

a) *ne... aucun, aucune*

C'est un adjectif ou un pronom négatif qui existe au singulier seulement.

> Comment s'appelle-t-elle? — Je n'ai aucune idée. (c.-à-d. pas une seule idée, absolument pas d'idée)

> Cet athlète n'avait aucune chance de gagner.

> Aucun ami n'est venu nous accompagner.

> Quel livre avez-vous choisi? — Aucun.

> Je ne vais acheter aucun livre.

b) *ne... ni... ni...*

Ni peut se placer devant un nom, un pronom, un adjectif ou un infinitif. On supprime le partitif (*du,* etc.), mais on peut garder l'article défini (*le,* etc.).

> Elle n'avait ni parents ni amis.

> Nous ne viendrons pas, ni elle ni lui.

> Tes yeux ne sont ni bleus ni verts.

> Ces enfants ne savent ni lire ni compter.

> Ni le scénario ni les acteurs ne sont bons dans ce film.

c) *ne... nulle part*

Cette expression indique un endroit, une direction. À l'affirmatif, l'équivalent est *quelque part.*

> Où irez-vous passer les vacances? — Nulle part. Je n'ai pas d'argent pour voyager.

> Où sont mes gants? Je ne les trouve nulle part.

> J'ai bien peur que tous ces efforts ne nous mènent nulle part.

d) *ne... que*

Il s'agit d'une expression restrictive; c'est l'équivalent de *seulement.* On l'emploie couramment. Le *que* se place là où c'est logique, selon la phrase.

> Je n'ai que trois dollars sur moi.

> Nous n'avons pu trouver qu'un peu de pain et quelques fruits.

> Daniel ne reviendra que dimanche, pas avant.

Avez-vous dansé pendant la soirée? — Non, on n'a fait que discuter.

Combien de cousines as-tu? — Je n'en ai qu'une.

Je ne viendrai chez toi que si j'ai réussi à finir ma dissertation.

Résumé

Étudiez les exemples suivants en notant quels types de questions exigent quels types de réponses.

Qui va venir? — Personne. Personne ne va venir.

Est-ce que quelqu'un va venir? — Non. Personne.

Qui est-ce que tu vas inviter? — Je ne vais inviter personne.

Est-ce qu'elle finira ce travail à temps? — Non, elle ne le finira pas à temps. Elle ne le finira jamais, je crois.

Est-ce que tu fréquentes encore cette école-là? — Non, je n'y vais plus.

Ton frère est-il toujours aussi indiscipliné? — Non, il ne l'est plus. Il a beaucoup changé.

Est-ce que l'avion a déjà décollé? — Non, pas encore. Il est encore sur la piste.

As-tu déjà mangé du caviar? — Non, je n'en ai jamais mangé.

Qu'est-ce que tu fais (de bon)? — Je ne fais rien (de bon).

Qu'est-ce qui t'intéresse dans la vie? — Rien ne m'intéresse.

Hé! Arrêtez-vous! Où allez-vous donc? — Mais, on ne va nulle part, monsieur.

As-tu (encore) des douleurs maintenant? — Non, pas (plus) du tout. Je n'en ai (plus) aucune.

A) *Répondez négativement en employant* ne... pas.

1. Est-ce qu'il pleut?

    _____

2. Es-tu satisfait?

    _____

3. Voulez-vous sortir ce soir?

    _____

4. Ces enfants étaient-ils bien élevés?

    _____

5. Est-ce que sa mère l'a accompagnée?

    _____

6. Est-ce que tu sais chanter?

    _____

7. Allez-vous l'empêcher de partir?

    _____

8. Ont-ils remporté la victoire?

    _____

B) *Voici des réponses. Imaginez les questions négatives qui précèdent. Employez l'inversion. Attention au partitif (du, des, etc.) qui devient* pas de, pas d' *à la forme négative, sauf avec* être.

1. _____?

    Mais si, je sais nager.

2. _____?

    Mais si, nous connaissons cet homme.

3. _____?

    Mais si, elle devrait être là.

4. _____?

    Mais si, c'est un cadeau magnifique.

5. _____?

    Mais si, elle aime les fleurs.

6. _____?

    Mais si, nous étions des amis.

7. _____?

Mais si, je prends du dessert.

8. _____?

Mais si, c'était des Jeux olympiques extraordinaires.

C) *Répondez négativement en employant* ne... jamais *et les pronoms qui conviennent.*

1. Allez-vous quelquefois au bord de la mer?

_____

2. Assistes-tu au concert de temps en temps?

_____

3. Y a-t-il assez d'argent dans notre compte?

_____

4. Prends-tu du sucre dans ton café?

_____

5. Écrivais-tu régulièrement à l'oncle Charles?

_____

6. Est-ce que Gilles est déjà sorti avec Catherine?

_____

7. T'es-tu parfois ennuyé en vacances?

_____

8. Est-ce que ton père se fâchait souvent?

_____

9. Est-ce que tu pourras oublier les Séguin?

_____

10. Sont-ils retournés dans leur pays d'origine?

_____

11. As-tu déjà mangé des sushis?

_____

12. Vous téléphonez-vous de temps en temps?

_____

D) *Donnez des réponses négatives, courtes (sans verbe), en employant* **au moins une fois** *chacune des négations suivantes :* jamais, rien, personne, plus maintenant, nulle part, pas du tout, surtout pas, pas moi, pas encore, plus jamais, toujours pas, pas vraiment.

1. Tu as trouvé un emploi d'été?

_____

2. Qui vas-tu inviter?

_____

3. Où allons-nous?

_____

4. Qu'est-ce qui se passe?

_____

5. Tu te crois meilleur que nous?

_____

6. Est-ce qu'on va le prévenir à l'avance?

_____

7. Quand allez-vous refaire ce voyage?

_____

8. Ta sœur travaille encore comme infirmière, je pense?

_____

9. Est-ce qu'il est temps de partir?

_____

10. C'est dangereux, ce sport?

_____

11. Ils ont finalement répondu à ton appel?

_____

12. Qui va m'aider à faire la vaisselle?

_____

E) *Répondez en employant* rien *ou* personne. *Faites des phrases complètes. S'il y a lieu, employez les pronoms qui conviennent.*

1. Qui veut partir?

_____

2. Qui vous a menti?

_____

3. Qu'est-ce qui est arrivé?

_____

4. Quelqu'un avait faim?

_____

5. Quelque chose s'était cassé?

_____

6. Qu'est-ce qui va changer?

_____

7. Qui va acheter ces vieilles choses?

_____

8. Qui s'est ennuyé à cette soirée?

_____

9. Qui veut répondre à ces personnes?

_____

10. Qu'est-ce qui te fait peur?

_____

11. Qu'est-ce qui plaît à Lucie?

_____

12. Qu'est-ce qui dérange Georges?

_____

13. Qui pourra consoler cette petite?

_____

14. Qu'est-ce qui vous intéresse ici, messieurs?

_____

Continuez l'exercice en employant les prépositions (à, de, pour, etc.) qui conviennent. Attention au temps du verbe.

15. À quoi penses-tu?

_____

16. De quoi as-tu eu besoin?

_____

17. De qui as-tu besoin maintenant?

_____

18. Sors-tu avec quelqu'un?

_____

19. Contre qui es-tu fâché?

_____

20. Pour qui travaille-t-elle?

_____

21. Aviez-vous confiance en quelqu'un?

_____

22. Sur qui pourrez-vous compter?

_____

F) *Répondez négativement, par une phrase complète, en employant la forme qui convient : plus, personne, pas encore, jamais, pas/rien du tout, etc.*

1. Est-ce que vous vous trompez quelquefois?

   _____

2. Que faites-vous pour avoir toujours raison?

   _____

3. Ces gens connaissent-ils quelqu'un ici?

   _____

4. Avec qui est-ce que vous discutiez tout à l'heure?

   _____

5. Qui a frappé à la porte?

   _____

6. Qui avez-vous rencontré hier?

   _____

7. Qu'est-ce qui s'est passé?

   _____

8. Philippe joue encore au hockey?

   _____

9. Il est tard. Avez-vous fini de travailler?

   _____

G) *Répondez négativement aux questions en employant les pronoms qui conviennent.*

1. Aviez-vous déjà vu ce film?

   _____

2. Que pensez-vous du titre?

   _____

3. Raphaëlle a-t-elle finalement quitté Mathieu?

   _____

4. Est-ce qu'elle te parle encore de sa relation?

   _____

5. Et toi, écris-tu encore régulièrement à ton beau Mexicain?

   _____

6. Est-il déjà venu au Québec?

   _____

7. Est-ce que cette correspondance te manque un peu?

   _____

8. Voici le menu; qu'est-ce qui vous tente?

   _____

9. Pourtant, vous aimez beaucoup les fruits de mer, n'est-ce pas?

   _____

10. Buvez-vous du champagne de temps en temps?

    _____

11. Dites-moi, votre fils aime-t-il un peu ses cours cette année?

    _____

12. Est-ce qu'il vous montre ses notes régulièrement?

    _____

13. Je suppose que vous avez déjà parlé à son professeur?

    _____

14. Qui aide votre fils à faire ses devoirs?

    _____

15. Vous avez déjà parlé de vos soucis à quelqu'un?

    _____

H) *Répondez négativement en gardant la construction avec l'infinitif. Utilisez un pronom quand c'est possible.*

   1. Que doit-on faire maintenant?

      _____

   2. Tu veux boire du cidre?

      _____

   3. Quand vas-tu revenir de ce voyage?

      _____

   4. Cette petite sait-elle déjà écrire son nom?

      _____

   5. Veut-elle encore travailler dans cette agence?

      _____

   6. Qui allez-vous engager, messieurs?

      _____

   7. À qui va-t-on offrir ce poste?

      _____

   8. De quoi aurons-nous besoin?

      _____

9. Pourrez-vous un jour oublier cette aventure?

_____

10. Faut-il toujours éteindre les ordinateurs en sortant?

_____

I) *Répondez négativement en employant* On m'a dit de *+ l'infinitif et les pronoms qui conviennent, selon l'exemple suivant.*

Exemple : Ne montrez pas ces documents à vos collègues!
On m'a dit de ne pas les leur montrer.

1. Ne retournez plus dans ce pays!

On m'a dit de _____

2. Ne prenez pas de sucre!

_____

3. N'envoyez pas ce message!

_____

4. Ne vous fâchez pas!

_____

5. Ne parlez jamais de cette affaire à Martin!

_____

6. N'allez plus à ce restaurant!

_____

7. Ne dites rien à vos parents!

_____

8. N'engagez personne!

_____

9. Ne montrez cette brochure à personne!

_____

10. Ne racontez rien à personne!

_____

J) *Complétez les réponses négatives. Attention, certains verbes sont suivis de la préposition* de, *d'autres se construisent sans préposition.*

Exemple : Tu ne travailles plus?
— En effet, j'ai décidé de ne plus travailler.

1. Tu ne dis rien?

— En effet, je préfère _____

2. Tu ne votes pas?

— Non, j'ai décidé _____

3. Vous ne voyagerez plus pour votre travail?

— C'est exact, j'ai promis à ma famille _____

4. Tu n'inviteras personne?

— Non, on m'a conseillé _____

5. Tu ne fumes plus?

— Non, j'ai promis _____

K) *Répondez en employant* ne… que *et les éléments donnés, selon l'exemple suivant.*

> Exemple : Qu'est-ce qu'il y a dans le frigo? (du fromage)
>
> Il n'y a que du fromage.

1. As-tu de l'argent sur toi? (dix dollars)

   _____

2. Combien de frères as-tu? (un)

   _____

3. Charles parle-t-il plusieurs langues? (une)

   _____

4. Combien de temps as-tu attendu? (une demi-heure)

   _____

5. Est-ce que le menu est varié dans ce restaurant? (manger, des pâtes)

   _____

6. Voulez-vous danser avec moi? (avec Daniel)

   _____

7. Qu'est-ce qu'il y a dans cette armoire? (des vêtements démodés)

   _____

L) *Complétez les réponses en employant* ne… que *et le pronom* en *lorsque c'est possible. Attention aux temps des verbes.*

1. Vous avez plusieurs enfants, je pense?

   — Non, nous _____ deux.

2. As-tu de l'argent dans ton sac?

   — Pas vraiment, _____ un peu de monnaie.

3. Êtes-vous souvent retournés dans votre pays d'origine?

   — Non, nous _____ une fois.

4. Combien d'employés allez-vous embaucher?

   — Nous _____ trente.

5. As-tu repéré des sites intéressants?

   — À vrai dire, _____ deux ou trois.

6. As-tu pu voir tout le film?

— Non, _____ la moitié.

7. Prend-elle du café?

— Jamais! Elle _____ thé.

8. Monsieur le maire, allez-vous expliquer tous les détails de cette affaire?

— Non, _____ l'essentiel.

9. Accepterez-vous l'offre de cette petite compagnie?

— Je _____ si on m'offre un salaire raisonnable.

10. Adrien est-il resté longtemps chez vous?

— _____ trois jours.

M) *Complétez le dialogue avec des expressions négatives et les pronoms qui conviennent.*

— Voulez-vous jouer aux cartes, ce soir, Madame Xanthippe?

— Non, je _____ aux cartes. Je déteste ça.

— Voulez-vous écouter quelque chose? Un peu de musique peut-être?

— Non, _____

— Est-ce qu'on pourrait discuter de quelque chose?

— Non, on ne discutera _____

— (C'est dommage.) Dites-moi, sortez-vous quelquefois?

— Non, _____

— Êtes-vous jamais allée à la Grande Bibliothèque?

— Non, _____

— Avez-vous entendu parler de cette magnifique bibliothèque?

— Non, _____

— Lisez-vous des livres à la maison?

— Non, je _____ livre.

— Qu'est-ce qui vous intéresse, alors?

— _____

— Avez-vous des frères et des sœurs?

— Non, _____ frère _____ sœur.

— Avez-vous quelques amis?

— Non, _____. Je suis toujours seule. Mes neveux et nièces

ne _____ me voir.

— Vous les invitez quelquefois?

— Non, je _____

— Mais vous aimez bien quelqu'un, quand même? Qui?

— Détrompez-vous, je _____!

— Qui voulez-vous voir de temps à autre?

—Je_____

— Alors, qu'est-ce que je fais ici? Au revoir, Madame Xanthippe!

Activités

1. *Décrivez quelqu'un de «parfait» en employant la structure* ne... aucun / aucune *ou* ne... pas un(e) seul(e). *Variez le temps des verbes. Voici quelques suggestions à développer.*

Il / Elle…	avoir…	difficulté à parler français
	avoir…	problème de drogue
	donner…	mauvaise réponse
	obtenir…	mauvaise note à ses examens
	faire…	faute dans ses dictées
	oublier…	règle de grammaire
	manquer…	classe
	manger…	aliment trop riche
	commettre…	imprudence

2. *Développez ces scénarios (et inventez-en d'autres). Employez les structures :* ne... que, ni... ni, aucun, jamais, personne, rien, plus, pas encore, pas du tout, *etc. Voici des exemples :*

a) *Un étudiant stressé / une étudiante inquiète et stressée :*

Je suis au bord de la crise de nerfs. Je n'ai plus le temps d'appeler mes amis. Je ne peux pas... je ne devrais pas... je n'arrive pas à... tout me... rien ne me...

dormir, sortir,

faire   exercice

s'organiser, finir, se concentrer sur   travail, devoirs

faire attention à   santé

fréquenter   bars, bibliothèques, gymnase

intéresser, angoisser, déranger,   tout, rien, personne
énerver, comprendre, aider, attirer

Ensuite, il / elle veut changer.   *Quelles sont ses bonnes résolutions?*

«On m'a conseillé...», «J'ai décidé...»   *«J'ai promis à mes parents...» (continuez)*

b) *Vous faites le récit de vos mésaventures lors d'un voyage où tout a mal marché.*

c) *Sandrine a pris rendez-vous avec un jeune homme qu'elle avait «rencontré» dans l'Internet. Elle vous raconte sa soirée ratée en jurant qu'on ne l'y reprendra plus jamais!*

3. *En vous inspirant de l'exercice M, composez un dialogue où vous faites des suggestions à quelqu'un qui y répond toujours par un commentaire négatif. Voici un exemple :*

   — *Quel ennui! Il n'y a rien à faire dans cette ville.*

   — *Pourquoi ne vas-tu pas voir un bon film?*
   — *Il n'y a aucun film intéressant à l'affiche.*

   — *Alors, appelle Gilbert et allez vous promener.*
   — *Il ne voudra pas, il ne veut jamais rien faire avec moi.*

   — *Tu exagères. N'es-tu pas allée au musée avec lui la semaine dernière?*
   — *Oui, mais c'est parce que personne d'autre ne voulait y aller.*

   — *Tu pourrais y retourner, il y a une nouvelle exposition sur l'art cubain.*
   — *Ah non... et puis... etc.*

4. *Faites des recommandations. Qu'est-ce qu'on ne doit pas / jamais / plus faire dans certaines circonstances :*

   a) *en voyage à l'étranger*

   b) *pendant la période des examens*

   c) *dans un endroit public*

   d) *quand on est superstitieux*

   e) *etc.*

12

Les pronoms personnels

«On s'y habitue peu à peu.»

Généralités

Un **pronom** remplace un nom qui a déjà été mentionné ou qui est bien connu.

Votre père? Il est dans son bureau. Il **y** est depuis 8 h 30. Quand je l'ai salué ce matin, il **m**'a parlé brièvement. Je **lui** ai rappelé ses rendez-vous de la journée. Il **en** a toujours tellement. Mais il **vous** attend. Il **m**'a dit : «Appelez-**moi** dès que ma fille sera là. Je déjeune avec **elle** aujourd'hui.»

L'usage des pronoms est très courant et naturel dans la langue française. Il est important d'en comprendre les formes et la place dans la phrase.

(Pour les pronoms personnels avec l'impératif, voir aussi le chapitre 7, section 3.)

1) LE PRONOM SUJET

Il y a trois personnes grammaticales, chacune ayant au moins une forme au singulier et au pluriel :

je / nous   *tu / vous*   *il* ou *elle* ou *on*[1] */ ils* ou *elles*

Je fais tout mon possible pour réussir.

Tu comprends, n'est-ce pas?

Où est le dictionnaire? — **Il** est à sa place, sur l'étagère.

Que fait la directrice? — **Elle** reçoit des visiteurs.

Ici **on** parle français.

Qu'est-ce qu'**on** fait? **On** va dîner ensemble?

Nous sommes revenus hier soir.

Vous travaillez trop fort, mes amis.

Les Kosovars? **Ils** ont proclamé leur indépendance le 17 février 2008.

Les femmes? **Elles** sont trop peu nombreuses en politique.

2) LE COMPLÉMENT D'OBJET DIRECT : COD

Ce pronom se place devant le verbe (dans le cas du passé composé, devant l'auxiliaire) et garde cette position dans les phrases interrogatives ou négatives. Au futur proche, le pronom se place devant l'infinitif. (Voir la section 7 pour l'ordre des mots quand il y a deux pronoms devant le verbe.)

a) La première personne : singulier *me*; pluriel *nous*.

Le professeur **me** voit.	Il **nous** voit tous.
Ma voisine ne **m**'écoute pas.	On ne **nous** dérange pas ici.
Me comprends-tu?	Ne **nous** entendez-vous pas?

---

1 *On* veut dire : *tout le monde, les gens en général* ou, en langue familière, *nous.*

M'as-tu vu hier? Ils ne **nous** ont pas compris.
On ne va pas m'aider. Ils ne vont pas **nous** écouter.

b) La deuxième personne : singulier *te* (familier), *vous* (poli); pluriel *vous.*

Je **te** comprends, tu sais.

Est-ce que vos parents **vous** aident?

Je **vous** ai étonné, n'est-ce pas, monsieur?

c) La troisième personne : on emploie *le, la, l', les* pour les **choses** ou les **personnes.**

Où est-ce que j'ai mis mes lunettes? — Tu **les** as sur le nez.

Tu aimes ton appartement? — Oui, je **l'**aime beaucoup.

Et ton proprio? — Je ne **l'**aime pas du tout.

Connais-tu Pauline? — Je **la** connais bien. Je l'ai rencontrée plusieurs fois.

Marcel aime la philosophie. Il **l'**a étudiée à l'université.

Les étudiants travaillaient fort, alors je ne **les** ai pas interrompus.

Tu as mes clés? — Oui, **les** voici.

(Pour l'accord du participe passé, voir le chapitre 3, section 3.)

Le invariable peut remplacer un adjectif ou une proposition complète.

M. et Mme Leclerc sont très souriants aujourd'hui. — Ils **le** sont toujours!

Savais-tu qu'Henri était malade? — Oui, on me **l'**avait dit.

Pour le pronom réfléchi (ou réciproque) à la troisième personne, on emploie *se.*

Il se lève.

Elles se réveillent.

Pierre et Bruno ne se connaissent pas très bien.

On se tait pendant un concert.

3) LE COMPLÉMENT D'OBJET INDIRECT : COI

a) À la première et deuxième personne, on emploie les **mêmes** formes *me, te, nous, vous,* pour le complément d'objet direct **ou** indirect.

Julie est ma grande amie. Je lui écris souvent et elle m'envoie des cadeaux à Noël. L'année dernière, je lui ai demandé de l'argent et elle **m'**a prêté 500$.

Nous écrivons à Paul et il **nous** répond immédiatement.

b) À la troisième personne, on emploie les formes *lui* (singulier) et *leur* (pluriel) comme COI, c'est-à-dire lorsque le verbe se construit avec la préposition *à.* (Ceci s'applique aux **personnes** seulement; voir la section 4 b pour la structure **verbe + *à* + une chose.**)

Tu téléphones à mon ami? — Oui, je **lui** téléphone.

Vous ressemblez à vos parents? — Oui, nous **leur** ressemblons beaucoup.

Mes voisins? Je les ai invités chez moi et je **leur** ai servi du café.

Voici une liste des verbes les plus courants qui se construisent avec *à* + **une personne.**

demander	envoyer	offrir	répondre
dire	expliquer	parler	ressembler
donner	manquer	payer	servir
écrire	montrer	prêter	téléphoner
emprunter	obéir	rendre	vendre

Notez que les verbes *regarder, écouter, chercher* et *attendre* s'emploient sans préposition en français. On utilise donc les pronoms COD : *le, la, l', les.*

Nos amis vont arriver bientôt. Nous allons **les** attendre ici.

Pour le pronom réfléchi (ou réciproque), à la troisième personne, on emploie *se.*

Il **se** demande où il va.

Ils **se** sont téléphoné.

Elles ne **se** parlent plus.

Cas spéciaux

Certains verbes construits avec *à* s'emploient dans une structure où l'on trouve un pronom tonique après le verbe. (Voir la section 6.)

4) LE PRONOM Y *(there, in that place / position, to that place, in it, to it, to them, etc.)*

Ce pronom se réfère à des **choses** seulement. Il s'emploie :

a) pour remplacer une expression contenant une préposition, quand on indique une position, une direction, un lieu;

aller, arriver, entrer, retourner	dans
(verbes de mouvement)	devant
être, habiter, rester, se trouver	derrière
vivre, mourir, passer (du temps)	en
laisser, mettre, trouver, placer	sur
etc.	sous
	etc.

Tu es resté longtemps en Australie? — J'**y** ai vécu pendant cinq ans.

Va dans ta chambre! — Mais j'**y** suis déjà!

Pourquoi est-ce que ces bottes se trouvent sous la table?

— C'est parce que Paul les **y** a mises.

b) lorsque le verbe se construit avec la préposition *à.*

aller, arriver, courir	s'intéresser
retourner, revenir, venir	jouer (aux cartes, au football)
être, rester, passer du temps	se mettre *(begin)*
emmener (quelqu'un)	obéir
assister *(attend events, classes)*	participer
s'attendre *(expect)*	penser *(think about)*
croire *(believe in)*	réfléchir
s'inscrire *(enroll, register in)*	répondre
s'habituer *(get used to)*	réussir *(succeed in)*
être habitué *(be used to)*	tenir *(value highly, be fond of)*
	travailler

Quand sont-ils allés à Moscou? — Ils **y** sont allés en avril dernier.

Aimez-vous ce climat? — Pas vraiment, mais on s'**y** habitue peu à peu.

Est-ce qu'Henri travaille à ce projet? — Oui, il **y** travaille.

Tu penses à tes vacances? — Mais oui, j'**y** pense depuis un bon moment.

Qui a participé à cette manifestation? — Nous **y** avons tous participé.

5) **LE PRONOM** *EN* (*some of it, some of them, from there, of it, of them*)

    a) Ce pronom remplace un **nom précédé d'un partitif (du, de l', de la, des)** et dans ce contexte il peut se rapporter **aux choses ou aux personnes**. Rappelons que le partitif indique une **quantité limitée** de choses ou un **nombre limité** de personnes.

        Combien de frères as-tu? — J'**en** ai deux.

        A-t-il acheté des livres? — Oui, il **en** a acheté[2] plusieurs.

        Tu prends du sucre? — J'**en** prends un peu.

        Et du lait? — Non merci, je n'**en** prends pas.

        As-tu des messages à me transmettre? — Mais oui, j'**en** ai une dizaine.

        J'ai demandé une brochure; on m'**en** a donné[2] trois.

        Charles reçoit peu de lettres parce qu'il **en** écrit peu.

        Des ennemis? Il **en** a beaucoup. Il **en** voit partout.

    b) Le pronom *en* s'emploie aussi lorsque le verbe se construit avec la préposition *de*. Dans ce cas, le nom qu'il remplace est normalement une **chose**. Voici une liste partielle de structures construites avec *de* + une chose ou un endroit.

avoir besoin, envie, horreur, peur	être content, fier, satisfait
arriver, partir, revenir, sortir	parler (*talk about*)
s'approcher	entendre parler (*hear about*)
jouer (du piano, de la flûte)	se passer (*do without*)
manquer (*be short of, lack*)	profiter (*make the most of*)
se moquer (*laugh at, not care about*)	rire (*laugh at*)
s'occuper (*deal with, take care of*)	se servir (*use*)
se débarrasser (*get rid of*)	se souvenir (*remember*)

        As-tu peur des fantômes? — Oui, j'**en** ai peur. (avoir peur de)

        Elles ont fini leur travail et elles **en** sont satisfaites. (être satisfait de)

        Nous sommes allés au cinéma à trois heures et nous **en** sommes sortis à cinq heures et demie. (sortir de)

        Tu retournes à Halifax? — Non, j'**en** reviens. (revenir de)

        Le chasseur s'est approché du lion? — Non, il ne s'**en** est pas approché. (s'approcher de)

        Sais-tu ce qu'on raconte à ton sujet? — Je m'**en** moque. (se moquer de)

        Laisse tous ces paquets sur la table! Je vais m'**en** occuper. (s'occuper de)

    ATTENTION!

    Pour les verbes construits avec *de* + une **personne**, voir la section 6 e.

    c) *Y + en*

    On n'emploie pas les deux pronoms *y* et *en* ensemble, sauf dans l'expression *il y en a*. Il faut trouver un autre pronom ou un autre moyen d'exprimer la même idée.

        Y a-t-il assez de chaises dans cette salle? — Il y **en** a au moins cinquante.

        Tu as acheté des fruits chez Provigo? — Oui, j'**en** ai acheté (sous-entendu «là»).

        — Oui (sous-entendu «j'en ai acheté») et j'**y** ai trouvé aussi de beaux légumes.

---

2 Il n'y a pas d'accord du participe passé après *en.*

6) LES PRONOMS DISJOINTS OU TONIQUES

moi	*nous*
toi	*vous*
lui	*eux*
elle	*elles*

soi (pour on, chacun, tout le monde)

Ces pronoms, qui sont toujours séparés du verbe (c'est pourquoi on les appelle aussi disjoints), désignent des **personnes seulement** et s'emploient dans plusieurs contextes.

a) Dans les réponses courtes où le verbe n'est pas exprimé.

> Qui va venir? — Moi.
>
> Qui a fait ça? — C'est lui. Pas moi.

Notez ces expressions, à l'affirmatif et au négatif.

> Moi aussi! *(Me too! So do I.)*
>
> Moi non plus! *(Me neither! Neither do I.)*
>
> Nous aimons la musique. Eux aussi.
>
> Tu ne vas pas à l'école aujourd'hui? Nous non plus.

b) Quand on veut préciser ou renforcer le sujet, ou attirer l'attention sur la personne sujet ou complément.

> Moi, je n'ai pas le temps.
>
> Il ne veut pas le faire, lui.
>
> Henri et toi, vous êtes invités à cette soirée.
>
> Nous partons, elle et moi.
>
> C'est elle qui va[3] tout expliquer.
>
> C'est toi qui écris[3] le mieux.
>
> Ce sont eux que je cherche.

Ici, pour marquer l'insistance, on peut parfois employer *à* + **un pronom tonique** quand le verbe se construit normalement avec le complément d'objet indirect *me, te,* etc.

> C'est à lui que je vais téléphoner, pas à vous.
>
> (Je vais lui téléphoner. Je ne vais pas vous téléphoner.)
>
> Ce n'est pas à moi que tu dois dire ça.
>
> (Tu ne dois pas me dire ça à moi.)

c) Dans les phrases de comparaison. (Voir aussi le chapitre 17.)

> Tu es plus grand qu'elle. J'ai moins d'argent que toi.

d) Après les prépositions (autres que *à* ou *de*).

Je n'ai pas d'argent sur moi.	Tu dois rentrer chez toi.
Ne sortez pas avec lui!	Avez-vous confiance en eux?
J'ai acheté ça pour elle.	Dans cette situation, c'est chacun pour soi.
Ils étaient assis derrière nous.	Selon lui, nous allons avoir un hiver doux.
C'est avec elle que je voulais voyager, pas avec vous.	
On a voté contre lui, pas contre son parti.	

---

3 On emploie la forme du verbe qui correspond au sujet.

e) Après la préposition *de*, pour remplacer **une personne**, en utilisant des verbes tels que :

avoir besoin, honte, peur	parler
être content, fier, jaloux, satisfait	se passer
s'approcher	rire
se moquer, se méfier	se servir
s'occuper	se souvenir

Cet homme-là n'est pas honnête. Nous nous méfions de lui.

Ces acteurs sont en train de devenir célèbres. On parle d'eux dans les journaux.

Est-ce que vous vous souvenez de moi?

Il a besoin de toi. Je dois m'occuper de lui.

f) Après la préposition *à*, **mais seulement dans certaines structures exceptionnelles,** par exemple après les verbes suivants.

être à quelqu'un (*belong to*)	s'intéresser à quelqu'un
penser à quelqu'un	s'adresser à quelqu'un
tenir à quelqu'un	présenter / se présenter à quelqu'un

Ce parapluie n'est pas à toi. Il est à moi. (Il m'appartient.)

À qui penses-tu? — À ma mère. Je pense souvent à elle. Je tiens à elle.

Vous voyez cette dame-là? On s'adresse à elle pour tous les renseignements.

Peux-tu me présenter à ton père? — Mais oui, je vais te présenter à lui ce soir même.

N'oubliez pas qu'il s'agit d'une structure exceptionnelle. Normalement, les pronoms à utiliser dans les structures exigeant la préposition *à* (la plupart des verbes qui se construisent avec *à*) sont : *me, te, se, nous, vous, lui* et *leur* placés **avant le verbe.**

Ma mère? Je pense à elle et je lui écris souvent.

Le président a été aimable. Je me suis adressée à lui et il m'a répondu poliment.

7) L'ORDRE DES MOTS

a) Quand on emploie deux pronoms compléments dans une phrase déclarative, ils se placent avant le verbe (ou avant l'auxiliaire) dans l'ordre suivant.

pronom sujets	pronom compléments				verbe ou auxiliaire
Je tu il elle on nous vous ils elles	me te se nous vous se	le la les	lui leur	y	en

Il **m'en** donne plusieurs.

Je **vous y** emmènerai.

Tu **les leur** montreras, n'est-ce pas?

Nous **nous en** moquons.

Je **lui en** ai acheté.

Elle **te les** a envoyés.

On **s'y** attendait.

Vous **le lui** aviez dit.

b) L'impératif (Voir le chapitre 7, section 3.)

Les pronoms **suivent** le verbe à l'impératif affirmatif. *Moi* et *toi* remplacent *me* et *te* (*m'*, *t'* devant *en* ou *y*).

> Dépêchez-vous. Donnez-les-moi. Apportez-m'en deux.

À la forme négative, les pronoms se placent avant le verbe, comme dans la phrase déclarative.

> Ne vous dépêchez pas. Ne me les donnez pas. Ne m'en apportez plus.

c) La phrase négative ou interrogative

Les pronoms doivent rester avant le verbe ou avant l'auxiliaire.

> Il ne m'en donne pas.
>
> Je ne vous y emmènerai pas.
>
> Les leur as-tu montrés?
>
> Ne nous en moquons-nous pas?
>
> Les y a-t-elle mis?

d) La phrase contenant un infinitif

Les pronoms se placent normalement avant l'infinitif qui est le verbe auquel ils se rapportent.

> Nous allons y travailler bientôt.
>
> Je ne veux pas lui en donner.
>
> Il a l'intention de nous les montrer.
>
> Vas-tu l'y conduire?

Il y a quelques exceptions, lorsque le pronom ne peut pas se placer, logiquement, avant l'infinitif. (Voir aussi le chapitre 9, section 6.)

> A-t-il laissé tomber son livre? — Oui, il l'a laissé tomber.
>
> Je l'entends chanter.
>
> Ce château? Un millionnaire mystérieux l'a fait construire ici l'année dernière.
>
> Je lui ai promis de le faire.

e) Les verbes pronominaux

Un pronom complément peut se placer après le pronom réfléchi.

> Se lave-t-il les mains? — Oui, il se les lave.
>
> S'est-elle cassé la jambe? — Non, elle ne se l'est pas cassée.
>
> Après avoir examiné tous les tableaux, ils s'en sont acheté un.
>
> Quand t'es-tu procuré cet appareil? — Je me le suis procuré la semaine dernière.

Notez la différence entre l'impératif et l'interrogatif présent.

> Reposez-vous!   Vous reposez-vous?
>
> Va-t'en!   T'en vas-tu?

A) *Faites cet exercice d'abord oralement, ensuite par écrit. Répondez par une phrase complète en employant le pronom qui convient. Attention : quand il y a deux verbes, les pronoms précèdent le verbe dont ils sont compléments.*

1. Je t'attends?

   — Oui, tu… _____

2. Je te suis?

   — Oui, _____

3. Il te parle?

   — Oui, _____

4. Nous te connaissons?

   — Oui, _____

5. Elle t'aide?

   — Oui, _____

6. Ils t'invitent?

   — Non, _____

7. Ça te dérange?

   — Non, _____

8. Ça te plaît?

   — Oui, _____

9. Ça t'énerve?

   — Oui, _____

10. Ça te rend malade?

    — Oui, _____

11. Tu acceptes son invitation?

    — Oui, _____

12. Tu aimes cette musique?

    —Non, _____

13. Tu apprécies ton cadeau?

    — Oui, _____

14. Tu rejettes mon idée?

    — Non, _____

15. Tu invites tes copains?

    — Oui, _____

16. Tu connais monsieur Dupont?

    — Non, _Je ne lui connais pas_

17. Ils lisent le roman de Jonathan Littell?

    — Oui, _ils le lisent_

18. Elle a acheté ces friandises?

    — Non, _elle ne les a pas acheter_

19. On ouvre ces bouteilles?

    — Oui, _on les ouvres_

20. Vous fermez votre commerce?

    — Oui, _vous le fermons_

21. Ils mettent leurs bottes?

    — Oui, _ils le mettent_

22. Vous admirez cette danseuse?

    — Oui, _nous l'admirons_

23. Vous plaignez ces jeunes gens?

    — Oui, _nous les plaignons_

24. Elles vont voir la pièce de Lepage?

    — Non, _elles ne vont pas le voir_

25. Pouvons-nous relire ce manuscrit?

    — Oui, _vous pouvez le relire_

26. Vous espérez convaincre l'éditeur?

    — Oui, _nous esperons le convaincre_

27. Vous voulez adopter ces enfants?

    — Oui, _nous voulons les adopter_

28. Ils vont battre le record?

    — Oui, _ils vont le battre_

29. Tu dois vendre ta maison?

    — Oui, _je dois la vendre_

30. Tu sais réparer ton auto?

    — Non, _je ne sais pas le prépare_

B) *Exercice oral et écrit. Le pronom* le *invariable peut remplacer un adjectif ou toute une proposition. Répondez aux questions en employant* le *avec le verbe donné au temps qui convient.*

   1. Tu es étudiant, je pense? (être)

      — Je _je suis_, en effet.

2. Vous avez soldé ces meubles au prix coûtant? (faire)

— Mais oui, nous _les avons faits_ souvent avant l'arrivée des nouveaux modèles.

3. Jules et Marianne vont divorcer, paraît-il. (ne pas savoir)

— Vraiment? Nous _ne l'avons pas_ su

4. Serez-vous diplômés bientôt? (être)

— Mais nous _le sommes_ déjà!

5. Son état m'inquiète, ne faudrait-il pas appeler un médecin? (vouloir)

— Pas encore, elle _ne le veut pas_

6. Vous avez l'air très fatigué ce soir. (être)

— On _l'est_ toujours à la fin du semestre.

7. Penses-tu que cette guerre va finir un jour? (espérer)

— Je ne sais pas, mais je _l'espère_

8. Allez-vous revenir bientôt? (promettre)

— Bien entendu, nous vous _le ~~prom~~ promettons_

C) *Exercice oral et écrit. Répondez en employant* me, te, se, nous *ou* vous *suivi de* le, la, l' *ou* les.

1. On te donne la réponse?

— Oui, _on me la donne_ toujours.

2. On nous envoie la facture?

— Oui, _on vous l'envoie_ par la poste.

3. On te livre tes achats?

— _oui on me les livres_ le jour même.

4. On vous explique les problèmes?

— Non, _on ne nous les ~~es~~ explique pas_

5. On m'apporte le journal?

— Oui, _on te l'apporte_ à domicile.

6. On va nous prêter la somme nécessaire?

— _____

7. On vous loue la maison pour l'été?

— Non, _____

8. On se demande pourquoi!

— Oui, _____!

D) Répondez aux questions en employant le, la, les *ou* lui, leur.

1. Est-ce que tu ressembles à Pierre?

   Oui, je lui ressemble

2. Téléphones-tu souvent à ta mère?

   Oui, je lui téléphone

3. Tu achètes ce produit?

   Oui, je l'achète

4. Les soldats obéissent-ils aux officiers?

   Oui, ils l'obéissent

5. Tu écoutes les nouvelles?

   Oui, je les écoute

6. Regardent-ils vos documentaires?

   ils le regardent

7. Où est-ce qu'on met ces paquets?

   On les met là

8. Où est-ce que tu ranges tes vêtements?

   Je les range ici

9. Tu refuses cette promotion?

   non je ne le refuse pas

10. Qu'est-ce qu'ils envoient à tante Marthe pour sa fête?

    on les envoint des fleures
    lui

11. Qu'est-ce qu'on a volé à ces touristes?

    on les vole on re on do leur a volé d'argent

12. Où vas-tu faire réparer ta voiture?

13. Qu'est-ce qu'on enseigne aux étudiants?

    on leur enseigne ...

14. Qu'est-ce que tu as raconté aux enfants?

    je leur ai raconté une histoire

15. Quand est-ce qu'on va lancer ce nouveau produit?

16. Quand vas-tu écrire aux éditeurs?

17. Quand vas-tu publier ton premier roman?

18. Quand est-ce que tu vas acheter les billets?

   _____

19. Quand pourrez-vous parler au gérant?

   _____

20. Où allez-vous attendre votre ami?

   _____

E) *Répondez en mettant* y, s'y, l'y *ou* les y *devant le verbe au présent ou devant l'infinitif du futur proche.*

   1. Vous retournez en Afrique?

      — Oui, nous _____ le mois prochain.

   2. Tu restes dans ton bureau aujourd'hui?

      — Oui, _____ toute la journée.

   3. On laisse le bébé dans sa poussette?

      — On _____ pour le moment.

   4. Qu'est-ce que tu mets dans ce tiroir?

      — Je _____ toutes mes chemises.

   5. Depuis combien de temps habitez-vous en Belgique?

      — On _____ depuis 15 ans.

   6. Viens vite à mon bureau! (courir)

      — D'accord, je _____

   7. Vous entrez dans la chambre pendant que l'enfant dort?

      — Oui, mais on _____ sur la pointe des pieds.

   8. Vous allez vous mettre au travail, non?

      — En effet, on _____ bientôt.

   9. Est-ce qu'Hélène s'intéresse à ton projet?

      — Non, _____

   10. Tu participes au festival?

      — Mais oui, je _____ chaque année.

   11. Tes parents vont assister au concert?

      — Oui, _____ avec ma sœur.

   12. Vous ne répondez pas à mes questions?

      — Nous _____ plus tard.

   13. Pensez à mon offre; elle est intéressante!

      — Mais oui, nous _____

   14. Ils jouent souvent au tennis?

      — Ils _____ toutes les fins de semaine.

15. Parviendrez-vous à convaincre le patron?

— *nous parviendrons à le convaincre* coûte que coûte.

16. Béatrice tient-elle vraiment à tous ces cailloux et coquillages?

— Oh oui, _____ énormément!

17. On va vraiment inviter tous ces touristes à la fête du village?

— Non, en fin de compte, on _____

18. Vont-ils envoyer cette pauvre femme en prison?

— Oui, ils *ils vont l'y envoyer* _____

19. Pendant combien de temps doit-on laisser les sorbets au réfrigérateur?

— On *doit les y laisser* pendant au moins deux ou trois heures.

20. Quand est-ce qu'on arrivera à notre destination?

— On *y arrivera* dans quelques minutes.

F) *Au supermarché du coin. Répondez en employant le pronom* en *et une expression de quantité. Variez les verbes* (donnez-m'en… je vais en prendre… il m'en faut… j'en voudrais… mettez-m'en… *etc.) et les quantités* (une douzaine, quelques-uns, un litre, deux ou trois, *etc.*)

— Qu'est-ce que ce sera pour vous aujourd'hui? Voulez-vous des fraises?

— *Oui, j'en veux*

— Prenez-vous des oranges aussi?

— _____

— Les courgettes sont en spécial aujourd'hui.

— D'accord, _____

— Des pommes de terre?

— _____

— Et combien de ces beaux artichauts? On vient de les recevoir.

— C'est bon, _____

— Vous avez aussi commandé des steaks, je crois?

— C'est exact, _____

— Autre chose? Du lait peut-être?

— Ah oui, _____

— Des œufs?

— _____

— Et des petits gâteaux à la frangipane, cuits sur place et encore tout chauds?

— Comment résister, en effet. C'est bon, _____

— Avez-vous des sacs réutilisables?

— Oui merci, _____

— Alors, bonne journée et à la semaine prochaine.

G) *Exercice oral et écrit. Répondez en employant les pronoms qui conviennent :* le, la, l', les, en.

Quand on est à l'hôpital...

1. est-ce qu'on nous donne un bain chaque jour?

   — Non, _____

2. on nous lave notre linge?

   — Oui, _____

3. on nous repasse nos vêtements?

   — Non, _____

4. on nous fournit des produits de toilette?

   — Non, _____

5. on nous sert nos repas au lit?

   — Oui, _____,

6. on nous offre du vin?

   — Non, _____

7. on nous propose des collations?

   — Oui, _____

8. on nous explique bien notre traitement?

   — Oui, _____

9. on nous pose des questions?

   — Oui, _____ beaucoup.

10. on nous envoie des fleurs?

    — Oui, d'habitude, les amis _____

H) *Répondez en employant les pronoms qui conviennent :* me, nous, le, la, l', les, lui, leur, en.

1. Est-ce qu'on va distribuer ces brochures aux participants?

   — Oui, on _____

2. Est-ce que je parle à Charles du changement de programme?

   — Non, tu _____

3. Qui s'est chargé des invitations?

   — Moi, _____

4. A-t-on demandé de l'aide à Marie-Paule pour le buffet?

   — Oui, on _____

5. Qui a acheté les fromages?

   — C'est Claire qui _____

6. Est-ce qu'elle a commandé des fruits?

   — Non, _____

7. Combien de sandwichs a-t-on prévus?

   — _____ trois douzaines.

8. Et on a invité combien de personnes?

   — _____ une vingtaine.

9. Est-ce qu'on va servir du vin à nos invités?

   — _____, c'est sûr.

10 Est-ce que tu as loué assez de verres et de serviettes?

   — Oui! Je _____

11. Bien. Évidemment, tu as aussi demandé au directeur de faire un petit discours?

   — En effet, je _____

12. Est-ce qu'il t'a confirmé sa présence?

   — Non, il _____

13. Mais… avons-nous prévu une solution de rechange, au cas où…?

   — Oui, ne t'inquiète pas, nous _____ plusieurs.

14. Qu'est-ce que je ferais sans toi?

   — Ça, je _____!

I) En *ou* y *ou les pronoms disjoints (toniques)? Devant chaque question de la colonne de gauche, mettez le chiffre qui correspond à la bonne réponse dans la colonne de droite.*

_____ Leur roman a obtenu le prix des libraires?	1. En tout cas, je pense à lui sans arrêt.
_____ Vous vous souvenez de cette aventure?	2. Je m'en occupe depuis une semaine.
_____ Êtes-vous contents de vos notes?	3. Non, je m'en sers tous les jours.
_____ Peux-tu te passer de ton ordinateur demain?	4. Oui, je m'occupe d'elle depuis une semaine.
_____ Depuis quand t'occupes-tu de cette affaire?	5. Comment ne pas s'en souvenir!
_____ Tu t'occupes de ta petite nièce?	6. En effet, et ils sont très fiers de lui.
_____ Son petit-fils lui manque?	7. En effet, et ils en sont très fiers.
_____ Leur fils a obtenu le premier prix?	8. Oui, elle parle de lui tout le temps.

_____ Notre projet t'intéresse?

_____ Tu te souviens de cette jeune gymnaste roumaine?

_____ Tu défends la cause des jeunes défavorisés?

_____ Vous pourriez vous passer de votre assistant la semaine prochaine?

_____ Tu as trouvé Stéphane de ton goût?

9. Sans doute, j'y pense tout le temps.

10. Disons que je m'intéresse beaucoup à eux.

11. Nous en sommes assez satisfaits.

12. Tout le monde se souvient d'elle.

13. Non, j'ai absolument besoin de lui pour finaliser le rapport annuel.

J) _Répondez aux questions en remplaçant les mots en caractères gras par des pronoms (y, en, à lui, de lui, etc.)._

1. Est-ce qu'ils s'intéressent **à notre entreprise**?

   _____

2. Êtes-vous fiers **de son travail**?

   _____

3. Ont-ils encore besoin **de leur professeur**?

   _____

4. Se sert-il souvent **de cet appareil**?

   _____

5. À quelle heure se met-elle **au travail**?

   _____ à six heures du matin.

6. Va-t-il **à son bureau** le samedi?

   _____ tous les samedis.

7. Penses-tu souvent **à ta grand-mère**?

   _____

8. Est-ce qu'on se souvient **des suffragettes**?

   _____

9. Avez-vous besoin **de mon dictionnaire**?

   _____

10. Tu t'es habitué **à ma voix**?

    _____

11. Est-ce que cette moto est **à Gilles**?

    _____

12. S'intéresse-t-il toujours **à Maude**?

    _____

K) *Répondez négativement en employant les pronoms qui conviennent.*

1. As-tu peur des ouragans?

   _____

2. Est-ce que cet humoriste se moque de nos politiciens?

   _____

3. Aviez-vous confiance en moi?

   _____

4. Vous tenez beaucoup à ce bijou?

   _____

5. Est-ce que tu vas répondre à tes grands-parents?

   _____

6. Ces gens veulent parler au président?

   _____

7. Ils auront besoin de leurs amis, n'est-ce pas?

   _____

8. Auront-ils besoin d'argent?

   _____

L) *Choisissez la question ou la remarque qui a pu susciter chacune des réponses de la colonne de droite. Inscrivez le numéro de cette question ou remarque devant chaque réponse.*

1. Qui pourra les amener à l'aéroport?   —— Lui aussi!

2. Ils nous critiquent, mais qui prendra notre place?   —— Moi non plus!

3. Je ne veux plus jamais en entendre parler!   —— Avec ton horaire chargé, certainement pas toi!

4. Qui veut m'accompagner au Biodôme?   —— Toi, tu es le plus éloquent.

5. Quel représentant avez-vous choisi?   —— Eux, évidemment.

6. Oui, mais moi, je tenais vraiment à y assister.   —— Moi! Moi! Moi!

M) *Voici des réponses courtes contenant des prépositions. Imaginez les questions en utilisant les prépositions qui conviennent.*

Exemple : De qui parlez-vous? — D'elle.

1. _____ — Chez elle.

2. _____ — Avec lui.

3. _____ — À vous.

4. _____ — Pour moi.

5. _____ — Derrière nous.

6. _____ — À côté de toi.

N) *Exercice de synthèse*
Répondez en employant les pronoms qui conviennent.

1. Attendez-vous le conférencier d'honneur?

   _____

2. Penses-tu souvent à tes amis partis autour du monde?

   _____

3. Vas-tu envoyer des courriels à ces grands voyageurs?

   _____

4. Es-tu déjà allé en Afrique?

   _____

5. As-tu visité le Sénégal?

   _____

6. Depuis quand sors-tu avec Pierre?

   _____ depuis deux ans.

7. Tenez-vous à votre relation, lui et toi?

   _____ beaucoup.

8. Avez-vous des projets sérieux?

   — Oui, _____

9. En avez-vous parlé à vos parents?

   Oui, _____

10. Étaient-ils surpris?

    Non, _____

O) *Exercice de synthèse*
Répondez en employant les pronoms qui conviennent.

1. Est-ce qu'Hélène t'a montré sa voiture neuve?

   — Oui, _____

2. Elle est fière de cette voiture, n'est-ce pas?

   _____

3. Est-ce qu'elle va aller en Floride cet hiver?

   _____

4. Est-ce qu'elle a l'intention de laisser son auto ici?

   _____

5. T'a-t-elle parlé de son frère Daniel récemment?

   _____

6. Est-ce qu'elle va lui prêter son appartement?

   — Oui, _____

7. Est-ce qu'il va s'occuper de ses chats pendant son absence?

   _____

8. Je suppose qu'elle est satisfaite de cet arrangement?

   _____

9. Crois-tu qu'il aura besoin de la voiture?

   _____, il a la sienne.

10. Alors, peut-être qu'elle me la prêterait, à moi?

    — Demande _____.

11. Combien de temps va-t-elle rester là-bas?

    _____un mois.

P) *Exercice de synthèse*
   Complétez le dialogue en employant les pronoms qui conviennent ainsi que les autres mots qui manquent.

   — Tu vas encore souvent à New York?

   — Oui, justement, _____ la semaine prochaine.

   — Tu emmènes les enfants?

   — Non, je pars sans _____ cette fois-ci.

   — Ils vont rester chez leur père?

   — C'est ça. Ils vont rester _____ pendant deux jours.

   — Et après?

   — Les grands-parents vont _____ pour le weekend.

   — Les enfants sont toujours contents d'aller à la campagne, n'est-ce pas?

   — Ils _____ en effet et c'est tant mieux. L'air pur est bon pour

   _____.

   — Est-ce que tes parents ont encore leurs vaches laitières?

   — Non, _____ mais ils ont gardé leurs chevaux.

   — Tes enfants font de l'équitation à la ferme?

   — L'aînée _____ chaque fois qu'elle _____ va. Le plus jeune

   s'amuse avec les poules et les lapins.

   — Mais _____, la maman, tu auras un peu de temps libre à New York?

   — Je _____ après la conférence. Je veux aller au Met, on

   joue Aïda de Verdi.

— Tu as déjà réservé des billets?

— Oui, je _____a par Internet.

— Est-ce qu'on _____ a envoyés par courrier?

— Non, je _____ ai fait livrer chez mes amis newyorkais.

— Ah, tu vas voir les Barlow?

— Non seulement je _____ mais je vais rester chez _____.

— Ah bon, alors, tu _____ convaincras peut-être de venir au Québec cet hiver?

— Je vais certainement _____ encourager.

— Et si tu parlais à tes amis de mon super chalet dans les Laurentides.

— D'accord, je _____ parler et même _____ décrire par le menu détail.

— Ils font du ski, j'espère?

— Je pense qu'ils _____ tous les deux.

— Ils sont déjà venus au Québec?

— Mireille _____ a séjourné une fois avant son mariage.

— Tes valises sont prêtes?

— _____

— Pendant que j'y pense, veux-tu que j'arrose tes plantes pendant ton absence?

— Si tu passais _____ arroser au moins une fois, ce serait super.

— Tu me laisses une clé tout de suite?

— Non, je vais _____ à l'endroit habituel.

— D'accord, mais tu m'appelles avant de partir, n'est-ce pas?

— Sans faute, je _____ promets.

1. *Complétez les phrases en utilisant le pronom qui convient.*

   a) **Les enfants :** On _____ met au monde, on _____ donne la vie, on _____ nourrit, on _____ habille, on prend soin de _____ jour et nuit, on _____ apprend à marcher, on _____ protège, on _____ donne des conseils, on s'inquiète pour _____, mais on _____ encourage à foncer quand même, on _____ console quand ils ont de la peine, on _____ donne de l'argent quand ils _____ ont besoin, on pense à _____ sans arrêt, on _____ aime pour la vie.

   b) **Les personnes âgées :** On _____ respecte, on _____ écoute, on _____ rend visite, on _____ consulte, on prend soin de _____, on _____ demande conseil, on _____ téléphone souvent, on prend le temps de _____ distraire,… *continuez.*

   c) **Les journaux :** Les gens _____ achètent, ils se / s' _____ abonnent, ils _____ lisent, ils _____ recyclent, ils se / s' _____ servent pour faire des feux de cheminée, ils _____ mettent des annonces, … *continuez.*

   d) **Les amis :** Il faut _____ chérir, penser à _____ souvent, _____ appeler ou _____ rendre visite, _____ donner de l'affection,… *continuez.*

   e) **Les amants :** Pour garder son amoureux ou son amoureuse… *continuez.*

2. *En utilisant les verbes suivants, composez une ou plusieurs phrases (affirmatives ou négatives) à partir des noms qui vous sont proposés. Vous pouvez aussi en ajouter d'autres.*

appartenir à	être à	jouer de	avoir besoin de	retourner à	s'occuper de	penser à
s'habituer à	parler à	parler de	se souvenir de	participer à	répondre à	être + adjectif
se servir de	tenir à	sortir de	s'attendre à	assister à	s'intéresser à	se mettre à

   Exemple : (se moquer de) Les insultes? Je m'en moque.
   (tenir à) Ses amis? Il tient à eux.

Mes finances	Ses problèmes	La politique américaine
Ton message	Les manifestations	Son ordinateur
Du piano	Une nouvelle ville	Les défis
Mes parents	Mon anniversaire	Mon amoureux
Remporter ce concours		Les concerts de l'Orchestre métropolitain

13

Les pronoms relatifs

«Il va te montrer le dessin dont il est si fier.»

Généralités

Les **pronoms relatifs** servent à remplacer un nom (ou un pronom) déjà mentionné et à relier en même temps deux phrases.

Les gens **qui** disent cela ont tort.
(Les gens ont tort. Ces gens disent cela.)
Voici les fruits **qu'**elle a commandés.
(Voici les fruits. Elle a commandé ces fruits.)
C'est lui **que** je cherchais.
(C'est lui. Je le cherchais.)
Le livre **dont** vous parlez est peu intéressant.
(Le livre est peu intéressant. Vous parlez de ce livre.)
Où est l'armoire dans **laquelle** je dois ranger ces choses?
(Où est l'armoire? Je dois ranger ces choses dans l'armoire.)

Le nom ou le pronom que l'on remplace s'appelle l'**antécédent.** Dans les exemples ci-dessus, il s'agit de : gens, fruits, lui, livre, armoire. Le choix du pronom relatif dépend de sa fonction dans la partie de la phrase où on l'emploie.

Détails

1) *QUI*

   Qui a la fonction de **sujet** et peut désigner **des personnes ou des choses,** au singulier ou au pluriel.

   Je connais quelqu'un qui pourra vous aider. (***Qui*** est le sujet de **pourra.**)

   La Jaguar est une voiture qui coûte très cher.

   Nous avons des amis qui aiment beaucoup le camping.

   Les choses qui sont dans ce placard appartiennent à Marie-Claire.

   Tout est bien qui finit bien.

2) *QUE*

   Que, (*qu'* devant une voyelle ou un *h* muet) sert de **complément d'objet direct** et peut désigner **des personnes ou des choses,** au singulier ou au pluriel.

   Voici un collègue que j'apprécie beaucoup. (***Que*** est le COD de **apprécie.**)

   Les fruits qu'elle a achetés[1] n'étaient pas bons. (***Que*** est le COD de **a achetés.**)

   Toutes les personnes que nous avons rencontrées[1] ont souri gentiment.

   Je répondrai à la lettre qu'Hélène m'a écrite[1].

---

[1] Le participe passé doit s'accorder avec le complément d'objet direct qui précède le verbe. Ici, il s'agit de l'antécédent : *fruits, personnes, lettre.*

3) DONT

Dont désigne **des personnes ou des choses,** au singulier ou au pluriel. Ce pronom comprend toujours la préposition *de* :

a) pour marquer la possession

ou

b) quand il complète un verbe ou une expression verbale qui se termine par la préposition *de* (avoir peur de, être content de, se souvenir de, etc.).

Notez l'ordre des mots et l'emploi de l'article après *dont.*

> J'ai un ami dont les pieds sont énormes. (Les pieds **de l'ami** sont énormes.)
>
> J'ai un ami dont la sœur est musicienne. (La sœur **de l'ami** est musicienne.)
>
> J'ai un ami dont le père écrit des romans. (Le père **de l'ami** écrit des romans.)
>
> Nous avons acheté une table dont le dessus est en marbre. (Le dessus **de la table** est en marbre.)
>
> Qui est ce Daniel Bélanger dont tu aimes les chansons? (Tu aimes les chansons **de Daniel Bélanger.**)
>
> Voici l'argent dont tu as besoin. (Tu as besoin **de cet argent.**)
>
> Racontez-moi les événements dont vous vous souvenez. (Vous vous souvenez **de ces événements.**)
>
> La famille dont je vous parle habite près de chez vous. (Je vous parle **de cette famille.**)
>
> Il va te montrer le dessin dont il est si fier. (Il est si fier **de ce dessin.**)

4) LEQUEL, LAQUELLE, LESQUELS, LESQUELLES

Après toutes les prépositions sauf *de*, le pronom relatif qui désigne des **choses** est *lequel* (*laquelle, lesquels, lesquelles*). Pour les **personnes,** on emploie normalement *qui,* mais *lequel* est permis.

> Au château, nous avons vu les chaises **sur lesquelles** la duchesse s'asseyait, le lit **dans lequel** elle dormait et le portrait de la confidente **à qui** elle racontait toutes ses aventures.
>
> J'avais mon nouveau GPS **sans lequel** je me serais perdue plus d'une fois.
>
> Connais-tu l'étudiant **chez qui** nous sommes allés ce matin et **avec qui** nous allons réaliser ce projet?

Avec la préposition *à, lequel* prend les formes *auquel, à laquelle, auxquels, auxquelles.*

> Quelles sont les indemnités **auxquelles** vous avez droit?
>
> Comment s'appelle cette personne **à qui** (**à laquelle**) tu parlais tout à l'heure?

Avec une locution prépositive (c'est-à-dire une préposition de plus d'un mot) qui finit par *de* (près de, à côté de, auprès de, en face de, au-dessus de, etc.), on emploie *de qui* ou *duquel, de laquelle, desquels, desquelles* et pas le pronom *dont.*

> Le beau jeune homme **à côté de qui** (**duquel**) j'étais assise habite dans mon quartier.
>
> J'ai passé mes vacances près d'un lac **au milieu duquel** il y a une petite île boisée.

5) CE QUI, CE QUE, CE DONT, (CE) À QUOI

a) Ces expressions, qui ne se rapportent **pas** aux personnes, s'emploient quand l'antécédent n'est pas précisé. Cette structure est souvent l'équivalent de *la chose qui*, etc. (Quand il s'agit d'une personne, on emploie *celui qui*, etc. Voir le chapitre 16 : Le démonstratif.)

> Dites-moi ce qui vous intéresse.
>
> Je ne comprends pas ce qui se passe ici.
>
> Ce qui nous inquiète le plus, c'est l'inflation.
>
> Répète ce que tu viens de dire.
>
> Ce que nous lisons en classe est bien intéressant.
>
> Elle ne m'a pas expliqué ce dont elle avait peur.
>
> Ce dont vous parlez me semble assez compliqué.
>
> Fais une liste de ce dont tu as besoin.
>
> Dis-nous ce à quoi[2] tu penses.
>
> Ce n'était pas ce à quoi[2] il faisait allusion.

b) Cette structure peut résumer une proposition entière.

> J'ai réussi à finir tout mon travail ce matin, ce qui n'était pas facile.
>
> Elle est arrivée très en retard, ce que nous n'avons pas du tout apprécié.
>
> La grenade a éclaté entre les mains du terroriste, ce dont tout le monde avait peur.

Ce qui, ce que ou *ce dont* sont souvent précédés de *tout* (masculin singulier).

Tout ce qui se prononce [tu ski].

> Tout ce qui l'intéresse, c'est son salaire.
>
> J'ai entendu tout ce que tu racontais à Charles.
>
> Tout ce dont vous avez parlé était fascinant.

6) *OÙ*

Où peut souvent remplacer une **préposition** + un **pronom relatif.** On l'utilise dans les expressions de lieu ou de temps pour remplacer *auquel, dans lequel, pendant lequel*, etc.

> Le village où j'ai passé mes vacances est bien tranquille.
>
> Je t'emmènerai voir la maison où je suis né.
>
> Il a publié son premier livre à l'époque où il vivait en Espagne.

---

2 Avec **ce à quoi,** on peut omettre le **ce** dans la langue parlée : Dis-moi à quoi tu penses; je ne sais pas à quoi tu faisais allusion.

A) *Complétez les phrases de façon logique en employant* qui *et le verbe donné.*

    1. Voici un livre _____ (intéresser)

    2. Passe-moi le dictionnaire _____ (être)

    3. Je déteste les gens _____ (parler)

    4. J'ai une cousine _____ (habiter)

    5. Marc a une auto _____ (rouler)

B) *Même exercice. Employez* que *ou* qu'.

    1. Je n'aime pas les choses _____ (dire)

    2. Montrez-moi le dessin _____ (faire)

    3. Où est la plante _____? (acheter)

    4. Tu connais toutes les personnes _____ (inviter)

    5. Cet homme-là est l'acteur _____ (admirer)

C) *Complétez les phrases.*

    1. Mon fils a un ami dont le père _____

    2. Mon fils a un ami dont les cheveux _____

    3. Apportez-nous tous les articles dont _____ (avoir besoin)

    4. Je ne comprends pas les choses dont _____ (parler)

    5. Cet étudiant dont _____ est très intelligent. (se moquer)

D) *Complétez les phrases avec les pronoms relatifs qui conviennent :* qui, que, qu', dont.

    1. Cet explorateur m'a raconté des aventures _____ je n'aurais jamais pu imaginer.

    2. Le professeur n'a pas apprécié le poème ___que___ Paul a écrit.

    3. J'ai un cousin ___qui___ est ingénieur.

    4. Tu ne peux pas garder le portefeuille ___que___ tu as trouvé sur le trottoir!

    5. Les gens _____ disent n'importe quoi m'énervent.

    6. Le salaire ___que___ tu reçois aujourd'hui disparaîtra très vite.

    7. Je refuse de croire cette histoire ___que___ André nous a racontée.

    8. Je n'aime pas les romans ___dont___ la fin est triste.

    9. Il faut toujours me donner les choses ___dont___ j'ai envie.

    10. Regarde ce chien ___dont___ la queue est toute blanche!

    11. Je viens d'apprendre une nouvelle ___qui___ vous intéressera.

    12. Les médicaments ___que___ nous prenons sont peut-être dangereux.

13. Voilà une affaire _____ tout le monde parle.

14. Nous avons des amis _____ les enfants vont à l'école privée.

15. L'homme _____ a dit cela est un génie.

16. Mon fils m'a montré un dessin ____dont____ il était très fier.

17. Je vais te prêter un livre fantastique ____que____ je viens de lire mais ____dont____ j'ai oublié le titre.

18. Cette grande humaniste est quelqu'un ____dont____ il faudra se souvenir.

19. On a découvert un médicament ____qui____ va peut-être guérir cette maladie.

20. Les choses ____dont____ on a peur sont rarement aussi terribles qu'on le croit!

E) *Complétez les phrases avec le pronom qui convient :* lequel, *etc., ou* qui.

«Monsieur et Madame Versailles, je pense avoir déniché une maison dans _____ vous pourrez rapidement vous installer avec votre petite famille. C'est la raison pour _____ j'ai insisté pour que vous veniez rapidement. Je vous présente mon collègue avec _____ nous allons faire un tour de la maison et sur _____ vous pourrez compter pour toute information concernant les services municipaux. Il habite le quartier. Mais entrez, je vous en prie. Comme vous pouvez le constater, le vestibule dans _____ vous vous trouvez est très spacieux et donne sur la salle de séjour. Admirez ce bel escalier en chêne, sous _____ il y a de l'espace pour le rangement. Par ici, vous avez une grande cuisine dans _____ vous aurez plaisir à préparer vos repas. Ce n'est pas tout : dans le salon, il y a un superbe foyer devant _____ votre famille se réchauffera en hiver. Vous aimez les boiseries, n'est-ce pas? Toutes ces étagères sur _____ vous disposerez vos livres et vos bibelots sont en pin d'Oregon, de même que ce petit meuble au-dessus _____ on avait installé des haut-parleurs. C'est une sorte de bahut derrière _____ il est facile de dissimuler des fils électriques. Il vient d'ailleurs avec la maison. Les anciens propriétaires pour _____ cette maison a été rénovée, étaient des gens attentifs aux détails. Remarquez toutes ces grandes fenêtres grâce _____ vous aurez de la lumière presque toute la journée. Dans la salle de séjour, il y en a une par _____ vous pourrez facilement surveiller vos enfants pendant qu'ils joueront dans la cour. N'est-ce pas la sorte de chose à _____ vous pensiez quand vous avez décidé de déménager? Oh, j'oubliais de vous dire que vous avez accès à un des deux garages à côté _____ on voit ces magnifiques parterres fleuris. Le prix peut vous sembler un peu élevé, mais les propriétaires sont des gens avec _____ il est possible de négocier. Si vous êtes disposés à faire une offre, j'ai déjà préparé le formulaire au bas _____ vous devrez apposer votre signature. Si vous voulez mon avis, il faut faire vite car cette maison ne restera pas sur le marché longtemps.»

F) *Complétez les phrases par la forme appropriée du pronom relatif, avec une préposition quand c'est nécessaire.*

1. J'aime les plantes _____ les feuilles ont plusieurs nervures.

2. Je déteste les hommes politiques _____ n'ont aucune vision!

3. Comment s'appelle la jeune fille _____ nous allons rencontrer demain?

4. Ce soir, Nagano dirige un concert _____ je veux absolument assister.

5. Nous avons vu un film _____ nous a beaucoup plu.

6. Veux-tu entendre la blague _____ il m'a racontée?

7. Les fauteuils _____ nous étions assis étaient vraiment confortables.

8. Le jeune homme _____ je t'ai parlé s'appelle Anatole.

9. Le jeune homme _____ je t'ai présenté et _____ t'a fait si bonne impression est un virtuose du violon.

10. Personne ne veut me prêter l'argent _____ j'ai besoin.

11. Je vais te montrer la bibliothèque _____ je travaille et le parc _____ je me promène.

12. Il s'est assis à une table au-dessus de _____ il y avait une bouche d'air chaud.

13. Le professeur nous avait recommandé un livre _____ j'ai trouvé passionnant.

14. Ma fille m'a demandé de réparer sa poupée _____ le bras était cassé.

15. Aujourd'hui, j'ai eu une expérience _____ je me souviendrai toujours.

16. Maurice Richard est un joueur de hockey _____ tout le monde admirait au Québec.

17. Un égoïste, c'est quelqu'un _____ ne pense qu'à soi.

18. Hélas, une photo _____ on a l'air jeune est souvent une vieille photo.

19. Qui a dit que vivre à deux, c'était partager les problèmes _____ l'on n'aurait pas eus en vivant tout seul?

20. Les erreurs _____ j'ai payées le plus cher sont celles _____ j'ai tiré le plus grand profit.

G) *À l'aide du pronom relatif approprié, réunissez les deux phrases simples en une seule (cf. Généralités au début du chapitre). Le pronom relatif aura la même fonction que le mot souligné dans la deuxième phrase. Attention, le choix du pronom relatif dépend justement de sa fonction dans la phrase.*

Exemples : Ils ont acheté une maison. Cette maison est un vrai palais. (*Cette maison* est sujet.)
Ils ont acheté une maison **qui** est un vrai palais. (*qui* est sujet du verbe *être*)
Les gens sont très riches. J'ai rencontré ces gens. (*Ces gens* est COD)
Les gens **que** j'ai rencontrés sont très riches. (*que* est COD du verbe *rencontrer*)

NEL   Chapitre 13   LES PRONOMS RELATIFS   187

1. Rends-moi l'argent. Je t'ai prêté <u>cet argent</u>.

   _____

2. J'ai un ami. <u>Mon ami</u> est très malade.

   _____

3. Pierre cherche un emploi. <u>Cet emploi</u> lui permettra de voyager.

   _____

4. Le film était trop violent. Tu m'as recommandé <u>ce film</u>.

   _____

5. À la soirée des Jutra, Roy Dupuis a remporté un prix. <u>Ce prix</u> était celui du meilleur acteur.

   _____

6. Les livres ne sont pas à la bibliothèque. Je dois lire <u>ces livres</u>.

   _____

7. Mon fils, le plus bel avenir ne te rendra jamais cette journée. Tu viens de perdre <u>cette journée</u>.

   _____

8. D'après un proverbe chinois, «Une réponse en fait naître mille autres». <u>Cette réponse</u> ne résout pas la difficulté.

   _____

H) *Reliez les deux phrases simples en une seule en utilisant le pronom relatif* dont *pour remplacer le nom souligné dans la deuxième phrase. L'antécédent de* dont *correspondra au mot souligné dans la deuxième phrase.*

   Exemples : L'auteur est absolument génial. Je viens de lire le roman <u>de cet auteur</u>.
   L'auteur **dont** je viens de lire le roman est absolument génial.
   J'ai un ami. La mère <u>de cet ami</u> est très malade.
   J'ai un ami **dont** la mère est très malade.

1. Le monde entier adorait Mado Robin. La voix d'or <u>de Mado Robin</u> pouvait émettre les sons les plus aigus du monde. _____

   _____

2. Le combat de mon petit frère contre la leucémie m'a donné une leçon de courage. Je me souviendrai toute ma vie <u>de cette leçon de courage</u>. _____

   _____

3. La réalisatrice s'appelle Anita Aloisio. J'ai vu le documentaire <u>de cette réalisatrice</u> hier.

   _____

4. Le documentaire s'intitule *Les enfants de la loi 101*. Je t'ai parlé <u>de ce documentaire</u>.

   _____

5. La voiture coûtait beaucoup trop cher. Mario avait envie de cette voiture.

   _____

6. Les parents de ce jeune homme sont convaincus qu'il est innocent du vol. On l'accuse de ce vol. _____

   _____

7. Michael Moore est un réalisateur américain. Les documentaires de Michael Moore ne laissent personne indifférent. _____

   _____

8. Cet exercice est quand même assez difficile. Je comprends l'utilité de cet exercice.

   _____

I) *Complétez les phrases en employant* ce qui, ce que, ce qu', ce dont.

   1. Savez-vous _____ la présidente essaie de faire?

   2. Cédric nous a dit _____ il voulait pour son anniversaire.

   3. _____ m'inquiète le plus, c'est l'examen de physique.

   4. Écoute bien _____ je vais te dire.

   5. «Tout _____ brille n'est pas or.»

   6. Nous pourrons acheter tout _____ nous aurons envie.

   7. Je ne comprends pas _____ elle raconte.

   8. Tu es sûre que je peux choisir tout _____ me plaît?

   9. Je sais _____ vous ennuie.

   10. Montre-moi _____ tu as écrit.

   11. Mon père aime tout _____ est bleu.

   12. Dis-moi _____ ne va pas, mon petit!

   13. _____ vous parlez a l'air passionnant.

   14. Tout _____ coûte cher dans ce magasin n'est pas nécessairement de la meilleure qualité.

   15. _____ tu viens de dire est absolument faux!

J) *Complétez les phrases.*

   1. Je suis des cours qui _____

   2. Je n'aime pas cet étudiant dont _____

   3. Nous allons visiter un pays où _____

   4. J'ai besoin de ce livre que (qu') _____

   5. Il a oublié le nom de la dame chez _____

   6. Le docteur Lefèvre a fait un discours à ce congrès auquel _____

7. Le discours que (qu') _____ était mauvais.

8. Nous avons une maison de campagne qui _____

9. Je n'aime pas cette ville qui _____

10. Je vais bientôt publier un livre qui _____

11. Raconte-moi ce qui _____

12. Ce qui _____, c'est ton voyage en Europe.

13. Geneviève nous a expliqué ce que (qu') _____

14. Ne répétez pas ce que (qu') _____

15. Je lui ai donné ce dont _____

16. Nous serons tous contents le jour où _____

17. L'arme avec laquelle _____

18. Ce à quoi je _____ (faire allusion, penser, songer, s'attendre, etc.)

19. Un bon humoriste, c'est quelqu'un _____

20. Qu'est-ce que le «qu'en dira-t-on»? C'est ce _____

Activités

(à faire oralement ou par écrit)

1. Jeu des définitions

Inventez des définitions pour les mots suivants (vous pouvez aussi en ajouter d'autres). Essayez d'utiliser aussi d'autres pronoms que **qui.**

> Exemple : Une souris? C'est un petit mammifère **qui** ressemble à un rat et **qu'**on ne veut pas retrouver dans sa cuisine mais **dont** les scientifiques se servent pour faire des expériences en laboratoire. C'est aussi un petit boîtier **qu'**on branche à un ordinateur et **avec lequel** on peut déplacer le curseur à l'écran.

Une louche?	Un compliment?	Un lapsus?	Un porte-parole?
Un cadeau?	Un cascadeur?	Une larme?	Un casse-tête?

2. Jeu du dictionnaire (variante)

Une personne choisit dans le dictionnaire un mot compliqué ou trompeur (c'est-à-dire dont le sens n'est pas évident) et elle en écrit la définition sur un bout de papier. Les autres font la même chose en imitant le style d'un dictionnaire (par exemple, en imaginant l'origine du mot ou en donnant des exemples d'utilisation du mot dans une phrase). Comme chacun devra voter pour la définition qui lui semblera la bonne, l'objectif est de rendre cette définition aussi vraisemblable que possible. Celui ou celle qui a choisi le mot ramasse tous les papiers et lit les définitions à haute voix. On gagne autant de points qu'on reçoit de votes pour sa propre définition. La personne qui a choisi le mot gagne, en plus, un point pour chaque mauvais choix des autres. On peut aussi donner des points supplémentaires pour chaque bonne utilisation d'un pronom relatif.

> Exemple : le mot *case* qui peut être trompeur car il n'a pas le même sens en français et en anglais. Ou encore le mot *caserette* qui fait penser à une petite case mais qui veut dire «un moule à fromage».

3. *Répondez aux questions en utilisant un pronom démonstratif suivi d'un pronom relatif. Voici des exemples de questions; vous pouvez en inventer d'autres.*

> Exemple : Pendant une élection, pour quel(le) candidat(e) votez-vous?
> — Je vote pour celui qui a le meilleur programme / pour celle dont les idées sont proches des miennes.
>
> Parmi ces vêtements, lesquels choisiriez-vous?
> — Je choisirais ceux qui sont de bonne qualité, ceux que je peux porter n'importe où et n'importe quand, ceux dont j'ai le plus besoin en ce moment.

4. Entrevue

On vous demande d'expliquer pourquoi vous avez pris telle décision, choisi telle carrière, n'êtes pas allé à tel endroit; ou encore ce que vous recherchez dans la vie, etc. Expliquez en essayant d'utiliser des phrases telles que :

Je cherche quelqu'un ou quelque chose qui... que... avec qui... pour qui... dont... etc.

C'est un endroit où... une personne avec qui..., etc.

J'aime / je déteste les personnes / ceux ou celles / les gens... qui... que... dont... sur qui... chez qui...; j'apprécie celui ou celle qui... que..., etc.

Dans ma vie, ce que... ce qui... ce dont... la raison pour laquelle je..., etc.

> Exemple : Pourquoi avez-vous refusé cet emploi?
>
> Je ne voulais pas d'un travail **qui** m'oblige à avoir une voiture. Je voudrais travailler pour une compagnie **dont** les locaux seraient dans mon quartier, et **où** je pourrais me rendre à pied ou en métro. De plus, **ce qui** m'intéresse, ce n'est pas gagner beaucoup d'argent; non, **ce que** je veux vraiment, c'est me réaliser, travailler avec des gens **que** je respecte, pour un patron **qui** apprécie l'effort et l'initiative. En bref, la raison **pour laquelle** j'ai refusé ce *job*, c'est que dans ma vie, **ce dont** j'ai le plus envie, c'est d'être heureux, et ce n'est pas ce travail **qui** me rapprocherait de mon but.

Pourquoi avez-vous décidé de d'aller vivre en appartement?

Pour vous, un appartement à soi, c'est...

Pourquoi espérez-vous faire un séjour à l'étranger? — C'est une expérience...

Un compagnon ou une compagne de voyage, ce serait quelqu'un...

14

L'article

«Des milliers de gens vont défiler
dans les rues aujourd'hui.»

Généralités

Un nom est presque toujours précédé d'un **article** : indéfini, défini ou partitif (ou d'un autre mot déterminatif : possessif, interrogatif, démonstratif).

L'or est un métal précieux.
Apportez-moi les couteaux et les fourchettes.
Nous avons acheté du pain, de l'eau minérale et un gâteau aux amandes.
Dans notre jardin, il y a des arbres et beaucoup de fleurs, mais il n'y a pas de légumes.
Quel jour êtes-vous disponible? Ce jeudi.

1) L'ARTICLE INDÉFINI

Singulier : *un, une;* pluriel : *des.*

a) Au singulier, cet article s'emploie :

i) comme nombre. (On dit *un* ou *une* par opposition à deux, trois, etc.)

J'ai une sœur et deux frères.

ii) pour parler d'une chose ou d'une personne qui n'est pas encore identifiée.

Donne-moi un crayon. (un exemple de la catégorie «crayons»)

b) Au pluriel, *des* indique des exemples d'une catégorie, une quantité non précisée, et correspond souvent au partitif pluriel. (Voir la section 3.)

Sur la table, il y avait des journaux, des timbres, des enveloppes et des brochures touristiques.

c) Dans les **définitions**, on emploie l'article indéfini. Ici, le verbe *être* a comme sujet le pronom neutre *ce* ou *c'*, au singulier et au pluriel. (Voir le chapitre sur le démonstratif : chapitre 16, section 3.)

Cet objet-là, qu'est-ce que c'est? — C'est un lecteur MP3.

Quelle est la nationalité de cette personne? — C'est un Américain.

Ces deux jeunes filles, qui sont-elles? — Ce sont des étudiantes de médecine.

Ce n'est pas un désastre! C'est un tout petit problème.

Ce ne sont pas des touristes. Ce sont des employés de bureau qui se promènent pendant l'heure du dîner.[1]

d) Dans les **phrases négatives,** on dit en général *pas de* ou *pas d'*, **sauf** dans les définitions. (Voir ci-dessus.)

J'ai une sœur mais je n'ai pas de frère.

N'achetez pas de fleurs; achetez des plantes vertes.

Ce ne sont pas des annuelles; ce sont des vivaces!

---

1 Repas du midi, au Québec.

---

2) L'ARTICLE DÉFINI

Singulier : *le, la, l'* (devant une voyelle ou un *h* muet); pluriel : *les.*

a) L'article défini s'emploie :

i) quand quelque chose est unique en son genre;

> le soleil, la lune, l'air, la terre

ii) pour parler d'un nom qui est généralisé ou qui indique une catégorie entière de choses ou de personnes, une espèce. On l'emploie couramment pour les noms abstraits, les saisons, les matières premières, etc.

> Les animaux sont-ils aussi intelligents que les êtres humains?
>
> De toutes les saisons, je préfère l'été.
>
> Nous aimons beaucoup le chocolat.
>
> Le fer et le cuivre sont les principales ressources de ce pays.
>
> Tout le monde cherche le bonheur.

Quand on identifie une chose ou une personne (ou une catégorie de choses ou de personnes) comme élément ou membre d'un groupe plus large, le nom de ces éléments ou membres est précédé de l'article défini et le nom du groupe est précédé de l'article indéfini. Cette structure rejoint les définitions (section 1 c); à la forme négative, l'article indéfini ne change pas.

> L'oxygène est un élément important de notre atmosphère.
>
> Les baleines sont des mammifères.
>
> Les baleines ne sont pas des poissons.

iii) pour parler de choses ou de personnes déjà identifiées;

> Donne-moi le crayon qui est sur la table, là-bas. (pas n'importe quel crayon)
>
> Je ne peux pas emporter toutes ces choses. Je vais laisser les brochures et les journaux ici. (parmi ces choses-là)
>
> Le vin qu'on nous a servi n'était pas bon. (celui-là en particulier)

iv) dans la plupart des contextes où on parle des parties du corps. Quand l'appartenance est claire, on emploie l'article défini, sinon on emploie l'adjectif possessif. Comparez :

> Il a les mains sales. / Ses mains sont sales.
>
> Tu as les yeux bleus. / Mes yeux sont noirs.
>
> Je me suis cassé la jambe. / Ma jambe me fait mal.
>
> Maman m'a lavé la figure. / Mes mains sont encore sales.

b) On **supprime** l'article dans certains cas précis :

i) devant les noms de personnes ou de villes.

> Tout le monde a entendu parler de Shakespeare.
>
> Paris est une ville extraordinaire.

Notez qu'il faut l'article défini, en général, devant les noms de **pays.** (Voir l'Appendice B : Les noms géographiques.)

> Je vais visiter la France cette année.

Quand le nom d'une personne est précédé d'un adjectif ou d'un mot indiquant la profession, etc., on emploie l'article défini.

> le professeur Duval, la jeune Francine

Quand on parle d'une famille, on dit : les Martin, les Duval, les Lévesque, etc. (sans ajouter **-s** au nom). Dans le cas des familles royales, on ajoute **-s** : les Bourbons, les Tudors.

ii) devant un nom indiquant la nationalité, la profession, l'état civil, la religion, etc., dans les phrases du type suivant où le nom a la fonction d'un adjectif.

> Christine est française.
>
> Je suis professeur.
>
> Nous sommes étudiants.
>
> Il est veuf.
>
> Ils sont musulmans.

Mais après *c'est, ce sont,* **ou** quand le nom est qualifié, on doit employer l'article défini ou indéfini, selon le sens.

> C'est une Française.
>
> Je suis le professeur de leur fils.
>
> Je suis un excellent professeur!
>
> Nous sommes les étudiants les plus brillants du collège.
>
> C'est un veuf dans la trentaine.
>
> Ce sont des musulmans.

iii) après les prépositions *avec, comme, de* (dans le sens de *fait de*)*, en, entre* et *sans*. On supprime souvent l'article si l'on n'a pas besoin de précision.

> avec intérêt, avec ou sans sucre, une maison de bois
>
> Elle travaille comme vendeuse. Que prenez-vous comme dessert?
>
> en France, en chemise, en particulier, entre amis,
>
> sans argent, sans difficulté

iv) dans certaines expressions figées, surtout après le verbe *avoir.*

> avoir envie, faim, froid, lieu, peur, soif, tort,
>
> donner suite à, faire face à, etc.

c) **Les contractions**

L'**article défini** est contracté, au masculin singulier et au pluriel, après les prépositions *à* et *de.*

à + le : *au*   à + les : *aux*   de + le : *du*   de + les : *des*

> Nous allons au bord de la mer.
>
> Pensons aux prochaines vacances.
>
> Qu'est-ce qui arrive à la fin du film?
>
> Tout le monde parlait des vacances.

Les formes *à la, à l', au* et *aux* s'emploient pour décrire des aliments, des plats.

> J'aime beaucoup cette tarte aux pommes.
>
> Le gâteau au fromage est délicieux.
>
> On va commander de la soupe à l'oignon.
>
> Je prends de la crème glacée à la vanille.

Remarque : On emploie souvent *à* ou *de* devant un mot déterminatif **autre** que l'article défini, notamment l'article indéfini, ou un adjectif interrogatif, possessif ou démonstratif.

Nous allons assister à un concert rock.

Pensons à nos vacances.

Danielle parlait d'un voyage extraordinaire.

Je ne sais pas à quelle heure il finit, mais je veux vraiment voir la fin de ce film.

3) LE PARTITIF

	Forme complète	Forme réduite
masc. sing.	du	de, d'
fém. sing.	de la	de, d'
masc. ou fém. devant		
une voyelle ou un *h* muet	de l'	d'
pluriel	des	de, d'

a) Alors que l'article défini s'emploie pour parler de quelque chose dans sa totalité ou sa généralité, le **partitif s'emploie pour indiquer une partie de quelque chose, une quantité non précisée de choses ou un nombre non précisé de personnes.** Étudiez les exemples en comparant l'usage du partitif et de l'article défini.

Nous avons bu **du** vin hier soir. Nous aimons **le** vin.

Voulez-vous **du** café? **Le** café est bon, n'est-ce pas?

On va prendre **de la** crème glacée. Vos petits copains ont fini **la** crème glacée!

Je voudrais acheter **de l'**eau minérale. Combien coûte **l'**eau minérale?

Nous avons **des** amis partout. Voici **les** amis dont je t'avais parlé.

Ce sont **des** enfants sages. Ce sont **les** enfants de nos voisins.

b) La forme réduite du partitif, *de / d'*, s'emploie **seulement** dans des cas spécifiques :

i) dans la plupart des phrases négatives;

Il n'a **pas d'**amis.

Nous n'avons **pas** trouvé **de** solution.

Il n'y a **plus de** beurre dans le réfrigérateur.

Exceptions : dans les définitions **ou** pour souligner l'aspect négatif (voir 1 c et d).

Ce n'est **pas du** beurre; c'est de la margarine.

Ce ne sont **pas des** chiens; ce sont des loups.

Il n'a **pas un** (seul) ami.

ii) après certaines expressions de quantité, les mesures, les mots indiquant un contenant ou un groupe et, dans certains cas, un nombre;

assez de (d')	une boîte de (d')	une bande de (d')
autant	une bouteille	une centaine
beaucoup	une caisse	une douzaine
moins	un litre	un grand nombre
peu	une livre	un groupe
un peu	un paquet	des milliers
plus	un sac	un million
tant	une tasse	un peloton
trop	un bol	un troupeau
combien	un tas	quelle sorte

Nous avons beaucoup de travail.

Je bois moins de bière que mes frères.

Pauvre garçon! Il a tant d'ennuis.

Donnez-moi deux kilos de tomates, s'il vous plaît.

J'ai une pile d'articles à lire et un tas de choses à ranger.

Je vais prendre un bol de céréales.

Une bande de loups s'est approchée de notre camp.

Des milliers de gens vont défiler dans les rues aujourd'hui.

Exceptions

encore   la plupart
bien   la majorité

Prenez-vous encore **du** thé?

Il est revenu dans son pays après bien **des** années.

La majorité **des** électeurs soutiennent notre parti.

ATTENTION!

1) On n'emploie pas d'article après **certains / certaines, différents / différentes, plusieurs, quelques** et les **nombres cardinaux.**

Certains étudiants ont fait un travail exceptionnel.

J'ai trois frères et plusieurs cousins.

Ils ont encore quelques problèmes à résoudre.

Différents groupes de pression ont fait valoir leur point de vue sur la question.

2) Beaucoup, assez, peu, trop, etc., peuvent modifier un verbe mais alors ce ne sont **pas** des expressions de quantité. Comparez **les adverbes** et *les expressions de quantité.*

J'aime **beaucoup** le thé, mais je bois aussi *beaucoup de* café.

J'ai *peu de* plantes chez moi, mais je les arrose **un peu** chaque semaine.

    i)   après certains adjectifs : couvert de, entouré de, plein de, etc.

Mes sandales sont pleines **de** sable.

Ce joli parc est entouré **d'**arbres.

   ii)   devant un adjectif, au pluriel seulement (voir aussi le chapitre 17, section I 3) :

On a planté **de** beaux arbres là-bas.

J'ai **d'**autres nouvelles à vous raconter.

  iii)   quand une structure employée avec la **préposition** *de* est suivie d'un partitif.

de + du
de + de l'
de + de la
de + des
    } deviennent *de* ou *d'.*

Voici une liste de verbes, d'expressions et de prépositions employés très couramment, qui sont suivis de *de.*

avoir besoin, envie, horreur, peur	se servir	autour
manquer (au sens de **ne pas avoir**)	sortir	au lieu
se moquer	se souvenir	au milieu
parler, discuter	à côté	en face
venir (comme verbe de mouvement)	au-dessus	loin
revenir, arriver	au-dessous	près
	auprès	

Notre voyage est terminé. Nous revenons de pays très lointains.

(revenir de + des pays)

J'ai besoin de café. Il n'y en a plus.

(avoir besoin de + du café)

Je me souviens d'épisodes beaucoup plus bizarres que celui-là.

(se souvenir de + des épisodes)

Il parlait de choses extraordinaires.

(parler de + des choses)

Tu manques d'inspiration?

(manquer de + de l'inspiration)

Il est évident que ces mêmes expressions peuvent être suivies de *de* + **l'article défini** (quand le nom est bien identifié) ou de *de* ou *d'* + **l'article indéfini,** un adjectif possessif ou un adjectif démonstratif.

Nous revenons d'un pays lointain.

Nous revenons de votre pays.

J'ai besoin du livre que tu as sorti de la bibliothèque hier.

Je me souviens des épisodes que Victor nous a racontés.

Il parlait des choses qui lui étaient arrivées en Chine.

Il parlait de ces choses-là.

Résumé

Même si l'emploi des articles, et surtout du partitif, semble difficile, complexe, basé sur des détails minutieux, **IL EST TRÈS IMPORTANT DE BIEN SAISIR CES NUANCES; CE SONT DES ÉLÉMENTS ESSENTIELS DU FRANÇAIS PARLÉ ET ÉCRIT.**

Pourquoi utiliser *du* plutôt que *de* ou inversement? Il y a toujours une raison précise. Pourquoi employer l'article défini plutôt que le partitif? Après une certaine pratique, il devient possible de créer des réflexes qui nous permettent d'employer automatiquement la bonne structure.

Analysez les exemples suivants. Quelle est la fonction du mot *de* dans certaines phrases : élément du partitif, préposition, indice d'appartenance (possession)?

J'ai des problèmes.

Vous avez d'autres problèmes.

J'ai autant de problèmes que vous.

Expliquez-moi les problèmes que vous avez.

Tony n'a pas de problèmes?

Tu as un problème, toi?

Comprenez-vous ce problème-là?

On parle d'un problème très grave.

On parle du problème que j'ai expliqué hier.

Vous parlez de problèmes ou de solutions?

Je vais acheter de la viande.

Je vais faire mariner la viande pour ce soir.

Nous mangeons peu de viande.

Voici vos trois kilos de viande, monsieur.

Voulez-vous de la viande?

Je ne mange jamais de viande.

Avez-vous besoin de viande pour ce soir?

On a deux sortes de viande pour le BBQ; voulez-vous le bœuf ou l'agneau?

Prenez-vous du bœuf ou du veau?

J'ai besoin d'un crayon.

J'ai besoin du crayon bleu là-bas.

J'ai besoin de ce crayon.

J'ai besoin de ton crayon, s'il te plaît.

J'ai besoin de crayons pour faire un dessin.

J'ai besoin des crayons qui sont dans ce tiroir.

Cette boîte est pleine de crayons.

A) *Complétez les phrases avec l'article indéfini :* un, une *ou* des.

1. Avez-vous _____ dictionnaire?

2. Il y a _____ dictionnaires à la bibliothèque.

3. D'où vient cette dame?

   — C'est _____ Mexicaine.

4. Cet homme là-bas, est-ce qu'il travaille ici?

   — Oui, c'est _____ fonctionnaire.

5. Dans ce magasin, on trouve _____ meubles et _____ appareils ménagers.

6. S'il vous plaît, voulez-vous apporter à la chambre 414 : _____ couverture de laine, _____ robe de chambre, _____ séchoir et _____ serviettes de bain?

B) *Complétez les définitions selon les exemples.*

Exemples : L'or est un métal précieux. Les marguerites sont des fleurs.

1. _____ camembert est _____ fromage français.

2. _____ natation est _____ sport vigoureux.

3. _____ dauphins sont _____ animaux intelligents.

4. _____ flûte est _____ bel instrument de musique.

5. _____ philatélie est _____ passe-temps instructif.

6. _____ fusils sont _____ armes dangereuses.

7. _____ enseignement est _____ profession exigeante.

8. _____ Duval sont _____ gens discrets.

9. _____ enfants sont _____ créatures innocentes.

10. _____ tremblements de terre sont _____ phénomènes naturels.

C) *Complétez les phrases avec l'article défini :* le, la, l', les, *si c'est nécessaire.*

1. Nous allons manger sur _____ terrasse ce midi.

2. _____ petit Charles aime jouer au baseball.

3. Connaissez-vous nos voisins, _____ Laurin?

4. _____ France est un pays magnifique.

5. As-tu déjà visité _____ San Francisco?

6. _____ Charles va venir jouer demain.

7. Est-ce que _____ printemps va arriver un jour?

8. _____ docteur Laurin habite ici.

D) *Complétez les phrases avec les mots qui conviennent : article défini ou adjectif possessif.*

1. Tony s'est cassé _____ jambe la semaine dernière.

2. Je me suis brûlé _____ doigt ce matin.

3. Va te brosser _____ dents.

4. Gigi a mal à _____ gorge. _____ yeux lui font mal, aussi.

5. Ce chanteur a _____ dents très blanches.

6. Pierre a eu un accident. En tombant, il s'est cogné _____ tête contre le coin de la table et s'est ouvert _____ crâne. _____ front était couvert de sang et il pouvait à peine ouvrir _____ yeux. À l'hôpital on lui a lavé _____ figure, on lui a coupé un peu _____ cheveux avant de bien nettoyer _____ plaie. En sortant de l'hôpital, il avait un gros pansement sur _____ front, mais _____ tête ne lui faisait presque plus mal.

E) *Transformez les phrases selon l'exemple.*

> Exemple : Il est français. C'est un Français.

1. Elle est polonaise.

   _____

2. Ils sont catholiques.

   _____

3. Elle est veuve.

   _____

4. Elle est philosophe.

   _____

5. Il est plombier.

   _____

F) *Transformez les phrases selon l'exemple.*

> Exemple : Elle est artiste. C'est une artiste célèbre.

1. Elle est dentiste. (expert)

   _____

2. Il est célibataire. (endurci)

   _____

3. Elle est bibliothécaire. (consciencieux)

   _____

4. Elles sont anglaises. (du Nord)

_____

5. Il est chirurgien. (réputé)

_____

G) _Complétez les phrases avec les mots qui conviennent : article défini ou préposition. (Voir l'Appendice B : Les noms géographiques.)_

1. _____ Chili, _____ Brésil, _____ Argentine et _____ Venezuela sont situés _____ Amérique du Sud, n'est-ce pas?

2. Connaissez-vous _____ Grèce? — Mais oui, nous avons fait un merveilleux séjour _____ Crète l'année dernière.

3. Thomas revient _____ Afrique, mais il va bientôt repartir _____ Australie.

4. Si vous faites le tour du monde, n'oubliez pas _____ Nouvelle-Zélande, _____ Inde et _____ Japon; ce sont de très beaux pays.

5. Je m'intéresse beaucoup aux monuments historiques; j'espère donc aller un jour _____ Égypte, _____ Israël, _____ Iran, _____ Italie et _____ Pérou.

6. Où se trouvent les plus belles plages du monde? _____ Hawaii, _____ Tahiti, _____ Cuba ou _____ Mexique?

7. Nous allons traverser tout le continent nord-américain en autocaravane : _____ Colombie-Britannique _____ Terre-Neuve, _____ Alaska _____ Floride; nous prendrons le temps qu'il faudra.

8. Connaissez-vous _____ Chicago? — Oui, et _____ New York aussi; mais c'est _____ San Francisco que je veux retourner.

9. Es-tu assez en forme pour aller _____ Montréal _____ Saint-Sauveur à bicyclette?

10. D'où es-tu? — _____ Ottawa. C'est une belle ville qui se trouve _____ Ontario. C'est la capitale _____ Canada.

H) _Complétez les phrases en employant_ à _ou_ de _et un article si c'est nécessaire. Attention aux contractions._

1. Voici le cousin _____ Paul.

2. Nous allons parler _____ professeur de Jules.

3. Voulez-vous parler _____ ce professeur génial qui enseigne les maths?

4. Ils ont mal _____ pieds.

5. Tout le monde entend la voix _____ général.

6. Nous habitons à l'autre bout _____ avenue.

7. Te souviens-tu _____ livre *Les insolences du Frère Untel*?

8. La maison _____ mon oncle n'est pas très moderne.

I) *Complétez les phrases avec les mots qui conviennent : l'article défini et la préposition à ou de si c'est nécessaire. N'oubliez pas les contractions. Attention à la ponctuation, surtout aux numéros 7, 12 et 19.*

1. J'ai peur _____ chien _____ nos voisins.

2. Fermez _____ porte _____ jardin, et n'approchez pas _____ bord _____ piscine.

3. As-tu vu _____ gros sabots _____ Hélène?

4. Voulez-vous faire _____ tour _____ monde?

5. Connaissez-vous _____ problèmes _____ adaptation _____ immigrants?

6. As-tu entendu parler _____ travaux _____ Hercule?

7. Au menu de ce soir, il y aura _____ soupe _____ pois, _____ jambon _____ ananas, _____ rôti de boeuf _____ jus, _____ canard _____ orange, _____ tarte _____ abricots et _____ gâteau _____ chocolat.

8. Il paraît que _____ hélicoptère _____ police va atterrir près d'ici.

9. Admirez donc _____ talent _____ Julie!

10. Ce paragraphe commence vers _____ bas _____ page.

11. Ne jetez pas _____ fleurs qui ne sont pas fanées. J'ai vraiment besoin _____ ces fleurs pour décorer _____ entrée _____ hôtel. Je voudrais aussi en mettre près _____ ascenseur.

12. Au cours du semestre, nous avons étudié _____ pattes _____ insectes, _____ ailes _____ oiseaux, _____ peau _____ crocodile, _____ bec _____ perroquet et _____ cou _____ girafe.

13. Renvoyez _____ lettre _____ expéditeur.

14. On distribue _____ bénéfices _____ travailleurs.

15. Ne souffle pas _____ réponse _____ ton voisin.

16. _____ conférencière a répondu _____ questions _____ auditoire.

17. Vraiment? Elle a répondu _____ toutes _____ questions?

18. Mon frère s'est levé _____ milieu _____ nuit pour finir _____ pizza _____ chez Giovanni.

19. J'ai une journée chargée aujourd'hui, je dois aller _____ banque, _____ épicerie _____ coin, _____ bureau _____ poste, _____ magasin Dupont, chez _____ cordonnier et finalement _____ aéroport.

20. Vite! Décidez-vous! Vous voulez aller _____ café-terrasse, _____ brasserie, _____ zoo, _____ musée, _____ Jardin botanique, _____ Ronde, _____ Aquarium, _____ Stade olympique, _____ baie James… ou _____ pôle Nord peut-être?

J) *Complétez les phrases en employant le partitif* du, de la, *etc., ou l'article indéfini* un, une.

1. Apportez-moi _____ thé, _____ crème glacée, une bouteille _____ cognac, _____ eau minérale, _____ légumes, _____ salade, _____ fruits frais, _____ sardines en conserve, _____ pain de seigle, _____ bon dessert et _____ grosse dinde congelée.

2. Mon oncle Charles, qui est très riche, vient d'acheter _____ tapis persan, _____ meubles Louis XV, _____ théière chinoise, _____ bijoux anciens, _____ champagne Dom Pérignon, _____ pâté de foie gras et la voiture de ses rêves, _____ Maserati.

K) *Complétez les phrases en utilisant la forme négative et en faisant les changements nécessaires.*

Exemples : (robots) **Ce sont** des enfants, **ce ne sont pas** des robots.
(imprimante) Nous avons **un** ordinateur, mais **pas d'**imprimante.

1. (américain) Il est canadien, il _____
2. (vin mousseux) Je veux du champagne, je _____
3. (papillon) C'est un colibri, ce _____
4. (chocolats) Il a mangé tous les biscuits, mais pas _____
5. (moyens financiers) Nous avons des idées originales, mais pas _____
6. (étoiles) Je vois la lune, mais pas _____
7. (nièces) Tu connais mon oncle et ma tante, mais pas _____
8. (olives) Ils achètent de l'huile d'olive, mais pas _____
9. (auto) Jean-Claude a une bicyclette, il _____
10. (grossiers) Ce sont des gens polis, ils _____
11. (crustacés) Les huîtres sont des mollusques, ce _____
12. (crime) La jalousie est un vilain défaut, mais ce _____

L) *Complétez les phrases en mettant la forme du partitif qui convient :* du, de la, de l', des, *ou* de, d'.

1. J'ai _____ temps mais je n'ai pas beaucoup _____ argent.
2. Voici une bouteille _____ whisky et un thermos _____ café.
3. Nous allons commander _____ poisson avec _____ frites et un peu _____ sauce piquante.

4. Ce soir, on voit des milliers _____ étoiles parce qu'il n'y a pas _____ nuages dans le ciel.

5. Même s'il fait _____ efforts, Gilbert fait encore trop _____ fautes. Toi, par contre, tu fais autant _____ fautes que lui, mais tu ne fais pas _____ efforts du tout!

6. Ne buvez pas tant _____ bière quand il fait chaud; prenez plutôt _____ limonade fraîche.

7. La plupart _____ gens ont _____ ambitions secrètes. Toi, tu as _____ projets, _____ énergie à revendre, mais tu manques _____ patience et _____ détermination.

8. Cette vedette est toujours entourée _____ admirateurs qui lui offrent _____ fleurs et lui font plein _____ compliments.

9. Il nous faut _____ patience, _____ bienveillance, _____ ténacité et surtout beaucoup _____ amour pour aider ces enfants démunis.

10. Va vite à l'épicerie. Nous avons besoin _____ sel, _____ sucre, _____ oranges, _____ saucisses et _____ farine. Prends _____ farine à pâtisserie et _____ oranges sanguines.

11. Monsieur Dugas, envoyez-nous trois litres _____ lait, une douzaine _____ œufs, deux kilos _____ sucre brun et une botte _____ persil.

12. Je n'ai plus _____ emploi. Il n'y a plus _____ argent dans mon compte. Mes chandails sont pleins _____ trous et ma tête pleine _____ idées noires. Beaucoup _____ mes amis m'ont quitté. J'ai _____ dettes énormes. Avez-vous _____ conseils à me donner?

M) *Complétez les phrases en employant la préposition* de *ou* d', *suivie de l'article défini ou indéfini si c'est nécessaire.*

1. Ce musée est plein _____ objets extraordinaires.

2. Ton cahier est plein _____ fautes.

3. Gilles revient _____ supermarché les bras pleins _____ paquets.

4. Claudine revient _____ New York en avion.

5. Le plancher est couvert _____ tapis anciens.

6. Ce plancher est recouvert _____ très beau tapis persan.

7. Dans ce journal, on parle surtout _____ faits divers et _____ sports.

8. On ne parle pas _____ films que vous avez vus récemment.

9. Te souviens-tu _____ titre du film que tu m'as recommandé?

10. Ce conférencier a parlé _____ idées révolutionnaires.

11. Nous ne sommes pas entourés _____ ennemis.

12. Avez-vous besoin _____ aide?

13. Aurez-vous besoin _____ notre aide?

14. Pour réussir en affaires, on a besoin _____ argent et _____ enthousiasme.

15. Pour mes vacances, j'ai besoin _____ lunettes de soleil, _____ crème solaire, _____ costume de bain et _____ bonne paire de sandales.

16. Je ne me souviens pas _____ nom de votre ami.

17. Je me souviens _____ son prénom.

18. Est-ce que vous manquez _____ idées?

N) *Complétez les phrases en employant les articles qui conviennent.*

1. Tu n'aimes pas _____ vin? Alors prends _____ bière ou _____ cidre.

2. _____ alcool ne me réussit pas. Est-ce que Claudine a mis _____ alcool dans ce gâteau _____ chocolat?

3. Tu veux _____ tarte? D'accord, coupons _____ tarte _____ pommes tout de suite et gardons _____ tartes au sucre pour _____ enfants demain.

4. _____ melons sont excellents en cette période _____ l'année. Au marché du coin, on vend _____ excellents melons à _____ très bon prix.

5. Y a-t-il autant _____ calcium dans _____ lait écrémé que dans _____ lait entier?

6. J'ai commandé _____ serviettes de bain, tu sais, _____ belles serviettes que nous avons vues chez Dupuis; elles sont en solde cette semaine.

7. J'aime voir _____ enfants jouer dehors. Tiens! Il y a _____ enfants qui jouent dans notre cour en ce moment.

8. _____ gens sont souvent égoïstes ou indifférents, mais nos nouveaux voisins sont _____ gens généreux et charmants. Quand on rencontre _____ gens aussi sympathiques qu'eux, _____ courant passe tout de suite et on devient vite _____ amis.

9. Prenez encore _____ fraises, elles sont délicieuses. Moi, hélas, je ne peux pas manger _____ fraises, _____ fraises me causent une allergie. — D'accord, finissons _____ fraises alors.

10. _____ gâteau que tu nous a servi était délicieux. Qu'est-ce que tu avais mis dedans? — _____ farine de blé entier, _____ œufs, _____ huile de maïs, _____ noix de coco, _____ miel, _____ dattes, _____ arachides, _____ levure et _____ sel.

11. Un groupe _____ écoliers est arrivé à notre porte avec des tablettes _____ chocolat et _____ jolies cartes à vendre au bénéfice de l'UNICEF. Nous avons acheté _____ cartes mais pas _____ chocolat. Je pense que ces écoliers ont trouvé un grand nombre _____ clients dans notre rue.

12. Voyons! Pour finir ce garage, il nous faut plusieurs kilos _____ ciment, _____ eau, _____ sable, _____ planches _____ bois, _____ briques et, bien sûr, _____ bon marteau et _____ centaine _____ clous.

13. Voulez-vous encore _____ soupe? Vous ne prenez pas _____ pain? Non, nous n'avons pas _____ beurre, nous servons plutôt _____ huile _____ olive avec un peu _____ vinaigre balsamique, c'est très bon, vous verrez. Vous voulez un peu _____ poivre sur vos pâtes? Avez-vous assez _____ sauce? Encore un peu _____ fromage parmesan peut-être? Et pour dessert, ce sera _____ fruits ou _____ bons petits gâteaux à l'amaretto? Ah, vous préférez _____ salade; d'accord, mais laissez-moi vous apporter _____ bon vin rouge pour arroser tout ça. Quoi? Vous ne buvez jamais _____ alcool? Bon, alors je vais vous préparer une tasse _____ café bien serré, _____ espresso évidemment. Vous m'en donnerez _____ nouvelles!

NEL

Activités

1. *Faites des listes assez complètes et variées à partir des éléments donnés. Employez des noms avec les articles et les prépositions qui conviennent.*

   a) Chez nous il y a… mais il n'y a pas…

   b) Pour la rentrée des classes, j'ai besoin de…

   c) Dans un parc on voit…

   d) Avant de m'installer dans mon nouvel appartement, je dois acheter…

   e) Au congrès international de savants, nous avons rencontré…

   f) Au Moyen Âge, il n'y avait pas…

2. Recettes de cuisine et recettes de vie. *Partager vos recettes de cuisine préférées et aussi vos recettes pour vivre heureux et en santé.*

   > Exemple : **Les crêpes françaises.** Vous aurez besoin **de** farine, **d'**œufs, **de** lait, **d'**une cuillerée à thé **de** sucre et **d'**un peu **de** sel. Dans **un** bol, tamisez **une** tasse **de** farine, ajoutez **le** sucre et **le** sel. Creusez **un** puits, mettez-y deux gros œufs (ou trois petits). Avec **une** cuillère **de** bois, ramenez **la** farine vers **le** centre pour l'incorporer **aux** œufs. Vous obtiendrez **une** pâte granuleuse. Versez graduellement environ **une** tasse **de** lait et mélangez bien avec **un** fouet ou **la** cuillère **de** bois pour obtenir **une** pâte légère et sans trop **de** grumeaux. Laissez reposer **une** quinzaine **de** minutes avant d'ajouter **une** cuillerée à table **de** beurre fondu et refroidi. Si **la** pâte est trop épaisse, ajoutez **de** l'eau ou un peu **de** lait. Dans **une** poêle antiadhésive assez chaude, versez **une** louche **du** mélange et faites vite tourner dans **la** poêle pour bien étaler **la** crêpe. Quand **les** bords commencent à brunir, retournez avec **une** spatule, ajoutez **du** gruyère râpé, **du** jambon, **des** asperges, etc., roulez et servez immédiatement avec **du** sirop d'érable. Dans **les** crêpes dessert, mettez **des** fruits, **de la** crème glacée, **du** sucre avec **du** citron, etc. Si vous ne manquez pas **d'**imagination, vous aurez bien **d'**autres idées… savoureuses.

   a) Recette pour réussir dans ses études et aussi pour rester en bonne santé.

   b) Liste des ingrédients nécessaires pour être heureux à deux.

   c) Recette pour une fête ou un anniversaire entre amis : comment vous organisez-vous?

   d) Recette pour une semaine de camping, une excursion en montagne, un super barbecue en plein air, etc.

3. *Répondez à ces questions et donnez votre opinion.*

   Où trouve-t-on :

les meilleurs vins?	les meilleurs fromages?	les meilleurs fruits?
les plus belles plages?	les plus hautes montagnes?	plusieurs volcans?
des éléphants?	un désert?	un carnaval?

4. Quelles destinations ou démarches recommandez-vous? Complétez les phrases.

Si vous voulez...	pratiquer votre français...	allez... / visitez...
Si vous voulez...	parler espagnol...	
...	écouter du jazz...	
...	explorer la forêt tropicale ou	
	observer des animaux exotiques	
...	étudier l'architecture médiévale...	
...	manger des plats épicés...	

5. Discutez de chacun des endroits suivants (ou d'autres). Où se trouve-t-il? Pour quelles raisons voudriez-vous visiter ce pays, cette ville, cette région?

Parlez des sites naturels, du climat, de la langue, de la culture, etc.

l'Égypte	la Californie	la Hollande	Bali
le Pérou	Cuba	St-Pétersbourg	la Tunisie
Banff	Tombouctou	Rome	Québec
Auckland	Beijing	la Nouvelle-Écosse	l'Écosse
l'Alaska	Oxford	Terre-Neuve	Marseille
l'Inde	New York	le Liban	Hong Kong

L'ARTICLE

15

Le possessif

«Daniel vend son auto, mais Pierre garde la sienne.»

Généralités

Il y a plusieurs façons d'indiquer la possession, ou l'appartenance, en français.

Nous avons **nos** problèmes : ils ont **les leurs.**
Ces sandwichs sont **à moi.**
Cet appareil ne **lui appartient** pas.
Qui est-ce? C'est la nouvelle blonde **de Raymond.**

1) L'ADJECTIF POSSESSIF

Ces adjectifs (*mon, ton, son, notre, votre, leur*) s'accordent avec le nom qui suit, c'est-à-dire l'**objet possédé**, donc on dit :

mon chapeau	(masculin singulier)
ma veste	(féminin singulier)
mon écharpe	(féminin singulier devant une voyelle)
mes bas, mes chaussettes	(masculin et féminin pluriel)

On choisit l'adjectif selon le possesseur. Attention à la troisième personne : *son, sa* et *ses* peuvent se rapporter à un possesseur masculin **ou** féminin singulier (*his* ou *her* en anglais); *leur* et *leurs* se rapportent toujours à plusieurs possesseurs (*their* en anglais).

> **Je** cherche **mon** stylo (ma cravate, mon amie, ma grande amie, ma harpe[1], mon école, mes parents, mes amies).
>
> **Tu** aimes **ton** travail (ta maison, ton épouse, ta jeune épouse, tes amis).
>
> **Il** regarde **son** père (sa femme, sa voiture, son autre voiture, ses chiens, ses voitures).
>
> **Elle** voit **son** mari (sa cousine, son auto, sa vieille auto, ses enfants).
>
> **Nous** vendons **notre** chalet (notre maison, nos chevaux, nos vieux skis).
>
> **Vous** perdez **votre** temps (votre énergie, vos amis, vos lunettes).
>
> **Ils** oublient **leur** argent (leur clef, leurs documents).
>
> **Elles** ont besoin de **leur** père (de leur famille, de leurs livres, de leurs amies).

Dans le cas de *son, sa* et *ses*, quand il peut y avoir ambiguïté, on ajoute *à lui* ou *à elle*.

> Pierre et Marie m'ont montré leurs dessins. J'ai préféré **son** travail **à elle.**

Dans le cas de *leur* et *leurs* on emploie le singulier quand chaque personne du groupe, individuellement, ne possède qu'une chose.

> **Elles** vont porter **leur** uniforme en cette occasion.
>
> **Les collègues** ont tous emmené **leur** femme ou **leur** mari à la soirée.

---

1 *h* aspiré.

On emploie *son, sa* et *ses* comme possessifs pour *on* et *tout le monde.*

> **Tout le monde** aura **sa** chance.
>
> Quand **on** perd **son** emploi, on peut bénéficier de l'assurance emploi.

Quand on énumère une série de choses ou de personnes, il faut répéter le possessif.

> Apportez **vos** sandwichs, **votre** bière et **vos** disques.

Quand on parle des parties du corps, il est rarement nécessaire d'employer le possessif. En général, l'article défini suffit avec quelquefois un pronom personnel ou réfléchi. (Voir le point 2 a. iv du chapitre 14.)

> Lève la tête. Brosse-toi les cheveux.
>
> Ouvrez la bouche et tirez la langue.
>
> Tu t'es coupé le doigt.
>
> L'infirmière lui a lavé la figure.
>
> J'ai mal à la tête.

2) LE PRONOM POSSESSIF

Comme pour l'adjectif, la forme du pronom correspond, pour le nombre et le genre, à l'objet possédé, et on choisit le pronom selon le possesseur. L'article défini fait partie de cette structure et doit être contracté après les prépositions *à* et *de*. Les formes sont les suivantes.

	possesseurs			
je	le mien	la mienne	les miens	les miennes
tu	le tien	la tienne	les tiens	les tiennes
il ou elle ou on	le sien	la sienne	les siens	les siennes
nous	le nôtre[2]	la nôtre	les nôtres	
vous	le vôtre[2]	la vôtre	les vôtres	
ils ou elles	le leur	la leur	les leurs	

> Daniel vend son auto, mais Pierre garde la sienne.
>
> Ils admirent mon jardin, mais ils préfèrent le leur.
>
> Occupe-toi de tes affaires. Je m'occupe des miennes.
>
> Il pense à ses problèmes. Nous pensons aux nôtres.
>
> Mon idée est bonne, mais la vôtre est meilleure.

3) *À* + PRONOM TONIQUE OU NOM

Après le verbe *être*, on peut employer *à* + un pronom tonique ou un nom, surtout dans le langage familier de la conversation.

> Ce portefeuille est à Hubert.
>
> À qui sont ces souliers? — À elle.
>
> Il est à toi, ce chien?

4) *APPARTENIR À* UNE PERSONNE OU *À* UNE CHOSE

> Cet arbre appartient à la catégorie des conifères.
>
> Ces dictionnaires ne vous appartiennent pas.
>
> La maison lui appartenait, mais le terrain appartenait à toute sa famille.

---

2 Notez l'accent circonflexe et la prononciation [o].

5) *DE* + UNE PERSONNE OU UNE CHOSE

À la troisième personne, la préposition *de* devant un nom constitue une autre manière d'exprimer la possession. N'oubliez pas la contraction avec *le* ou *les*.

Le métro de Montréal est assez moderne.

Les pieds de cette table sont sculptés de façon originale.

Quel est le prénom de ton frère?

La mère de Robert est morte avant-hier.

Nous avons trouvé la porte du bureau ouverte.

J'ai fini de corriger les devoirs des étudiants.

A) *Complétez les phrases en employant chaque fois l'adjectif possessif correspondant au sujet de la phrase.*

1. Comme je suis distraite, je perds souvent ___~~mes~~___ affaires : ___~~des~~___ clefs, _____ étui à lunettes, _____ sac à main, _____ carnet d'adresses ou même _____ bagues ou _____ alliance que j'enlève pour me laver les mains.

2. Après _____ travail, Luc a _____ routine : il sort de _____ bureau, monte dans _____ automobile et rentre chez lui. Il dépose _____ veste, enlève _____ souliers, se laisse tomber dans _____ fauteuil préféré, saisit _____ journal et ne tarde pas à s'endormir.

3. Tout le monde doit réserver _____ place à l'avance. Chacun va chercher _____ billet une demi-heure avant le spectacle. On peut laisser _____ manteau et _____ bottes au vestiaire.

4. Chaque matin en se levant, Michelle enfile _____ jean et met _____ espadrilles pour sortir _____ chien. Après _____ promenade, elle prend _____ douche, prépare _____ petit-déjeuner, avale _____ café en vitesse et consulte _____ emploi du temps pour la journée. Comme elle travaille à _____ compte, elle s'installe dans _____ bureau, allume _____ ordinateur et travaille jusqu'à midi.

5. Écoute-moi, si c'est _____ emploi qui te prend tout _____ temps, tu dois réfléchir et prendre une décision. _____ maison est un capharnaüm, _____ vêtements traînent partout, tu n'as pas répondu à _____ courrier et _____ comptes sont en souffrance, _____ téléphone n'arrête pas de sonner et tout le monde a remarqué _____ absence à la réunion des colocataires. Où sont passés _____ énergie à toute épreuve et _____ enthousiasme légendaire? _____ amis s'inquiètent pour _____ santé, tu finiras par y laisser _____ peau.

6. Nous aimons bien _____ université : _____ professeurs sont compétents, _____ cours stimulants et _____ activités sportives nombreuses et variées. _____ campus est beau et vaste et _____

bibliothèque est dotée d'un service Internet sans-fil qui nous permet d'y travailler directement sur _____ portable.

7. Vous avez de nombreuses qualités, monsieur. _____ ambition, _____ énergie et _____ intelligence font l'admiration de tous _____ collègues. Malheureusement _____ travail n'est pas satisfaisant; _____ réunions commencent souvent en retard, vous finissez rarement _____ rapports et vous ne répondez pas quand _____ clients téléphonent.

8. Tes parents ne risquent rien, _____ argent est en sécurité dans _____ compte en banque mais il ne rapporte pas grand-chose. Ils devraient consulter _____ conseiller financier et investir _____ économies à la bourse. _____ maison est payée et _____ revenus sont stables. Si _____ placements leur donnaient un meilleur rendement, _____ retraite serait plus aisée.

B) *Complétez les phrases en employant les adjectifs possessifs qui conviennent : son, sa, ses, leur, leurs.*

1. Ces réfugiés ont tout perdu : _____ maison, _____ ferme, _____ animaux, _____ meubles, _____ parents, _____ amis, _____ argent, _____ patrie. _____ seul espoir est de pouvoir recommencer _____ vie ici, dans _____ pays d'adoption.

2. Cécile vient de quitter _____ emploi. _____ collègues l'énervaient, _____ patron ne l'appréciait pas assez et elle n'était pas satisfaite de _____ salaire. _____ carrière la passionne cependant, et _____ fiancé l'encourage à réaliser _____ ambitions.

3. À quinze ans, Robert passe par une période difficile. Il est fatigué de _____ études et il déteste _____ école. Il passe tout _____ temps devant l'écran de _____ ordinateur. _____ attitude envers _____ parents a changé; il critique _____ opinions et ignore _____ conseils. _____ amie Pauline joue le rôle le plus important dans _____ vie en ce moment.

4. Mes cousins sont des originaux. _____ maison est toujours en désordre, les fleurs sauvages poussent sur _____ pelouse, _____ gros chien a

_____ niche au milieu de la véranda qu'il partage avec les autres animaux de la maison. En effet, chaque membre de cette famille a, l'un _____ chat, l'autre _____ tortue, le plus jeune _____ couple de hamsters et la mère _____ poissons rouges! _____ vie ne manque pas de charme, ni de surprises!

C) *Complétez les phrases en employant le pronom possessif qui convient.*

1. Laisse ta voiture au garage. Je vais te prêter _____ jusqu'à lundi.

2. Écris-tu souvent à tes parents? Moi, j'écris _____ tous les mois.

3. Vous avez publié votre roman en 2002? Charles a publié _____ l'année suivante.

4. J'ai emmené mes fillettes au cirque, mais madame Lemaire ne pouvait pas emmener _____.

5. Einstein disait : «Vous croyez avoir des problèmes, vous n'avez pas vu _____! »

6. Nous sommes fiers de nos résultats, pourquoi êtes-vous déçus _____?

7. Je déteste mon appartement, mais mes voisins du haut aiment bien _____. C'est normal, ma chambre donne sur une rue bruyante, _____ donne sur les jardins.

8. Vous avez votre opinion sur la question, nous avons _____, restons-en là.

9. Voici ma partie du projet. As-tu fini _____? — Oui, mais Alain a du retard avec _____.

10. Nous avons apporté nos photos. Allez-vous nous montrer _____?

D) *Complétez le dialogue suivant entre un journaliste et un cinéaste en mettant l'adjectif ou le pronom possessif qui convient.*

— Vous êtes certainement le cinéaste le plus en vue en ce moment. _____ photo est à la une de tous les journaux et _____ propos sont rapportés sur toutes les tribunes. Est-ce que _____ célébrité vous pèse?

— Je suis né dans ce milieu. _____ deux parents étaient acteurs de cinéma. Ils adoraient _____ métier. J'ai donc choisi _____ carrière en toute connaissance de cause. Tous les métiers ont _____ bons et _____ mauvais côtés. Cela dit, le public a _____ exigences que j'accepte, tant qu'on respecte _____ vie privée.

— De tous _____ films, quel est _____ préféré?

— _____ films sont comme _____ enfants, je les aime tous.

— On vous a souvent comparé à Woody Allen. Qu'en pensez-vous?

— Pas grand-chose. Nous sommes ce que nous sommes. Mais bon, comme _____, les films de Woody Allen posent un regard ironique, critique ou ambivalent sur notre société; _____ personnages se posent des questions sur le sens de _____ existence et _____ font la même chose. Mais _____ approche est différente de _____. Je n'ai ni _____ humour, ni _____ moyens financiers. Et puis, il exploite très bien _____ personnage d'intellectuel névrosé, instable et nerveux. Dans mes films, je mets en scène des personnages que j'ai connus ou croisés; lui, il se sert de _____ existence personnelle pour alimenter _____ filmographie. _____ style est vraiment unique et tous _____ films portent _____ empreinte.

— Mais _____ aussi portent _____ signature; il y a toujours au moins un personnage qui se fait le porte-parole de _____ vision sombre et souvent cynique de l'humanité, non?

— Si vous le dites! Mais toute comparaison est réductrice. Revenons à _____ questionnaire sur _____ coups de cœur, voulez-vous?

— D'accord. Quel est _____ roman préféré?

— *Neige* de Orhan Pamuk. Et quel est _____?

— Nous parlons de vous. Quel est _____ actrice fétiche?

— Celle de _____ prochain film. Et vous, quelles sont _____ vedettes préférées?

— Euh, je pense que c'est tout le temps dont nous disposons. Merci d'avoir accepté _____ invitation à cette émission sur le cinéma d'ici et d'ailleurs. Chers auditeurs, restez des nôtres[3] pour les nouvelles qui suivent immédiatement.

---

3 **des nôtres** : expression idiomatique qui veut dire «avec nous».

Activités

1. Sur le modèle de l'exercice D, faites des entrevues en vous inspirant du fameux «questionnaire de Marcel Proust» auquel vous pourrez ajouter vos propres questions. Vous pouvez aussi jouer le role d'une personne célèbre et imaginer les réponses qu'elle donnerait. Voici des questions inspirées du célèbre questionnaire que vous trouverez facilement sur Internet.

Quelle est votre / ta vertu préférée?

Quel est le principal trait de votre / ton caractère?

Quel est votre / ton principal défaut?

Quelle est votre / ta principale qualité?

Qu'est-ce que vous appréciez le plus chez vos amis?

Quelle est votre / ton occupation préférée?

Quel est votre / ton rêve de bonheur?

Quel serait votre / ton plus grand malheur?

Quelle est votre / ta couleur préférée, votre / ta fleur, votre / ton oiseau, etc.?

Qui sont vos / tes auteurs favoris en prose, vos / tes poètes, vos / tes héros et héroïnes dans la fiction, dans la vie réelle, dans l'histoire?

Quelle est votre / ta nourriture préférée, votre / ta boisson préférée, etc.?

Votre / ta plus grande peur, votre / ta devise personnelle, etc.

2. Chacun dépose un objet sur une table. Une personne prend les objets à tour de rôle et demande : À qui appartient ce / cette / ces.... que fera-t-il, que fera-t-elle, où ira-t-il, où ira-t-elle? Vous répondez en utilisant une des expressions suivantes pour indiquer la possession : appartenir à, être à ou de + le nom d'une personne.

   Exemple : À qui appartiennent ces clés, que fera-t-il..., etc.

   Elles sont à Marie... / ce sont les clés de Marie / elles appartiennent à Marie.

   Elle doit venir devant la classe et chanter une chanson.

   Elle doit aller au tableau et écrire trois mots qui commencent par la lettre **p**.

3. Si vous ne pouviez garder que trois choses, qu'est-ce que vous garderiez?

   Exemple : Je garderais mon chat, ma chaîne en or parce que c'est un souvenir de ma grand-mère et mon ordinateur.

16

Le démonstratif

«Je suis venu chercher des livres,
mais ceux dont j'ai besoin ont disparu.»

Généralités

Les adjectifs et les pronoms **démonstratifs** servent à désigner une chose ou une personne de façon plus précise qu'un article ou un pronom personnel.

J'ai choisi ce cadeau pour papa.
Assieds-toi. Prends cette chaise-là.
Quelle vendeuse s'occupe de vous? — Celle qui a les cheveux très longs.
Et ton examen d'hier? — Celui-là était facile. Cela (ça) s'est bien passé.

1) **LES ADJECTIFS DÉMONSTRATIFS** *CE, CET, CETTE, CES*

Au masculin singulier : *ce, cet* (devant une voyelle ou un *h* muet).

Au féminin singulier : *cette.*

Au pluriel : *ces.*

On parle d'une certaine chose (ou personne) plutôt que d'une autre.

Je m'intéresse à ce phénomène (à cet homme, à ce bel ouvrage).
Parle-moi de cette idée (de cette femme).
Nous avons besoin de ces couteaux et de ces fourchettes.

Souvent on renforce le démonstratif en ajoutant au nom :

-ci (pour ce qui est proche, dans le temps ou l'espace);

-là (pour ce qui est plus éloigné).

J'ai demandé ce modèle-ci, pas ce modèle-là.
Nous nous sommes bien amusés ce jour-là.
J'ai souvent mal à la tête ces jours-ci.

2) **LES PRONOMS DÉMONSTRATIFS** *CELUI, CELLE, CEUX, CELLES*

Masculin singulier *celui;* féminin singulier *celle.*

Masculin pluriel *ceux;* féminin pluriel *celles.*

Chacun de ces mots doit être suivi de-*ci* ou *-là,* ou de la préposition *de* (quand on exprime la possession), ou d'un pronom relatif qui introduit une phrase d'explication ou de description.

a) **-ci ou -là**

On distingue certaines choses (ou personnes) des autres (souvent en les montrant d'un geste). [En anglais : *this one, that one, these (ones), those (ones).*]

Quelle robe as-tu décidé d'acheter? — Celle-ci.
Lesquels de ces paquets faut-il livrer? — Ceux-là.

b) *de,* marquant la **possession**

> Lequel de ces dessins allons-nous afficher? — Celui de Maurice.
>
> Il y a beaucoup de théories sur ce sujet-là, mais celles de notre professeur sont les plus étonnantes.

c) *un pronom relatif* introduisant une phrase d'explication ou de description

> Quelle robe as-tu décidé d'acheter?
>
> — Celle que la vendeuse nous a montrée en dernier.
>
> Je suis venu chercher des livres, mais ceux dont j'ai besoin ont disparu.

3) LES PRONOMS DÉMONSTRATIFS *CE, CECI, CELA, ÇA*

a) *Ce,* pronom, s'emploie seulement comme **sujet** du verbe *être.*

Ce ne se rapporte pas toujours à un nom précis, il résume souvent l'idée exprimée dans une phrase.

> Conduire à 200 kilomètres à l'heure, c'est dangereux.
>
> J'ai passé une semaine dans une station thermale. C'était très ennuyant[1].
>
> Partir en retard, perdre ses bagages, ce sont des choses qui arrivent.

Dans la conversation, on emploie souvent *c'est* (ou *ce n'est pas*) pour remplacer *il* (ou *elle*) *est, ils* (ou *elles*) *sont.* Les adjectifs sont au masculin singulier.

> C'est bon, les oranges. (Les oranges sont bonnes.)
>
> La tarte aux pommes? Ce n'est pas mauvais. (Elle n'est pas mauvaise.)

b) *Cela* (version plus familière *ça*) ou *ceci* peuvent s'employer comme **sujets** de n'importe quel verbe, ou comme **compléments.** Ils peuvent se rapporter à un objet précis ou à toute une idée.

> Vous n'avez pas le temps? Alors, oubliez cela (ça), ce n'est pas une priorité.
>
> Comment! On vous a fait attendre trois heures? Cela (ça) n'a pas de sens!
>
> Ceci est pour toi, c'est une clé de mémoire USB.
>
> Écoute bien ceci : cette petite clé est aussi puissante que ton disque dur.
>
> Ce truc peut stocker tous les formats de fichiers? Je ne connaissais pas ça.

Dans la **conversation,** quand *ceci, cela* ou *ça* désignent un **objet concret,** la phrase sera automatiquement accompagnée d'un geste pour indiquer l'objet en question.

> Ça marche bien, ton commerce?
>
> Mon examen? Ça s'est bien passé.
>
> Est-ce que ceci est à vendre?
>
> Arthur, prends ceci. Et toi Daniel, prends cela.

c) Dans une structure très courante, *ça* est utilisé comme sujet de plusieurs verbes comme *intéresser, plaire à, être égal à.* Le COD ou le COI est en général un pronom personnel, *me, nous, le, lui,* etc. Voici une liste partielle de verbes, avec des exemples.

choquer, déranger, énerver, ennuyer, fâcher, fatiguer, intéresser, toucher, etc. + **COD**

faire rire, faire pleurer, etc., rendre heureux, triste, etc. + **COD**

coûter… à, plaire à, être égal à, faire mal à, etc. + **COI**

> Cesse de siffler! Ça m'énerve!
>
> Encore une encyclopédie? Ça ne nous intéresse pas.

---

1 Québécisme : «pas intéressant».

Bernard ne lit pas les journaux. Ça ne l'intéresse pas.

On va avoir un nouveau gouvernement? Ça leur est complètement égal.

J'ai appelé Mireille pour sa fête; ça lui a fait plaisir.

Merci d'avoir pensé à nous, ça nous touche beaucoup.

Allez voir cette comédie. Ça va vous faire rire!

Je l'ai vue, moi, et ça m'a beaucoup plu.

Ils ont acheté un appartement et ça leur a coûté les yeux de la tête[2].

---

2 Très très cher.

A) *Complétez l'exercice avec les adjectifs démonstratifs* ce, cet, cette, ces.

1. Achetons _____ casserole, _____ tasses et _____ soucoupes, _____ couteau à pain, _____ bols et _____ jolies serviettes de table.

2. Avant la réunion, il faudrait relire _____ article, consulter _____ rapports, photocopier _____ tableaux, distribuer _____ documents et le premier chapitre de _____ gros volume.

3. Quoi mettre dans ma valise? _____ pantalon, _____ blouse, _____ chaussettes, _____ parapluie et _____ imperméable.

4. Vite! Rangez tout ça! _____ figurines, _____ poupée, _____ peluches, _____ crayons à colorier, _____ blocs, _____ gros casse-tête et _____ petites autos.

5. Tout cela ne nous servira plus; on va donc jeter _____ tapis indien, _____ deux matelas, _____ aspirateur, _____ vieille armoire en mélamine, _____ échelle cassée, _____ outils rouillés et _____ autre tapis usé jusqu'à la corde!

6. _____ enseignante, _____ policiers, _____ ouvrier, _____ infirmière, _____ jeune journaliste et _____ fonctionnaire retraité sont les nouvelles recrues de notre organisation.

B) *Répondez en employant le bon pronom démonstratif* (celui, celle, ceux, celles) *suivi de* -ci *ou* -là.

1. Laquelle de ces actrices était la meilleure?

   _____

2. Quel enfant est le plus doué dans ce groupe?

   _____

3. Lequel de ces professeurs donne les meilleurs cours?

   _____

4. Quelle robe te plaît le plus?

   _____

5. Tu vas voter pour ce politicien-là?
   — Non, pour _____

6. Quels manuels sont les plus utiles?

   _____

7. Quelles tartes vont être les meilleures, à ton avis?

    _____

8. Tu as réalisé toutes ces maquettes, Andrée?

    — Non, juste _____

9. Ce sont ces plans-là que vous avez approuvés?

    — Non, _____

10. Quelles assiettes as-tu choisies?

    _____

C) *Complétez les phrases en employant le pronom démonstratif qui convient.*

1. As-tu visité le parc du centre-ville?

    — Non, seulement _____ du château.

2. Tu vas à la piscine du Stade olympique?

    — Non, à _____ de mon quartier.

3. Est-ce qu'on accepte l'offre de cette compagnie locale?

    — Non, il faut accepter _____ qui sera la plus rentable.

4. Les cosmétiques aux huiles essentielles sont meilleurs que _____

    que j'utilise, mais ils sont trop chers.

5. Comment trouves-tu ces nouvelles installations sportives?

    — Je préférais _____ du vieux gymnase.

6. Êtes-vous d'accord avec les idées d'Auguste Comte?

    — Plutôt avec _____ de Nietzsche.

7. Tu aimes le style de Giovanni?

    — Oui, mais je préfère _____ d'Enrico.

8. La façade de l'hôtel de ville est bien jolie, mais _____ du

    nouveau théâtre me plaît davantage.

9. Toutes les émissions de la série ont été intéressantes, mais

    _____ d'hier était quand même un peu décevante.

10. Nos vêtements de plein air conviennent aussi bien aux amateurs de sports

    extrêmes qu'à _____ qui préfèrent les randonnées légères ou

    les balades urbaines.

D) *Complétez les phrases en employant un pronom démonstratif suivi de* qui + *un verbe.*

>   Exemple :   Ces deux actrices débutent dans le métier; pour ce film, engageons **celle qui** a le
>   plus d'expérience.

1. Ne prends pas ce gâteau-là : prends _____

    _____

2. Quel élève a reçu le prix d'excellence? Sans doute _____

_____

3. Je n'aime pas tes recettes, je préfère _____

_____

4. On n'achète pas ces produits-là. On choisit plutôt _____

_____

5. Vas-tu mettre ta robe bleue, ou préfères-tu emprunter _____

E) *Pour chaque élément de la colonne de gauche, choisissez dans la colonne de droite le chiffre qui correspond à la réaction que vous jugez la plus appropriée.*

____ Les spectacles d'humour?   1. Ça me ferait du bien.

____ Le film de Jeremy Podeswa   2. Ça me rend folle.
     Mémoire en fuite?

____ Des vacances au soleil en février?   3. Ça ne me dérange pas.

____ La musique quand j'étudie?   4. Ça m'a bouleversé(e).

____ Le bruit des motos l'été?   5. Ça ne me fait pas toujours rire.

F) *Donnez une opinion ou une réaction en répondant par une phrase courte qui commence par* ça *(phrase affirmative ou négative). Employez un pronom complément (me/m', lui/l', etc.) et choisissez parmi des verbes tels que :* intéresser, préoccuper, inquiéter, énerver, désoler, plaire à, faire rire / pleurer / rêver / du bien; rendre triste / fou, détendre, exaspérer, étonner, dégoûter, *etc.*

   Exemples: Ce produit miracle, qu'en penses-tu? — Ça m'intrigue.

             Ses exploits sportifs? — Ça ne les a pas impressionnés.

1. Le dernier projet de sa classe?

_____

2. La grève des étudiants?

_____

3. La crise politique actuelle?

_____

4. La chasse au phoque?

_____

5. Cette nouvelle loi sur l'immigration?

_____

6. Ces gratte-ciel qu'on construit au centre-ville?

_____

7. Le dernier film du bel Antonio?

_____

8. L'annonce du ministre des Finances?

   _____

9. Un bon bain chaud?

   _____

10. Cet emploi comme monitrice de langue?

    _____

G) Complétez le dialogue suivant en mettant l'adjectif ou le pronom démonstratif qui convient.

Chez le fleuriste

—Qu'est-ce que vous choisissez, _____ tulipes, un de _____ bouquets printaniers, ou préférez-vous _____ arrangement de fleurs exotiques?

—Je ne sais pas, c'est pour ma nouvelle copine.

—Comment trouvez-vous _____ roses, _____ qui sont dans le vase derrière vous?

—Euh, vous croyez que _____ lui plaira?

—Mais oui, ce sont _____ que je vends le plus souvent. On m'a livré _____ ce matin même, elles dureront toute la semaine.

—J'aimerais quelque chose de différent, de plus original.

—Alors, prenez _____ oiseau du paradis, elle sera au septième ciel.

—C'est vrai? _____ fleur s'appelle vraiment un oiseau du paradis?

—_____ ne devrait pas vous étonner, comme vous le voyez, _____ fleur ressemble bien à une tête d'oiseau. Dans _____ bouquet de fleurs exotiques, il y en a deux magnifiques. Qu'en dites-vous?

—Je préfère, le petit bouquet, _____ qui n'a qu'une de _____ fleurs-oiseaux.

—Excellent choix, jeune homme.

H) Complétez en employant les pronoms démonstratifs ce (ou c'), ceci *ou* cela (ou ça). *S'il y a lieu, ajoutez le pronom personnel complément qui convient et le* ne *de la négation.*

Exemple : Vous avez aimé faire **ce** projet?
— Oui, mais **ça** nous a pris un temps fou pour le terminer!

1. Tu ne manges pas de gâteau?

   — Non, les desserts, _____ n'est pas mon fort, et puis, _____ fait grossir.

2. Vous avez aimé cette pièce de théâtre?

   — Oui, beaucoup. _____ vous étonnera peut-être mais _____ est la pure vérité.

3. Dis, est-ce que tu penses que Juliette va divorcer?

   — Franchement, _____ est bien égal.

4. Il nous a donné des conseils, nous a dit de faire _____ et _____, mais on sentait bien que _____ intéressait plus.

5. Qu'est-ce que Gilles pense de notre suggestion?

   — Il veut y réfléchir car s'il accepte, _____ demandera beaucoup de son temps.

6. Retiens bien _____, mon garçon : en politique, plus _____ change, plus _____ est pareil!

7. C'est une maison splendide, vous ne trouvez pas?

   — _____ est pas étonnant, _____ a coûté une petite fortune!

8. Tout _____, _____ est du commérage. Lise a dit _____, Louis a répondu _____, au fond, _____ regarde pas, _____ est pas à nous de juger.

9. Est-ce que tes invités ont aimé la soirée?

   — Ils m'ont assuré que _____ avait beaucoup plu. _____ dit, _____ qui a surtout retenu leur attention, _____ est la jeune pianiste que j'avais invitée.

10. Est-ce que vous vous habituez à ce nouveau travail?

    —Pas vraiment, _____ est pas très stimulant et puis, _____ fatigue beaucoup.

1. *Demandez l'opinion de vos camarades sur divers sujets d'actualité, sérieux ou frivoles. Dans les réponses, on devra employer des phrases du type :*

   Ça me choque / Ça m'a ennuyé / Ça me dérangerait / C'était stupide, intéressant / Je trouve ça / J'ai trouvé ça drôle, pénible, divertissant, dépassé, etc.

   Voici quelques suggestions.

   un film récent, une conférence, un disque, un livre, un journal, une revue,

   une fête d'étudiants, une nouvelle recette, la soirée des Oscars,

   la mode de cette année, une annonce publicitaire, un événement politique, etc.

2. *Inventez des proverbes.*

   Exemples : Celui qui parle le plus fort est souvent celui qui s'impliquera le moins.

   Ceux qui peuvent le plus, peuvent le moins.

   C'est souvent ceux qui possèdent le moins qui donnent le plus.

3. *Apportez des albums de photos, des livres d'art ou des objets que vous aimez. En groupe, décrivez et comparez les photos, les peintures ou les sculptures, les objets que vous découvrez. Employez des adjectifs et des pronoms démonstratifs.*

   Exemples : Cette photo-là est… Je n'aime pas celle-ci parce que…

   J'adore ces petits animaux, surtout celui qui… Ça me rappelle…

4. *Préparez des annonces publicitaires pour vanter différents produits, journaux, voitures, etc.*

   Exemples : Pour ceux et celles qui veulent des dents plus blanches, le dentifrice Biodent est celui qu'il vous faut.

   La voiture de l'année, celle dont vous rêvez, celle qui épatera vos amis, c'est cette petite merveille japonaise, celle qui pollue le moins, etc.

   Notre revue est unique; tous ceux qui ont vu ces reportages que nous avons publiés sur l'Arctique, celui sur les ours polaires, et ces photos qui vous font voir de près toutes ces merveilles de la nature… n'hésitez plus, cette revue est celle que vous attendiez.

   Des journaux, nous en avons pour tous les goûts. Regardez, celui-ci sort le matin, celui-là le soir, ceux-ci vous donnent les nouvelles internationales; et voyez ces revues, connaissez-vous celle-ci, c'est celle des gens branchés, et celle-là s'adresse aux amateurs d'art et de culture, tenez, jetez un coup d'œil à cet éditorial, vous verrez que c'est du sérieux, ça fait réfléchir sur le sort réservé aux artistes…

17

Les adjectifs, les adverbes, la comparaison

«C'est nous qui avons la plus grande pelouse de notre quartier.»

Les **adjectifs** qualifient des noms. Les **adverbes** modifient des verbes, des adjectifs ou d'autres adverbes.

Tu as les mains sales!
Voici une nouvelle revue scientifique.
Cet athlète court très vite.
Tu as manqué le concert hier soir; c'était vraiment fantastique.
Vous chantez bien! Beaucoup mieux que les autres!

Notes

1. Il serait utile de vous référer d'abord à l'Appendice C, pour revoir le **genre des noms.**

2. Le fait d'étudier les adjectifs vous offre une bonne occasion d'apprendre du vocabulaire. Portez une attention particulière au **sens** et à l'**usage** des adjectifs et des adverbes.

Détails

I. LES ADJECTIFS QUALIFICATIFS

1) LES FORMES

Les adjectifs doivent s'accorder avec les noms qu'ils qualifient. Ils ont donc plusieurs formes possibles : le masculin et le féminin, le singulier et le pluriel. Attention aux adjectifs qui ressemblent à des mots anglais, mais qui peuvent souvent avoir une orthographe différente, ou même un sens différent.

a) Beaucoup d'adjectifs ont la même forme au **masculin** et au **féminin,** à la forme écrite et à la forme orale. On prononce la consonne finale, donc on doit ajouter **-e** au masculin. Au **pluriel,** on met un **-s,** mais la prononciation ne change pas. Voici une liste partielle d'adjectifs de ce type.

arabe	politique	grotesque	mâle
rouge	unique	pittoresque	sale
gauche			drôle
riche	nécessaire	superbe	difficile
	ordinaire		ridicule
rapide		célèbre	fidèle
rude	chauve	médiocre	
	grave	propre	femelle
deuxième		pauvre	tranquille
vingtième	progressiste	formidable	
suprême	socialiste	possible	calme
ultime			moderne

un hiver rude, un village arabe, un homme riche, des trains rapides, des appartements modernes, une carrière politique, une chemise propre, des idées progressistes

b) Pour certains adjectifs, la prononciation est la même au masculin et au féminin, **mais** on ajoute **-e** au féminin seulement. Il s'agit, en général, d'adjectifs qui se terminent par une voyelle ou par **-l** ou **-r**. Au **pluriel**, on met un **-s** au masculin, **-es** au féminin.

Féminin	Masculin	Remarques
gaie [ge]	gai [ge]	
fatiguée	fatigué	
jolie	joli	
bleue	bleu	
absolue	absolu	
aiguë	aigu	Notez le tréma ë qui indique que le u doit être prononcé.
ambiguë	ambigu	
géniale	génial	Notez le masculin pluriel en -aux : géniaux, normaux, etc.
normale	normal	
		Il y a quelques exceptions : banals, fatals, finals, navals, glacials, natals et bancals.
		Le féminin pluriel se termine en -ales : géniales, normales, finales, etc.
subtile	subtil	
espagnole	espagnol	
seule	seul	
chère [ʃɛʀ]	cher [ʃɛʀ]	Notez l'accent grave è. La prononciation est la même au masculin et au féminin.
fière [fjɛʀ]	fier [fjɛʀ]	
dure	dur	
noire	noir	
supérieure	supérieur	(Voir aussi la section d.)
publique	public	Notez l'orthographe particulière.
turque	turc	
grecque	grec	

un tableau noir, un livre espagnol, un projet génial, des gens normaux, des examens finals, des enfants fatigués, une personne fière, une question ambiguë, une chanson gaie, des idées géniales, des fleurs bleues

Certains adjectifs se terminent en **-lle** au féminin.

Féminin	Masculin
cruelle [kʀyɛl]	cruel [kʀyɛl]
naturelle	naturel
nulle	nul
pareille [paʀɛj]	pareil [paʀɛj]

un dictateur cruel, des aliments naturels, nulle part, des circonstances pareilles

c) Pour la majorité des adjectifs, la **consonne finale est prononcée au féminin seulement**, et un **-e** final paraît à la forme écrite. Il y a donc une **différence** entre le masculin et le féminin **dans la prononciation et à la forme écrite**.

Au **pluriel**, on ajoute **-s** dans la plupart des cas. Voici une liste partielle d'adjectifs classés selon la consonne finale. La prononciation du son final est indiquée ainsi que certains pluriels.

Féminin	Masculin	Remarques
courte [kuʀt]	court [kuʀ]	Notez la prononciation.
délicate [delikat]	délicat [delika]	

idiote [idjɔt]   idiot [idjo]
parfaite [paʀfɛt]   parfait [paʀfɛ]
petite   petit

un chemin court, de petits enfants, une réussite parfaite, des notions idiotes

concrète [kɔ̃kʀɛt]   concret [kɔ̃kʀɛ]   Notez l'accent grave **è** au
complète   complet   féminin et la prononciation.
discrète   discret
secrète   secret

un code secret, des chapitres complets, une porte secrète, une famille discrète, des idées concrètes

grande [gʀɑ̃d]   grand [gʀɑ̃]
laide [lɛd]   laid [lɛ]
ronde [ʀɔ̃d]   rond [ʀɔ̃]

un grand jardin, des édifices laids, une table ronde, de grandes surprises

longue [lɔ̃g]   long [lɔ̃]   Notez l'orthographe **-gue.**

un long chemin, une longue discussion, des jupes longues

basse [bas]   bas [ba]   Au pluriel : féminin, *basses;*
grosse   gros   masculin, *bas.*
épaisse   épais
fausse   faux   Au pluriel : féminin,
rousse   roux   *fausses, rousses;*
    masculin, *faux, roux.*

un gros melon, des cheveux roux, une voix basse, des tranches épaisses

douce [dus]   doux [du]   Au pluriel : féminin, *douces;*
    masculin, *doux.*

l'eau douce, un climat doux, des voix douces, des mots doux

française [fʀɑ̃sɛz]   français [fʀɑ̃sɛ]   Au pluriel : féminin,
    françaises, mauvaises;
mauvaise   mauvais   masculin, *français, mauvais.*
assise [asiz]   assis [asi]
grise   gris
chinoise   chinois
hongroise   hongrois

un ciel gris, des livres français, une mauvaise journée, des sculptures chinoises

curieuse [kyʀjøz]   curieux [kyʀjø]   Au pluriel : féminin,
heureuse   heureux   *curieuses,* etc.;
luxueuse   luxueux   masculin, *curieux,* etc.
jalouse   jaloux

un appartement luxueux, des gens heureux, une femme jalouse, des maisons luxueuses

Terminaisons nasales de plusieurs types
américaine   [ɛn]   américain   [ɛ̃]
saine   sain
pleine   plein

canadienne	[jɛn]	canadien	[jɛ̃]
indienne		indien	
persane	[an]	persan	[ã]
paysanne	[an]	paysan	[ã]
bonne	[ɔn]	bon	[ɔ̃]
fine	[in]	fin	[ɛ̃]
féminine		féminin	
bénigne	[iɲ]	bénin	[ɛ̃]
maligne		malin	
brune	[yn]	brun	[œ̃]

un bon vin blanc, des tapis persans, une tumeur maligne, des villes canadiennes

d) Voici plusieurs adjectifs de types différents.

Des adjectifs qui doublent la consonne au féminin.
gentille [ij]   gentil [i]
muette [ɛt]   muet [ɛ]
sotte [ɔt]   sot [o]

de gentilles personnes, il est sourd et muet, une question sotte

Alternance **-ve** / **-f**
naïve [naiv]   naïf [naif]
sportive   sportif
vive   vif
brève   bref
neuve   neuf
sauve   sauf

un bref rapport, des yeux vifs, une auto neuve, elles arrivent saines et sauves

Alternance **-che** / **-c** ou **-s**
blanche [ãʃ]   blanc [ã]
fraîche [ɛʃ]   frais [ɛ]
sèche   sec

du pain blanc, de l'eau fraîche, des fruits secs

Dans le groupe suivant, la prononciation de la voyelle change ainsi que l'orthographe.
légère [ɛr]   léger [e]
dernière [jɛr]   dernier [je]
familière   familier

un repas léger, des animaux familiers, la semaine dernière, des robes légères

Il y a plusieurs types d'adjectifs se terminant en **-eur** au masculin singulier.
conservatrice   conservateur
créatrice   créateur
dévastatrice   dévastateur

flatteuse [øz]   flatteur [œr]
moqueuse   moqueur
travailleuse   travailleur

inférieure [œʀ]	inférieur	La prononciation est la
majeure	majeur	même au masculin et au
mineure	mineur	féminin (cf. section 1 b).
supérieure	supérieur	

un don créateur, un portrait flatteur, des changements majeurs, une employée travailleuse, des guerres dévastatrices

Les adjectifs suivants sont très irréguliers; au **masculin singulier**, ils ont **deux formes** dont la deuxième s'emploie lorsque l'adjectif précède un nom qui commence par une voyelle ou un *h* muet.

Féminin	Pluriel	Masculin	Devant une voyelle ou un *h* muet	Pluriel
belle	belles	beau	bel	beaux
folle	folles	fou	(fol)	fous
molle	molles	mou	(mol)	mous
nouvelle	nouvelles	nouveau	nouvel	nouveaux
vieille [ɛj]	vieilles	vieux	vieil [ɛj]	vieux

un beau chien, un vieil arbre, un bel homme, de vieux meubles, une nouvelle formule, des idées folles, le nouvel an

2) LA PLACE DE L'ADJECTIF

a) Un adjectif peut se placer après un verbe, en général *être, sembler, devenir*, etc. Il est alors **attribut** du sujet.

Mes souliers sont mouillés.

C'est impossible.

Est-ce que tu deviens fou?

Maman semble inquiète.

b) Un adjectif peut accompagner un nom, et dans la plupart des cas il se place **après** le nom.

un travail facile, une idée originale, des clients intéressants, la cuisine japonaise, un professeur méticuleux, des vêtements féminins, une chemise blanche, etc.

Mais il y a quelques adjectifs simples et utilisés couramment qui **précèdent** presque toujours le nom. Voici une liste de ces adjectifs.

petit	gros	grand
beau	vilain	autre
bon	mauvais	gentil
joli	jeune	vieux
nouveau	haut	premier, deuxième, etc.

long (avant **ou** après le nom)

un autre problème, une haute échelle, une jeune femme, un vieil édifice, une longue avenue, un premier voyage, un joli visage, une vilaine grippe, un petit chat

Un nom peut être qualifié par plus d'un adjectif; les adjectifs gardent alors leur place habituelle, avant ou après le nom.

une autre idée originale

la bonne cuisine japonaise

de beaux vêtements féminins

Si ce sont des adjectifs du même type (par exemple deux couleurs, deux adjectifs descriptifs), on ajoute *et* ou *mais*. Si l'un des adjectifs s'associe étroitement au nom, on n'emploie pas de conjonction. L'ordre à respecter est le suivant : le *rang* devant la *qualité* devant la *taille* devant *l'âge*.

> un beau grand *jeune homme* (*jeune* forme un tout avec *homme*)
>
> un beau et grand garçon (*beau* et *grand* ont le même lien avec *garçon*)
>
> C'était le bon *vieux temps!*
>
> Tu m'as donné de beaux et bons vêtements
>
> Ah non, pas une autre vilaine *grosse tempête* de verglas!
>
> un travail long et difficile
>
> des clients riches et célèbres
>
> un professeur méticuleux mais juste
>
> un film intéressant mais violent
>
> une *école primaire* moderne
>
> une *expérience scientifique* récente
>
> la *guerre civile* espagnole
>
> des *mesures politiques* graves
>
> le *produit national* brut
>
> un *restaurant chinois* extraordinaire

Quelquefois, le **sens** d'un adjectif change selon qu'on le place avant ou après un nom, ou selon le nom qu'il accompagne. Ce sont des cas particuliers.

ancien	un théâtre ancien (Il est très vieux.) Pour les **choses seulement.**
	mon vieil ami (Il est vieux, ou il est mon ami depuis longtemps.)
	un ancien théâtre (Ce n'est plus un théâtre : «*a former theater*».)
	mon ancien professeur (Il a été mais il n'est plus mon professeur.)
bon	un homme bon (qui a de la bonté, gentil, généreux)
	un bonhomme (un petit homme drôle, ex. : un bonhomme de neige)
	une femme bonne (qui a de la bonté, gentille, généreuse)
	une bonne femme (terme péjoratif)
nouveau	un nouveau départ (un autre départ)
	un vin nouveau (jeune, qui n'a pas eu le temps de mûrir)
	une idée nouvelle (innovatrice)
cher	mon cher ami (que j'aime beaucoup)
	des vêtements chers (d'un prix élevé)
drôle	un film drôle (amusant)
	un drôle de film (bizarre) (Notez le *de* entre le nom et l'adjectif.)
grand	un grand homme (admirable)
	un homme grand (de haute taille)
	(Notez que cette différence vaut seulement dans le cas du nom **homme**.)
	une grande personne (un adulte)

Notez aussi la différence entre *grand* et *gros* : **gros** transmet une idée de volume, de capacité. Étudiez les exemples.

> un grand jardin, une grande fenêtre, un gros ballon, une grosse fortune, de gros meubles

Ne confondez pas *grand* (taille, dimension) et *merveilleux* (formidable, extraordinaire).

> Tu as si bien réussi ce projet! C'est merveilleux.

même	Il parle toujours avec la même arrogance. (Celle-ci n'a pas changé.)
	Cet homme, c'est l'arrogance même. (l'arrogance personnifiée)
pauvre	mon pauvre garçon (malheureux, à plaindre)
	un garçon pauvre (Il n'a pas d'argent.)
dernier	mon dernier roman (le dernier d'une série ou le plus récent)
et	mon prochain roman (celui à venir)
prochain	la semaine dernière (la semaine passée – expression de temps)
	l'année prochaine
propre	les mains propres (pas sales)
	sa propre maison (qui lui appartient)
seul	mon seul désir (unique)
	une femme seule (pas accompagnée)

c) Les nombreux adjectifs **qui dérivent de verbes** se placent après le nom. Il s'agit de participes présents ou passés. Le participe présent, qui se termine en **-ant,** a un sens actif; le participe passé a un sens passif.

un produit satisfaisant	une cliente satisfaite
l'équipe perdante	les objets perdus
C'est un travail fatigant.	Des travailleurs fatigués sortaient de l'usine.
une situation énervante	des gens énervés
Nous avons vu un spectacle étonnant.	On a présenté ce spectacle devant un public étonné.

3) L'EMPLOI DU PARTITIF

Un nom accompagné d'un adjectif est normalement précédé d'un article, d'un adjectif démonstratif ou possessif, d'un nombre. (Voir aussi le chapitre 14 : L'article.)

> un autre journal, une jolie robe, du bon vin, des amis fidèles, le gros dictionnaire, la dernière mode, l'enfant sage, les mauvais élèves, les animaux familiers, ce nouveau livre, ma vieille amie, trois petits cochons

Lorsqu'un adjectif se place **avant un nom au pluriel,** *des* devient *de* ou *d'.*

Comparez ces exemples.

des livres passionnants	de beaux livres
des personnes dynamiques	d'autres personnes

On n'observe pas toujours cette règle dans la conversation, ni quand l'adjectif s'associe étroitement au nom.

> Hé! Marcel! Achète-moi des bons billets pour le hockey!
>
> Nous avons mangé des petits pois.
>
> J'ai rencontré des jeunes filles dynamiques.
>
> Son dernier CD s'est vendu comme des petits pains chauds!

ATTENTION! On emploie toujours *d'* devant *autres.*

> Montre-moi d'autres photos, s'il te plaît.

II. LES ADVERBES

On distingue plusieurs types d'adverbes. Dans ce chapitre, on va parler surtout d'adverbes de **manière,** mais aussi d'adverbes de **temps,** de **lieu** et de **quantité.**

1) LES FORMES

Les adverbes sont invariables. (Ils ne changent pas du masculin au féminin, du singulier au pluriel.)

Un grand nombre d'adverbes se forment au moyen de la terminaison **-ment** qui s'ajoute à la forme féminine d'un adjectif.

> exactement, facilement, normalement, secrètement, vivement

Exceptions : gentiment (gentil, gentille); brièvement (bref, brève)

Quand le masculin de l'adjectif se termine par une voyelle, on n'ajoute pas de **-e** avant la terminaison de l'adverbe.

> absolument, poliment, vraiment, gaîment ou gaiement (exception)

Quand le masculin de l'adjectif se termine en **-ant**, l'adverbe se termine en **-amment.**

constant	constamment
courant	couramment

De même pour la terminaison **-ent** qui devient **-emment.** (La prononciation est la même, [amã], pour **-amment** et **-emment.**)

évident	évidemment [evidamã]
fréquent	fréquemment
récent	récemment

Dans le cas de quelques adverbes, on ajoute **-ément** à la forme masculine de l'adjectif (ou un accent aigu au **e** final) pour en faciliter la prononciation.

> aveuglément, confusément, énormément, forcément, intensément, précisément, profondément

On peut souvent remplacer les adverbes de manière par l'expression *de façon (d'une façon)* ou *de manière (d'une manière)* + **un adjectif au féminin.** Cette structure s'emploie couramment.

> Il a répondu de façon intelligente.

> Elle s'habille d'une manière très élégante.

Quand il n'y a pas d'adverbe qui correspond à l'adjectif, il faut utiliser l'expression avec *façon* ou *manière.*

> Voyagez de manière sécuritaire.

> Expliquez-nous cela d'une façon intéressante.

Plusieurs adverbes d'usage courant, adverbes de manière ou autres, ne se terminent **pas** en **-ment.**

> bien, bientôt, hier, ici, là, mal, partout, peut-être, quelquefois, souvent, très, vite, *etc.*

Certains mots peuvent être adjectifs ou adverbes; quand ils sont employés comme adverbes, ils sont invariables : *bas, cher, dur, faux, fort, haut.*

> Cette cravate est chère. Elle coûte cher.

> Elle avait une voix forte. Elle parlait fort.

Bon et *mauvais* s'emploient adverbialement après le verbe *sentir.*

> Ces fraises sont bonnes. Elles sentent bon. Elles ne sentent jamais mauvais.

---

2) LA PLACE DE L'ADVERBE DANS LA PHRASE

a) Un adverbe qui modifie un adjectif ou un autre adverbe se place généralement avant le mot en question.

> Nous sommes **extrêmement** inquiets.
>
> Tu joues **vraiment** bien!
>
> Cet hélicoptère vole **très** bas.

b) Quand l'adverbe modifie un verbe, il se place normalement après le verbe au présent, **pas** entre le sujet et le verbe comme en anglais. Comparez : *She always wears black.* Elle s'habille toujours en noir.

S'il s'agit d'un temps composé, plusieurs adverbes courts (*bien, mal, vite, déjà*, etc.) ou d'usage fréquent (*certainement, probablement, rarement, seulement, souvent, vraiment*, etc.) se placent **avant** le participe passé, mais la plupart des adverbes en **-ment** se placent **après**.

Les adverbes de **temps** ou de **lieu** se placent au commencement ou à la fin d'une phrase s'ils modifient toute la phrase.

Étudiez les exemples.

> Cet artiste fait **mal** les portraits.
>
> **Évidemment**, il a **mal** fait mon portrait.
>
> Il a fait ce portrait **hier**.
>
> L'enfant avait **vite** recopié toutes les phrases.
>
> Il avait recopié **soigneusement** toutes les phrases.
>
> Il va vous les envoyer **bientôt**.
>
> J'ai cherché mon cahier **partout**.
>
> Je perds **rarement** mes affaires, je l'ai **probablement** oublié à la bibliothèque.

3) LE SENS DE CERTAINS ADVERBES

Attention au sens de certains adverbes. Il faut éviter la traduction littérale ou la comparaison avec une forme anglaise.

actuellement	En ce moment, à notre époque (*currently*)
	On parle beaucoup de la crise de l'énergie actuellement.
heureusement	Nous sommes contents de cela. Nous avons de la chance. (*fortunately*)
	J'ai retrouvé mon porte-monnaie, heureusement!
malheureusement	C'est dommage. (*unfortunately*)
	Malheureusement, l'argent avait disparu.
couramment	1. Se rapporte à une langue (*fluently*)
	Il parle couramment l'espagnol.
	2. Se rapporte à une pratique d'usage (*frequently*)
	Cette expression s'emploie couramment.
drôlement	Beaucoup, très
(langue parlée)	Il s'active drôlement depuis hier.
	Je suis drôlement inquiète.
éventuellement	Peut-être, le cas échéant, si c'est nécessaire ou approprié
	Je vous ferai savoir éventuellement le résultat de mes recherches.

évidemment	Naturellement. On le sait bien.
	Il n'y a personne au bureau le dimanche, évidemment.
franchement	1. De manière franche
	Je vais parler franchement.
	2. Exclamation : Vraiment!
	Franchement! Tu exagères!
	Ta remarque est franchement injuste.
justement	1. En ce moment même
	Nous parlions justement de toi.
	2. Précisément
	Justement! J'allais dire la même chose.
longuement	Pendant longtemps
	Nous avons discuté longuement de cette question.
simplement	1. De manière simple
	Elle s'habille très simplement.
	2. Seulement
	Ne t'en fais pas. C'est simplement une formalité.
tellement	Tant, si (*so much, so*)
(langue parlée)	Il est fatigué; il travaille tellement.
	Elle est tellement nerveuse.

III. LA COMPARAISON

Les personnes ou les choses peuvent posséder une qualité à un degré plus ou moins élevé (être plus gentil, moins solide). Ils peuvent aussi faire quelque chose de manière plus ou moins intense (parler plus fort, fonctionner moins bien) ou posséder une plus ou moins grande quantité de quelque chose (avoir plus d'énergie, moins de résistance). Quand on veut comparer deux choses (ou personnes) ou deux groupes de choses (ou de personnes) par rapport à ces différences de degré, on utilise un adverbe de quantité (*plus, moins, aussi* ou *autant*). On peut ainsi exprimer l'inégalité (*plus* ou *moins*) ou l'égalité (*aussi, autant*).

1) LE COMPARATIF

a) Pour exprimer le degré plus ou moins élevé d'un *adjectif* qualificatif ou d'un *adverbe* de manière, on utilise *plus, moins* ou *aussi,* selon les exemples suivants.

Infériorité	Elle est *moins* douée *que* sa sœur.
	Elle comprend *moins* vite *que* sa sœur.
Égalité (affirmatif)	Elle est *aussi* douée *que* sa sœur.
	Elle comprend *aussi* vite *que* sa sœur.
(négatif)	Elle n'est **pas** *aussi* douée *que* sa sœur.
	Elle **ne** comprend **pas** *aussi* vite *que* sa sœur.
Supériorité	Elle est *plus* douée *que* sa sœur.
	Elle comprend *plus* vite *que* sa sœur.

Notez que l'adjectif doit toujours s'accorder avec le nom ou le pronom auquel il se rapporte alors que l'adverbe reste invariable.

L'adjectif **bon** et l'adverbe **bien** sont irréguliers au comparatif de supériorité.

Le thé est moins bon que le café.

Le thé est aussi bon que le café.

Le thé est *meilleur* que le café.

Tu joues moins bien que moi.

Tu joues aussi bien que moi.

Tu joues *mieux* que moi.

Dans le cas de l'adjectif *mauvais*, on peut choisir entre les formes *plus mauvais* ou *pire*. Quant à l'adverbe *mal*, le comparatif irrégulier *pis* s'emploie seulement dans certaines expressions telles que *tant pis* (c'est dommage), *de mal en pis* (de plus en plus mal), *un pis-aller* (une solution de remplacement, faute de mieux).

Cette pluie est *plus mauvaise* que la neige d'hier.

Cette pluie est *pire* que la neige d'hier.

Ses affaires vont *mal*, en fait, elles vont *de mal en pis*.

Notez l'orthographe des adjectifs *meilleur* et *pire*.

Féminin	Masculin
meilleure	meilleur
pire	pire

b) Pour exprimer le degré d'intensité d'une action ou d'un état, on emploie *plus que, moins que* ou *autant que* après **le verbe**, selon les exemples suivants.

Il travaille *moins que* moi.

Tu gagnes *plus que* ton père. (On prononce le *-s* de *plus*.)

Elles ont souffert *autant que* vous.

c) Pour exprimer une plus ou moins grande quantité, on emploie *plus de, moins de* ou *autant de* devant **le nom**, selon les exemples suivants.

Nous avons pris *plus de* photos qu'André.

Ils auront *moins de* chance *que* vous.

Elle boit *autant d'*eau minérale *que* moi.

Hier soir, il y avait *moins de* spectateurs que la veille, pour la première.

Plus de et *moins de* peuvent également être suivis d'un nombre; dans ce cas, il ne s'agit pas d'une comparaison.

J'ai *moins de* dix dollars sur moi.

Nous attendons depuis *plus de* deux heures!

Le village est situé à *plus d'*un kilomètre de ce pont.

2) LE SUPERLATIF

On parle d'une ou de plusieurs choses (ou personnes) qui sont exceptionnelles et qui se distinguent dans un groupe. Avec **l'adjectif**, on emploie *le, la* ou *les*, et avec **l'adverbe**, on emploie *le*.

François est *le plus* doué *de* mes étudiants.

J'aime toutes les fleurs, mais les roses sont *les plus* belles.

On a examiné les imprimantes, puis on a choisi *la moins* chère.

De tous ces athlètes, ce sont les Nigériens qui courent *le plus* vite.

Notez les formes irrégulières.

bon	le meilleur, la meilleure, les meilleurs, les meilleures
mauvais	le plus mauvais (la plus mauvaise, etc.) **ou** le pire, la pire, les pires
petit	le plus petit (employé couramment) **ou** le moindre, la moindre, les moindres (pour souligner le superlatif ou dans quelques expressions idiomatiques)

bien   le mieux

mal   le plus mal (employé couramment)

Étudiez ces exemples.

> Voici le plus beau tableau de l'exposition.
>
> C'est nous qui avons la plus grande pelouse dans notre quartier.
>
> Tu as choisi les meilleurs exemples.
>
> C'est la pire expérience de ma vie.
>
> Cet exercice est le moins difficile de tous.
>
> J'ai terminé le moins difficile de tous les exercices.
>
> Mes enfants sont les plus petits de leur classe. (**ou** dans leur classe)
>
> Le voleur n'a pas laissé la moindre trace. (**ou** la plus petite trace)
>
> L'argent? C'est le moindre de mes problèmes.
>
> Qui a fait cela? — Je n'en ai pas la moindre idée.
>
> Gilles travaille le plus consciencieusement possible.
>
> C'est toi qui écris le mieux.

Quand l'adjectif se place après le nom, **l'article défini doit être répété une deuxième fois.**

> *Les* élèves *les* plus assidus réussiront le mieux.
>
> J'ai acheté *le* manteau *le* plus élégant que j'ai trouvé.
>
> Nous avons *la* pelouse *la* plus verte du voisinage.
>
> Elle nous a demandé de faire *les* exercices *les* moins faciles du livre.

Avec un **nom**, on emploie *le plus de* ou *le moins de* et avec un **verbe**, on emploie *le plus* ou *le moins.*

> *De* nous tous, c'est lui qui a *le plus d'*argent.
>
> Nous avons tous bu beaucoup de vin, mais c'est Denis qui en[1] a bu *le plus.*
>
> Dans les réunions, c'est toujours toi qui parle *le plus.*
>
> Ils sont retraités et pourtant, ce sont eux qui voyagent *le moins.*

3) PLUS... PLUS, ETC.

Notez les expressions suivantes.

> *Plus* on mange, *plus* on grossit.
>
> *Moins* je travaille, *moins* j'ai envie de travailler.
>
> *Plus* il m'expliquait ça, *moins* je comprenais.
>
> *Autant* je voulais qu'il vienne, *autant* j'ai envie qu'il reparte au plus vite.

Rappels

1. N'oubliez pas qu'il faut toujours respecter l'accord de l'adjectif en français, à l'écrit comme à l'oral. Il faut donc apprendre toutes les diverses terminaisons du féminin et du pluriel.

> La vie est belle, le temps est beau, les gens sont contents.

---

1 Le pronom **en** remplace «de vin» (c'est Denis qui a bu le plus de vin).

2. Il faut bien distinguer le comparatif du superlatif.

  plus / moins / aussi… que… (l'autre / les autres)
  le, la, les plus / moins… de… (tous / toutes)

  Tu es plus persévérante que moi.

  Tu es la plus persévérante de la famille.

3. Attention aux adjectifs et aux adverbes suivants, ainsi qu'à leur forme comparative.

Adjectif	Comparatif	Adverbe	Comparatif
bon	meilleur moins bon aussi bon	bien	mieux moins bien aussi bien
mauvais	plus mauvais (pire) moins mauvais aussi mauvais	mal	plus mal moins mal aussi mal
rapide —	plus rapide (etc.) —	rapidement vite	plus rapidement plus vite (etc.)

Exercices

(Il est recommandé de faire ces exercices d'abord oralement pour pratiquer la prononciation, ensuite par écrit.)

A) *Faites accorder l'adjectif avec le deuxième nom en modifiant l'orthographe si nécessaire.*

1. une maison **moderne;** un appartement _____

2. un problème **difficile;** une question _____

3. une politique **capitaliste;** un régime _____

4. une expérience **extraordinaire;** un événement _____

5. la main **gauche;** le pied _____

6. un plat **chaud;** une casserole _____

7. un championnat **mondial;** une guerre _____

8. un accident **affreux;** une maladie _____

9. une décision **arbitraire;** un jugement _____

10. mon domicile **habituel;** mon adresse _____

11. une substance **nutritive;** un repas _____

12. un paragraphe **entier;** une page _____

13. une plante **verte;** un espace _____

14. un problème **régional;** une coutume _____

15. de l'air **froid;** de l'eau _____

16. une organisation **clandestine;** un groupe _____

17. cette fleur **rouge;** ce poisson _____

18. une réunion **politique;** un parti _____

19. une phrase **brève;** un message _____

20. un homme **épuisé;** une femme _____

21. un vaisseau **spatial;** une navette _____

22. ma **seule** amie; mon _____ ami

23. cet état **africain;** cette langue _____

24. un film **muet;** une spectatrice _____

25. un terme **ambigu;** une expression _____

B) *Mettez les phrases au féminin ou au masculin pluriel, selon le nom ou le pronom donné.*

1. Il est fou. (Elles) _____

2. Il est amoureux. (Amélie et Léa) _____

3. C'est le mauvais numéro. (réponses) _____

4. Elle est nouvelle ici. (Ils) _____

5. Votre amie est loyale. (amis) _____

6. Il deviendra riche. (Elles) _____

7. Prenez du vin doux. (amandes) _____

8. Elle est portugaise. (Ils) _____

9. Cette femme est une intellectuelle. (Premiers ministres) _____

10. Elle semble inquiète. (organisateurs) _____

11. Ses suggestions sont originales. (projets) _____

12. Ton témoignage était faux. (réponses) _____

13. Ce fruit est trop gros. (courges) _____

14. C'est une fête légale. (moyens) _____

15. Ce fruit est juteux. (oranges) _____

C) *Mettez chaque adjectif à sa place, avant ou après le nom, en faisant les changements nécessaires.*

1. la maison (blanc) _____

2. un homme (vieux) _____

3. une idée (excellent) _____

4. une ville (industriel) _____

5. cette pomme (gros) _____

6. une jupe (long) _____

7. une étudiante (suédois) _____

8. une histoire (fictif) _____

9. la page (premier) _____

10. des examens (médical) _____

11. les cheveux (gris) _____

12. des vêtements (neuf) _____

13. des étudiants (autre) _____

14. des jeunes filles (poli) _____

15. un hôtel (beau) _____

D) *Mettez au pluriel.*

1. ce gros paquet _____

2. une idée sensationnelle _____

3. cet exercice oral _____

4. mon ami intime _____

5. un bel animal _____

6. ce vieil arbre _____

7. un nouveau problème _____

8. l'étudiante la plus brillante _____

9. une personne méticuleuse _____

10. un professeur génial _____

11. notre parc municipal _____

12. le nouvel élève _____

13. une assiette cassée _____

14. un grand homme _____

15. une grande ville américaine _____

E) *Changez les phrases selon l'exemple. Employez* c'est, ce sont, c'était *ou* c'étaient *et un article indéfini ou un partitif. Mettez l'adjectif à la bonne place, avant ou après le nom.*

Exemple : Ces étudiants sont mauvais. Ce sont de mauvais étudiants.

1. Ce problème est universel. _____

2. Ces adjectifs sont irréguliers. _____

3. Ces fleurs sont grosses. _____

4. Cette discussion était intéressante. _____

5. Cet homme est remarquable. _____

6. Cette femme était jalouse. _____

7. Ces nouvelles étaient mauvaises. _____

8. Ces enfants sont beaux. _____

F) *Associez les deux adjectifs au nom, à la bonne forme et à la bonne place.*

Exemples : une moustache   gros, noir   une grosse moustache noire
            un drapeau   rouge, blanc   un drapeau rouge et blanc
            les élections   fédéral, récent   les élections fédérales récentes

1. un lac   vaste, pollué _____

2. des idées   original, intéressant _____

3. des organismes   fascinant, dangereux _____

4. des êtres   humain, exceptionnel _____

5. un employé   jeune, enthousiaste _____

6. un parti   politique, extrémiste _____

7. des cheveux   long, frisé _____

8. le gouvernement   français, actuel _____

9. un ordinateur   nouveau, efficace _____

10. une barbe   long, bleu _____

G) *Complétez le texte en utilisant les adjectifs suivants, à la forme appropriée. Choisissez chaque adjectif en fonction de son sens et de la place qu'il doit occuper, avant ou après le nom. Il peut y avoir plus d'un adjectif qui convient, mais essayez de placer le plus grand nombre d'adjectifs différents.*

> petit – beau – bon – cher – odorant – hautain – élégant – doux – mou – frais – grand – gros – joli – frisé – magnifique – meilleur – plein – rouge – seul – vert – juteux – croquant – jeune – savoureux – délicieux – ferme – lisse – mûr – flétri – long – effilé – abîmé – inadmissible – fané – prêt – averti – minuscule

Nous sommes dans un _____ marché en _____ air où on voit un peu partout de _____ tas de légumes _____ du jour. Ici, par exemple, il y a des salades _____, du chou _____, de _____ oranges _____ comme on les aime, des pommes _____ et _____, quelques avocats bien _____ et ces _____ pois mangetout si _____. Dans l'allée centrale, on trouve les _____ tomates en ville, de _____ tomates des champs et aussi de _____ tomates cerises absolument _____.

Un jour, dans ce marché, j'ai vu une _____ femme très _____ qui choisissait les plus _____ légumes, les laitues les moins _____ ou _____. Elle palpait les fruits de ses _____ doigts _____, aussi bien la peau _____ des poires que celle plus ou moins _____ des melons, rejetant avec dédain les fruits légèrement _____, les citrons un peu trop _____, les pêches qui n'étaient pas _____ à manger ou les melons qui n'étaient pas assez _____ lorsqu'elle les approchait de son _____ nez de femme _____ et sûre d'elle-même. «Madame, s'est écrié le marchand, _____ de colère, vous n'êtes pas la _____ cliente ici! Ce que vous faites est _____. Je vous préviens, vous touchez, vous achetez! _____ monsieur, a-t-elle répondu d'une voix _____ mais _____, mon argent est _____, je ne veux que de _____ produits.»

H) *Écrivez l'adverbe qui correspond à chaque adjectif. Assurez-vous de bien comprendre le sens de chaque adverbe en le vérifiant, si nécessaire, dans un dictionnaire.*

1. parfait _____
2. complet _____
3. régulier _____
4. facile _____
5. autre _____
6. vrai _____
7. absolu _____
8. unique _____
9. calme _____
10. clair _____
11. franc _____
12. bon _____
13. naïf _____
14. normal _____

15. bruyant	_____	20. drôle	_____
16. patient	_____	21. essentiel	_____
17. gentil	_____	22. profond	_____
18. immédiat	_____	23. récent	_____
19. heureux	_____	24. élégant	_____

I) *Placez les adverbes donnés dans les phrases, chacun à la place qui convient. Dans certains cas, il y a plus d'une possibilité.*

1. J'aime les érables. (beaucoup) _____

2. J'aime les sapins. (encore, mieux) _____

3. J'aime les fleurs vivaces, les hémérocalles. (aussi, surtout) _____

4. On prend des pommes. (seulement, aujourd'hui) _____

5. On prendra des poires. (peut-être, la semaine prochaine) _____

6. Votre fils mange des légumes frais? (souvent) _____

7. Philippe n'est pas difficile, il mange tout ce qu'on lui sert. (vraiment, presque)

   _____

8. Il mange des épinards. (même) _____

9. Il a mangé du navet et de la courge musquée. (hier, aussi, même) _____

10. Quoi! Vous attendez? (encore) _____

11. Partons, nous avons attendu. (déjà, trop, longtemps) _____

12. Arrêtez, vous avez bu. (déjà, trop) _____

13. Zut! Il a mangé mon dessert! (encore) _____

14. Connais-tu Paul?

    — Non, je connais son frère. (seulement) _____

15. On nous a renseignés. (très, mal) _____

16. Avez-vous dormi? (bien) _____

17. Elles prenaient le métro. (rarement) _____

18. Elles étaient venues à pied. (toujours) _____

19. Il a travaillé. (dur, récemment) _____

20. Si vous parliez, je vous entendrais (plus, fort, certainement, mieux) _____

J) *Voici une série de réponses ou de commentaires. Imaginez la question ou la remarque qui précède.*

    Exemple : Tu as l'intention de sortir par un temps pareil?
               — Certainement.

1. _____

   — Naturellement.

2. _____

   — Pas nécessairement.

3. _____

   — Cher, évidemment.

4. _____

   — Non, malheureusement.

5. _____

   — Partout.

6. _____

   — Pas souvent.

7. _____

   — Hier.

8. _____

   — Bientôt.

9. _____

   — Très peu.

10. _____

    — Probablement.

K) *Complétez chaque phrase à l'aide d'un comparatif d'égalité, d'infériorité ou de supériorité. Employez un des adjectifs donnés, à la bonne forme, ainsi que le verbe* être *au temps approprié, forme affirmative ou négative.*

   bon – cher – excentrique – violent – passionnant – permissif – généreux – rare – mauvais

1. Le caviar _____ le foie gras.

2. Elle dit que les fraises _____ les framboises.

3. Mes parents _____ les vôtres.

4. Gisèle est originale, c'est vrai, mais elle _____ Suzie.

5. Peut-être qu'un jour, l'eau _____ le pétrole.

6. Ses deux derniers voyages _____ les miens!

7. En général, les pauvres _____ les riches?

8. Le dernier film des frères Coen _____ celui d'Anderson, *Il y aura du sang?*

9. Hélas, la solution qu'il propose _____ le problème!

L) *Complétez chaque phrase à l'aide d'un comparatif d'égalité, d'infériorité ou de supériorité en employant un des adverbes donnés.*

   bien – cher – dur – fort – vite

1. Tu cours _____ moi.

2. Nos employés travaillent _____ ceux de nos concurrents.

3. Ce vase-là coûte _____ celui-ci.

4. Ces jeunes musiciens jouent _____ leurs camarades.

5. Cette fillette crie _____ que ses petits frères.

M) *Complétez chaque phrase à l'aide d'un superlatif. Employez le verbe être, au temps approprié, et choisissez un adjectif convenable.*

1. Moi, je _____ ma classe.

2. Notre université _____ au pays.

3. Napoléon _____ tous les généraux.

4. Mon frère aîné _____ de la famille.

5. Nos tomates _____ toutes.

N) *Choisissez un adverbe et complétez chaque phrase avec des superlatifs.*

1. C'est mon automobile qui roule _____

2. C'est notre professeur qui parle _____ français.

3. Hélas, ce sont les élèves qui réussissent _____ ;

   pourtant, ce sont ceux qui travaillent _____

4. De toutes ces cantatrices célèbres, laquelle chantait _____ ?

5. C'est pour ce devoir écrit que tu as obtenu _____ ,

   mais c'est pour ton exposé oral que tu as travaillé _____ .

O) *Complétez ce texte pour faire une série de superlatifs. Employez* le, la, les, plus, moins *et les adjectifs donnés.*

Exemple :   Je préfère   choses   (simple)
            Je préfère les choses les plus simples.

Un consommateur averti explique ses choix et ses principes.

1. J'achète   articles   (cher)

   _____

2. Je mange   fromage   (gras)

   _____

3. Je bois   eau   (pur)

   _____

4. Je cherche   légumes   (frais)

   _____

5. Je choisis   produits   (bon)

   _____

6. Je fréquente   gens   (sympathique)

   _____

7. Je lis _____ revues _____ (récent)

_____

8. Je conduis _____ auto _____ (économique) et (polluant)

_____

9. Je porte _____ vêtements _____ (branché)

_____

10. Je suis _____ homme _____ (bien habillé) _____ ville

_____

11. J'ai épousé _____ femme _____ (dynamique) quartier

_____

12. Elle, c'est _____ consommatrice _____ (averti) toutes!

_____

P) *Complétez les phrases avec des comparatifs ou des superlatifs en choisissant les verbes, les adjectifs ou les adverbes qui conviennent.*

1. Une Cadillac _____ une Volkswagen.

2. Les jeunes _____ les vieux.

3. Le journal *Le Monde* _____ tous les journaux.

4. Cet enfant _____ mon petit frère.

5. Les athlètes olympiques _____ nous.

6. Cette tarte est bonne, mais les tartes de ma mère _____

7. Le mont Blanc _____ le mont Everest.

8. Les lions _____ les éléphants.

9. Les lions _____ tous les animaux.

10. Nos politiciens _____

Activités

1. *Employez chaque adjectif dans une phrase. Attention à la forme, à la place et au sens de l'adjectif. Au besoin, consultez un dictionnaire.*

ancien	banal	arabe	épais
prochain	ennuyeux	grec	frais
propre	poussiéreux	hongrois	connu
sale	révolutionnaire	mexicain	recyclé
vide	sec	japonais	controversé

2. *Trouvez le participe présent et le participe passé de chaque verbe, puis employez-les dans une phrase qui en illustrera clairement le sens. (16 phrases)*

   choquer – déprimer – émouvoir – passionner – surprendre – énerver – fasciner – fatiguer

3. *Montrez bien la différence entre ces expressions en les employant chacune dans une phrase.*

   actuellement / en réalité

   drôlement / de façon amusante

   gentiment / doucement

   heureusement / joyeusement

   seulement / seul(e)(s)

   vite / rapide

   génial / sympathique

4. *Formez des comparatifs et des superlatifs avec les éléments donnés. Composez plusieurs phrases pour chaque exemple.*

   a) Henri : 50 kilos / Jean-Claude : 67 kilos / Bernard : 82 kilos
   Comparez le poids de ces hommes en employant le verbe peser.

   b) moi : 300$ / toi : 500$ / Madeleine : 2000$ (par semaine)
   Comparez le salaire de ces personnes en employant l'expression gagner… argent.

   c) Il y a… livres…
   chez nous / à la bibliothèque municipale / à la bibliothèque de l'école

   d) moi / mes parents / le gouvernement / …avoir …problèmes.

   e) vous / nous / eux …faire …fautes.

5. *Faites des phrases en employant un adverbe de la liste a) pour modifier un adjectif ou un adverbe de la liste b). Il y a de nombreuses possibilités.*

   Exemples : Ces chatons sont tout à fait adorables.
   Les petits avions volent très bas.

   a)

assez	très	extrêmement	vraiment
bien	trop	parfaitement	drôlement
tout	absolument	particulièrement	exceptionnellement
tout à fait	complètement	remarquablement	incroyablement

b)	adorable	difficile	heureux	bien
	bavard	doué	idiot	bas
	beau	exceptionnel	intéressant	haut
	bilingue	fastidieux	jeune	lentement
	charmant	faux	mauvais	loin
	différent	froid	nouveau	mal
	susceptible	vite	original	cher

6. a) *Composez d'autres phrases d'après l'exemple en employant* trop *et les adjectifs suivants, ou d'autres.*

> Exemple :   Vous êtes **trop** jeunes pour rentrer si tard le soir.

bien habillés – fatigués – intelligents – mal chaussés – paresseux

 b) *Même activité, en employant assez.*

> Exemple :   Je suis **assez** âgé ou âgée pour voyager seul ou seule.

ambitieux – athlétique – courageux – fort – grand

7. *Décrivez...*

la personne assise à côté de vous;   votre meilleur ami ou meilleure amie;

un chanteur populaire;   vous-même, à l'âge de sept ans;

la maison idéale;   des vacances parfaites.

8. *Comparez en utilisant aussi bien des adjectifs que des adverbes, des comparatifs et des superlatifs.*

votre ville natale et celle que vous habitez maintenant;

la vie d'un étudiant ou d'une étudiante et celle d'un employé ou d'une employée de bureau;

la vie dans votre pays et celle des gens d'un autre pays que vous connaissez;

les jeunes et les personnes âgées.

Appendice

Appendice

A) Questions de détail

1) L'ACCENT GRAVE -È ET L'ACCENT AIGU -É

a) *è* se prononce [ɛ].

L'accent grave se place sur la **dernière syllabe prononcée** d'un mot, mais jamais sur un *-e* final.

grève, père, sévère, il mène, il pèse, je préfère

Quelques exceptions

1. Certains adverbes : amèrement, brièvement, grièvement.

2. Le futur et le conditionnel des verbes *acheter, lever,* etc.

j'achèterai, nous achèterons

b) *é* se prononce [e].

L'accent aigu se place sur un *-e* final qui doit se prononcer.

cassé, fatigué, un dé, un immigré

Cela ne change pas si on ajoute un accord, pour le féminin ou le pluriel.

cassées, fatiguées, trois dés, des immigrés

L'accent aigu se place sur les syllabes qui précèdent la dernière syllabe prononcée.

déçu, ému, préféré, élémentaire, propriétaire

2) IL Y A

Cette expression s'emploie couramment, à tous les temps (passé, futur, etc.), comme suit.

il y a, il y a eu, il y avait, il y avait eu

il y aura, il y aura eu, il y aurait, il y aurait eu

Il va y avoir.

Au subjonctif : qu'il y ait, qu'il y ait eu

Il y a s'emploie d'abord comme **verbe,** toujours au singulier.

Il n'y a pas d'examen dans ce cours.

Je préférerais qu'il n'y ait pas d'examen dans ce cours.

Il y aura des élections bientôt.

Il y avait trois églises dans ce village.

On peut aussi l'employer comme **expression de temps** :

a) pour indiquer la continuité; c'est l'équivalent de *depuis* et on la met au présent ou à l'imparfait, selon la circonstance.

Il y a deux ans que je travaille ici. (J'y travaille encore.)

Il y avait longtemps que les paysans souffraient; enfin ils se sont révoltés.

b) pour situer des événements dans le passé, en indiquant la période de temps qui les sépare du présent. (En anglais, *ago*.)

Nous avons fini de manger il y a dix minutes.

Cet artiste est mort il y a plusieurs années.

3) TOUT

a) *Tout,* adjectif, a les formes suivantes : *tout, toute, tous, toutes.*

tout le monde, toute la journée, tous les gens, toutes les fleurs

Le -*s* ne se prononce pas au masculin pluriel.

L'adjectif s'emploie dans plusieurs expressions idiomatiques.

de tout cœur, de toute façon, en tous les cas

b) On emploie *tout* comme adverbe dans un grand nombre d'expressions.

tout d'un coup, tout à fait, tout de même, tout de suite, tout de travers, etc.

c) Comme pronom au singulier, *tout* a toujours la forme masculine. Cela correspond à l'anglais *everything*. Comme sujet d'un verbe, *tout* prend la troisième personne du singulier.

Tout est possible dans la vie. Tout va bien.

Le client a tout mangé.

Au pluriel, on l'emploie au masculin ou au féminin. Au masculin, on prononce le -*s* final.

Ils sont tou**s** venus. Tou**s** ont été d'accord.

Je les ai tou**s** invités.

Elles sont toutes parties. Elles réussissent toutes.

Ces chansons? Je les aime toutes.

4) PEUT-ÊTRE

Peut-être, en début de phrase, est suivi de *que*.

Peut-être qu'elle reviendra demain. Elle reviendra peut-être demain.

Peut-être que tu l'as oublié dans l'autobus. Tu l'as peut-être oublié dans l'autobus.

On peut également employer l'inversion, mais cette structure est moins courante dans la conversation.

Peut-être viendra-t-elle demain.

Peut-être l'avez-vous oublié dans l'autobus.

5) S'ASSEOIR / ÊTRE ASSIS(E)(S), SE LEVER / ÊTRE DEBOUT, SE COUCHER / ÊTRE COUCHÉ(E)(S)

Il faut distinguer le **verbe pronominal**, qui décrit une action ou un mouvement, du **participe passé**, employé comme adjectif, qui décrit une position. *Debout* remplace le participe passé ici et est invariable.

Étudiez ces exemples.

Julie est entrée. Elle s'est assise. *(sat down)*

Elle est assise maintenant. *(is sitting, seated)*

Elle était assise quand nous sommes arrivés. *(was seated)*

Puis elle s'est levée. Elle est debout maintenant.

Les enfants se sont couchés à huit heures.

Ils sont couchés maintenant.

Ils se coucheront à neuf heures demain.

Ils seront déjà couchés quand vous arriverez.

B) Les noms géographiques (Voir le chapitre 14 : Exercice F et Activités.)

Les continents, les pays, les provinces, les îles, les villes : il faut savoir le **genre** de ces noms propres afin de pouvoir utiliser correctement les **articles** *le, la, l', les* et les **prépositions** *en, au, de* et *du*, selon le nom et le contexte.

Le Canada est un beau pays; nous voulons visiter **le Canada.**

Nous sommes **au Canada.** Nous allons **au Canada.** Nous revenons **du Canada.**

1) LES PAYS, LES PROVINCES, LES ÉTATS AU MASCULIN

Ce sont les noms qui ne se terminent **pas** en -*e.*
Exceptions : le Cambodge, le Mexique, le Zimbabwe, le Maine

le Brésil	le Nigeria	le Manitoba
le Canada	le Pérou	le Nouveau-Brunswick
le Chili	le Portugal	le Québec
le Danemark	le Royaume-Uni	le Yukon
le Guatemala	le Venezuela	le Dakota
le Japon	le Viêtnam	l'Alberta*
le Liban	l'Iran*	l'Ontario*

On emploie l'article *le* ou *l'* pour **nommer** un de ces endroits, ou quand ce nom est le **sujet** de la phrase, ou quand c'est le **COD** après des verbes tels que : aimer, connaître, détester, préférer, quitter, visiter, etc.

Voilà un pays immense; c'est **le** Brésil.

Le Chili se trouve en Amérique du Sud.

Connais-tu **le** Portugal?

Nous allons visiter **le** Manitoba l'année prochaine.

Après des verbes qui indiquent qu'on est **dans** le pays ou qu'on va **vers** le pays, on emploie *au* (ou *en* si le nom commence par une voyelle*). Il s'agit de : aller, arriver, être, rentrer, retourner, voyager, etc.

> André va **au** Japon deux fois par année.

> Nous sommes **au** Québec.

> Quand allez-vous retourner **en** Iran?

Après des verbes qui indiquent le mouvement en sens contraire (*coming from,* etc.) on emploie *du* (ou *d'* si le nom commence par une voyelle*). Il s'agit de : être (*to be from*), arriver (*to be just back from*), partir, rentrer, revenir, venir, etc.

> Tu es **du** Québec? — Non, je viens **du** Nouveau-Brunswick.

> Ma cousine arrive **du** Mexique cet après-midi.

> Nous sommes partis **d'**Iran il y a trois mois.

2) LES CONTINENTS, LES PAYS, LES PROVINCES, LES ÉTATS AU FÉMININ

Ces noms se terminent en *-e.* **Exception :** la Saskatchewan.

l'Afrique (du Nord, du Sud)	la Chine	la Californie
l'Amérique (du Nord, du Sud)	l'Égypte	la Colombie-Britannique
l'Asie	la France	la Floride
l'Australie	la Grèce	la Louisiane
l'Europe	l'Inde	la Nouvelle-Écosse
	l'Italie	
	la Nouvelle-Zélande	
	la Russie	
	la Suisse	

On emploie l'article *la, l'* et les prépositions *en* ou *de, d'.*

> J'aime beaucoup **la** France.

> Nous travaillons **en** France, **en** Colombie-Britannique, **en** Inde, etc.

> Mon père va retourner **en** Chine bientôt.

> Plusieurs étudiants de cette classe viennent **de** Saskatchewan.

> Vous revenez **d'**Angleterre?

> Nous partons **d'**Afrique la semaine prochaine pour rentrer **en** Angleterre.

3) LES NOMS QUI SONT AU PLURIEL

les Bahamas (masc.)	les Antilles (fém.)
les États-Unis (masc.)	les Philippines (fém.)
les Émirats arabes unis (masc.)	les Bermudes (fém.)
les Territoires du Nord-Ouest (masc.)	

On emploie l'article *les* et les prépositions *aux* ou *des*.

Je n'ai pas encore visité **les** Émirats arabes unis.

Vous avez habité combien de temps **aux** États-Unis?

Claudine revient **des** Antilles ce soir.

Je vais chercher Bernard à l'aéroport; il rentre **des** Philippines.

4) LES VILLES ET LES ÎLES

Bruxelles	Montréal	Cuba	Terre-Neuve
Londres	Moscou	Haïti	
Ottawa	Paris	Hawaii	
	Québec	Hong Kong	

En général, il n'y a **pas** d'article. On emploie les prépositions *à* ou *de / d'*.

Paris est une très belle ville, n'est-ce pas?

Vous allez à New York? Nous revenons d'Ottawa.

Nous allons arriver à Montréal dans quelques minutes.

Cécile travaillait à Québec l'année dernière.

Cuba se trouve aux Antilles.

Madagascar est une grande île.

Nous allons à Hong Kong, à / en Haïti, à Trinidad, à Terre-Neuve.

Mes voisins viennent de Taiwan.

Exceptions

l'Île du Prince-Édouard, **à** l'Île du Prince-Édouard, **de** l'Île du Prince-Édouard
la Barbade, la Jamaïque, la Guadeloupe, la Martinique, la Sicile
à la Barbade, **de** la Barbade, etc.; **en** Sicile, **de** Sicile

Quelques rares noms de villes sont précédés d'un article : le Caire, le Havre, la Havane, la Nouvelle-Orléans

Je vais au Caire. Ils reviennent du Havre.

Nous passons nos vacances à la Nouvelle-Orléans.

Notes

1. Attention à la différence entre **le Québec** (la province) et **Québec** (la ville).

2. On utilise quelquefois des noms propres anglais, comme suit : le New Hampshire : dans le New Hampshire, etc.

On dit aussi : dans l'État de New York.

3. On écrit une **lettre majuscule** pour les **noms** (les pays, les villes, etc.) ainsi que pour la nationalité, mais **pas** pour les **adjectifs** ni les noms de **langues**.

> Connais-tu Friedrich? Il vient d'Allemagne.
>
> C'est un Allemand. (nom)
>
> Il est allemand. (adjectif)
>
> J'ai visité plusieurs villes allemandes.
>
> Il parle allemand.
>
> Est-ce que l'allemand ressemble à l'anglais?

C) Le genre et le pluriel des noms

1) Il est difficile d'apprendre le genre des noms en français. Cependant, certaines terminaisons indiquent si un nom est masculin ou féminin. Voici quelques-unes des plus utiles.

a) Au masculin

Terminaisons	Exemples	Exceptions
-age	le camouflage	la cage
	le garage	l'image
	le pourcentage	la nage
	le village	la page
		la plage
		la rage
-eau	le bureau	l'eau
	le manteau	la peau
	l'oiseau	
	le tableau	
-ment	le changement	la jument
	le gouvernement	
	le jugement	
-isme	le cubisme	
	le réalisme	
	le socialisme	
-al	le journal	
	le local	
	le métal	

Les noms désignant **certaines catégories de choses** sont au masculin.

les arbres	le pommier, le chêne
les jours	le lundi

les mois	janvier	
les saisons	le printemps	
les langues	le français	
les métaux	le fer	

b) Au féminin

Terminaisons	Exemples	Exceptions
-sion	la compréhension	
	la tension	
-tion	la conversation	
	la révolution	
-ance	la correspondance	
	la nonchalance	
	la tendance	
-ence	l'expérience	le silence
	l'intelligence	
	la patience	
-té	la beauté	le comité
	la bonté	
	la pauvreté	
-tude	la certitude	
	la multitude	
-esse	la gentillesse	
	la sagesse	
-ette	la banquette	le squelette
	la trompette	
-ie	la chimie	le génie
	l'énergie	l'incendie
	la démocratie	le parapluie

Les **sciences** sont au féminin : la biologie, la physique, la grammaire.

Notez que les mots suivants sont toujours féminins même quand ils désignent des personnes mâles.

la personne, la recrue, la sentinelle, la vedette, la victime

Les mots suivants sont toujours masculins même s'ils se terminent en *-e.*

le problème, le système, le programme, le foie, le musée

Appendice

NEL

c) Les paires de noms

Quelques noms, désignant des personnes, peuvent être **masculins** ou **féminins.**

un élève / une élève, un enfant / une enfant, un adulte / une adulte

un touriste / une touriste (et beaucoup d'autres noms en **-iste**)

D'autres noms ont **deux formes selon le genre,** comme les adjectifs.

un acteur, une actrice	un employé, une employée
un candidat, une candidate	un Français, une Française
un client, une cliente	un Québécois, une Québécoise
un cousin, une cousine	un infirmier, une infirmière
un Canadien, une Canadienne	un veuf, une veuve

Pour les **titres,** les noms de **métiers,** etc., il y a quelquefois une même forme qui peut être au masculin ou au féminin, mais assez souvent on doit employer un nom qui reste obligatoirement masculin.

un journaliste, une journaliste

un auteur, un professeur, un écrivain, un ministre

Cependant, des formes féminines s'emploient de plus en plus couramment.

une auteure, une professeure, une écrivaine, une ministre

2) Le plus souvent, on marque le pluriel des noms en ajoutant -s à la forme écrite. Il y a quelques exceptions à cette règle.

Si le nom se termine en -s, -x ou -z au singulier, il n'y a pas de changement au pluriel.

une souris, des souris

une voix, des voix

un nez, des nez

La plupart des cas particuliers concernent le **masculin pluriel.**

Les plus importants sont les suivants.

Cas particuliers au pluriel		**Exceptions**
-al, -aux	un journal, des journaux	bals, carnavals, chacals
	un métal, des métaux	festivals, récitals, régals
-au, -aux	un tuyau, des tuyaux	landaus
-eau, -eaux	un manteau, des manteaux	
-eu, -eux	un cheveu, des cheveux	bleus, pneus

Les noms qui se terminent en *-ou* ou *-ail* prennent -s au pluriel, mais il y a plusieurs exceptions.

-ail, ails	un chandail, des chandails	corail,	coraux
		émail,	émaux
		travail,	travaux
		vitrail,	vitraux

-ou, -ous	un clou, des clous	bijou,	bijoux
	un trou, des trous	caillou,	cailloux
		chou,	choux
		genou,	genoux
		hibou,	hiboux
		joujou,	joujoux
		pou,	poux

D) Transcription phonétique

Voyelles

[i]	il, vie, lyre
[e]	blé, jouer, allez
[ɛ]	lait, jouet, merci, seize, fenêtre
[a]	plat, patte
[ɑ]	bas, pâte
[ɔ]	donner, mort
[o]	mot, môme, eau, gauche
[u]	genou, rouge
[y]	rue, vêtu
[ø]	peu, deux
[œ]	peur, meuble
[ə]	le, premier
[ɛ̃]	matin, plein, américain
[ɑ̃]	sans, vent
[ɔ̃]	bon, ombre
[œ̃]	lundi, brun

Semi-consonnes

[j]	yeux, paille, pied
[ɥ]	huile, lui

Consonnes

[p]	père, soupe
[t]	terre, vite
[k]	cou, qui, sac, kilo, chœur
[b]	bon, robe
[d]	dans, aide
[g]	gare, bague
[f]	feu, neuf, photo
[s]	sale, celui, ça, dessous, tasse, nation
[ʃ]	chat, tache
[v]	vous, rêve
[z]	zéro, maison, rose
[ʒ]	je, gilet, Georges
[l]	lent, sol
[ʀ]	rue, venir
[m]	main, femme
[n]	nous, tonne, animal
[ɲ]	agneau, vigne
[w]	ouest, oui

E) Exercices de révision

1) **Le mode et les temps**

   a) *Écrivez les verbes à la forme qui convient : subjonctif ou indicatif; passé, présent, futur, conditionnel, etc.*

   1. Quand tu _____ (aller) voir le médecin, je t'accompagnerai.

   2. Nous _____ (attendre) depuis trois quarts d'heure et Cécile n'est toujours pas venue.

   3. Le malade _____ (mourir) si on ne l'opère pas.

   4. Je suis très heureuse que vous _____ (pouvoir) assister à mon concert hier soir.

   5. Après que tu _____ (finir) tes devoirs, viens m'aider à faire la cuisine.

   6. Si les patrons n'accordent pas d'augmentation de salaire, les employés _____ (se mettre) en grève lundi prochain.

   7. Dès qu'ils _____ (sortir), nous avons commencé à parler d'autre chose.

   8. Quand elle aura soif, elle _____ (boire), évidemment!

   9. J'ai acheté ce gros gâteau au cas où nos cousins _____ (venir) nous rendre visite.

   10. Ma sœur _____ (réussir) toujours à ses examens quand elle fréquentait cette école-là.

   11. Si les gens avaient plus confiance en eux, ils _____ (pouvoir) accomplir des miracles.

   12. Cédric a fait cela sans que je le _____ (savoir).

   13. Gérard m'a dit qu'il _____ (ne pas pouvoir) venir voir le spectacle parce qu'il _____ (avoir) trop de travail.

   14. Quelqu'un _____ (se servir) de mon ordinateur la semaine passée et me _____ (effacer) plusieurs fichiers!

   15. Cet enfant _____ (s'endormir) toujours à la même heure?

   16. Henri et Charles _____ (se disputer) souvent quand ils partageaient le même appartement. Un jour, ils _____ (se battre) et le lendemain Charles _____ (partir).

   17. Nous _____ (se souvenir) de notre périple en Asie dans les années à venir.

   18. Finissez cela avant que je _____ (revenir).

   19. Il est vrai que tu _____ (être) la meilleure élève de la classe.

   20. Je crois que tu _____ (s'habituer) bientôt à ton nouvel emploi.

b) *Même exercice. On ajoute le plus-que-parfait et le conditionnel passé.*

1. Je travaillerai plus fort si vous m' _____ (encourager).

2. Si vous aviez assez de patience, vous _____ (finir) ce projet sans difficulté.

3. Elles _____ (se fâcher) si tu les déranges.

4. Les professeurs nous _____ (aider) si nous leur avions posé des questions.

5. Si l'on me _____ (mettre) en prison, je m'évaderais.

6. Si tu _____ (crier), quelqu'un t'aurait entendu.

7. Même si je les invitais à la réception, elles _____ (ne pas venir).

8. J'ai fait la connaissance de cette jeune femme quand elle _____ (travailler) pour notre compagnie.

9. Quand le soleil _____ (se lever), nous pourrons partir.

10. Bien que vous _____ (être) très douée, je ne peux pas vous accepter comme membre de mon orchestre.

11. Dès que le directeur _____ (arriver), tous les employés se sont mis à lui poser des questions.

12. Il serait temps que tu _____ (aller) te coucher.

13. Nous prendrons nos vacances quand nous _____ (avoir) le temps.

14. Ce _____ (être) bientôt le printemps.

15. Quoiqu'il _____ (réussir) à tous les examens, il n'a pas encore trouvé d'emploi.

16. Mes parents veulent que j' _____ (obtenir) mon diplôme le plus vite possible.

17. L'année prochaine, les clients _____ (préférer) ce nouveau modèle.

18. Mais monsieur, je _____ (s'arrêter) si j'avais vu le feu rouge!

19. Si elle avait mieux réfléchi, elle _____ (ne pas se marier) si jeune.

20. Il se peut que l'enfant _____ (se perdre) en route hier soir.

21. J'espère que vous _____ (comprendre) mes explications.

22. Je pourrai venir demain si tu _____ (vouloir).

23. J'accepte votre offre pourvu que je _____ (pouvoir) demeurer à Montréal.

24. Si tu mets tes lunettes, tu _____ (voir) mieux!

25. Tout le monde pense que Sylvie _____ (recevoir) une médaille aux prochains Jeux olympiques.

26. Si je _____ (se rendre compte) des conséquences, je n'aurais pas dit cela.

27. Si ce pompier n'avait pas été si courageux, il y _____ (avoir) un désastre.

28. Je vous téléphonerai dès que je _____ (recevoir) les renseignements.

29. Je ne crois pas qu'elle _____ (faire) cela pour vous.

30. S'ils _____ (lire) le rapport, ils auraient mieux compris la décision du ministre.

2) Les pronoms personnels

a) *Complétez les phrases en employant l'impératif du verbe donné et les pronoms personnels qui conviennent.*

1. Tu as besoin de fromage? _____ à l'épicerie du coin. (acheter)

2. Voici une occasion remarquable, mes amis. _____ sérieusement. (penser)

3. Si tu aimes ces revues, _____ (prendre)

4. J'ai besoin de conseils, monsieur. _____ (donner)

5. Si vous êtes fatigués, _____ (s'asseoir)

6. Voici plusieurs jolies cartes postales; _____ deux ou trois. (choisir)

7. Cette plante n'est pas belle, madame; ne _____ (prendre)

8. Gilbert est très occupé; ne _____ (déranger)

9. Ce n'est pas grave, mon petit, ne _____ (s'inquiéter)

10. Ce questionnaire n'est pas au point, ne _____ (répondre).

b) *Complétez en employant les verbes entre parenthèses et les pronoms personnels qui conviennent.*

1. Je cherchais des solutions, mais _____ (trouver)

2. Tu m'apporteras des fleurs? — Bien sûr, _____ (apporter)

3. Il a mis son auto au garage et il _____ pendant tout l'hiver. (laisser)

4. La malade a demandé de l'eau, mais personne _____ (pouvoir) _____ (apporter)

5. Vous êtes journaliste, madame? — Oui, _____ (être)

6. J'ai prêté mes documents à Julie; elle _____ demain. (rendre)

7. Serge tient beaucoup à son amie Françoise :

   il _____ régulièrement, (téléphoner)

   il _____ à toutes ses soirées, (inviter)

   il _____ quand il a besoin de conseils, (penser)

   et il _____ quand elle est malade. (s'occuper)

8. Nous allons à New York samedi et nous _____ jeudi prochain. (revenir)

9. Nous avions besoin de tapis neufs, alors nous _____ trois (acheter) et nous _____ très satisfaits. (être)

10. Quand tu auras trouvé la recette du succès, _____ (dire)